U0522997

国家社会科学基金
博士论文
出版项目

解构主义视野中的西方现代性

重估马克思对晚期福柯的影响

Western Modernity in Deconstructionist Perspective

闫培宇　著

中国社会科学出版社

图书在版编目（CIP）数据

解构主义视野中的西方现代性：重估马克思对晚期福柯的影响/闫培宇著. —北京：中国社会科学出版社，2023.12

ISBN 978 – 7 – 5227 – 2446 – 1

Ⅰ.①解… Ⅱ.①闫… Ⅲ.①福柯（Foucault, Michel 1926 – 1984）—哲学思想—研究 Ⅳ.①B565.59

中国国家版本馆 CIP 数据核字（2023）第 201814 号

出 版 人	赵剑英	
责任编辑	朱华彬	李　立
责任校对	谢　静	
责任印制	张雪娇	

出　　版	中国社会科学出版社
社　　址	北京鼓楼西大街甲 158 号
邮　　编	100720
网　　址	http://www.csspw.cn
发 行 部	010 – 84083685
门 市 部	010 – 84029450
经　　销	新华书店及其他书店
印　　刷	北京君升印刷有限公司
装　　订	廊坊市广阳区广增装订厂
版　　次	2023 年 12 月第 1 版
印　　次	2023 年 12 月第 1 次印刷
开　　本	710×1000　1/16
印　　张	17
插　　页	2
字　　数	232 千字
定　　价	98.00 元

凡购买中国社会科学出版社图书，如有质量问题请与本社营销中心联系调换
电话：010 – 84083683
版权所有　侵权必究

出 版 说 明

为进一步加大对哲学社会科学领域青年人才扶持力度，促进优秀青年学者更快更好成长，国家社科基金2019年起设立博士论文出版项目，重点资助学术基础扎实、具有创新意识和发展潜力的青年学者。每年评选一次。2021年经组织申报、专家评审、社会公示，评选出第三批博士论文项目。按照"统一标识、统一封面、统一版式、统一标准"的总体要求，现予出版，以飨读者。

全国哲学社会科学工作办公室

2022年

序

这是年轻哲学研究者闫培宇博士的第一本书，也是他著作出版计划的开始，他先后在北京大学、中国社会科学院工作。马克思所留下的思想遗产极其重要且影响深远，但特别是在法国这个地方，人们对马克思的理解往往不深刻，甚至近年来马克思的影响力也有所衰退。闫培宇博士持续关注马克思思想对于解构西方现代性的关键作用，他在《解构主义视野中的西方现代性》一书中指出，马克思的思想遗产在当代仍然有广阔的发展空间，这尤其体现在福柯思想中那些马克思的要素。正如莱姆克（Thomas Lemke）找到了马克思影响福柯的确凿证据，闫培宇博士首次非常系统地证实了马克思对福柯的影响，并且提出福柯对马克思的接受取决于他对马克思主义历史唯物主义的理解。尽管福柯与马克思的关系目前仍然存在争议，闫培宇博士所提供的坚实论据与新观点是值得关注的。此书是一项重要的研究，不容错过。

汤姆·洛克摩尔[1]

---

[1] 汤姆·洛克摩尔（Tom Rockmore，1942—）是国际知名哲学家，杜肯大学（Duquesne University）终身教授，曾为北京大学的人文讲席教授。洛克莫尔的研究领域是当代西方哲学和马克思主义哲学，其代表作有《马克思主义之后的马克思》《历史唯物主义：哈贝马斯的重建》《非理性主义：卢卡奇与马克思主义理性观》等。

这是一本写得非常出色且条理清晰的书，为"马克思影响福柯"这一命题提供了有力论证，从而揭示了福柯看待现代性——特别是新自由主义——的解构主义立场。但对于福柯本人关于新自由主义的看法，坦率地说，我并不完全赞同。在福柯看来，新自由主义是战后资本主义的特殊形态，是资本主义国家为克服经济危机与极权主义的必然选择。在我看来，资本主义国家在有选择性的基础上采用了新自由主义政策。

新自由主义主张市场的交往秩序（catallaxy）概念优于亚当·斯密所提出的"看不见的手"（invisible hand）。新自由主义的经济学基础是最大化个人满足，但却往往受到公司和企业的利益驱动，这些利益实现的原则不同：如消除劳动力市场的准入壁垒促使政府进一步推行包容和多样性政策，自由市场政策通过奖励创业和企业精神开放经济；世界贸易组织的政策促进了自由贸易、资本和劳动力的流动；个人主义所倡导的"个人自由"和"个人应得"观念具有广泛吸引力。新自由主义在 20 世纪 80 年代后得到了广泛支持，并作为一种规范性理论被各国政党与政府广泛采纳以塑造公共政策。但是，并非所有国家都从中受益，许多进行经济自由化的经济体面临去工业化、失业、贫困和经济危机。这在闫培宇博士的这本书中也有论及。

诚然资本主义一直经历经济危机，而恢复经济平衡的责任落在国家而非市场上。2007 年到 2008 年经济危机席卷世界，全球失业人数增加了 5000 万人，超过 2 亿人陷入贫困。然而，这场危机严格来说不能归咎于新自由主义经济学，而是一场金融资本主义的危机，即在一个不可持续的体系中，无监管或缺乏监管的银行为追求利润最终酿成了危机。然而新自由主义主张必然要求金融系统缺乏金融规则，从理查德·C. 谢尔比（Richard C. Shelby）、伯尼·桑德斯（Bernie Sanders）到哈耶克，他们都反对国家力量对于金融银行业的救助。尽管如此，美国经济正是在政府救助下，才避免了完全的经济崩溃。国家干预表明市场机制无法在不可接受的经济成本下解决经济危机。

新自由主义的盛行，也使得全球化中的主导阶级变得全球化。新自由主义鼓吹公平竞争，但实际上，有些竞争是以牺牲他人的利益为代价。个体选择只是人类进步和福利的一个方面，而不是最重要的标准。安全、健康、家庭、社会团结和友爱都对人类幸福作出贡献。新自由主义者忽视了人类文明是一种社会建构的事实，没有社会，人类存在将停留在文明之前的水平上。人类有意识地创造了诸如大学、工会、法律准则、公司和政府等制度，这是被哈耶克等新自由主义者所忽视的事实，也是社会主义的价值所在。

大卫·雷恩[1]　*David S. Lane.*

---

[1] 大卫·雷恩（David Lane）教授是剑桥大学荣誉研究员，担任英国社会科学院院士、欧洲社会学协会荣誉会员与伯明翰大学教授，兼任北京大学、山东大学、哈佛大学与康奈尔大学的客座教授。大卫·雷恩教授是享誉世界的社会主义研究专家，有坚定的社会主义信仰，六十多年来遍访苏联、东欧、中国等社会主义国家，著述等身。他的代表作有《国家社会主义的资本主义转型：国家社会主义的建立、瓦解与后续》《欧亚计划与欧洲：区域性断裂与地缘政治》《全球视野下的欧亚计划》等

摘　　要

　　作为解构主义大师的福柯，其思想中那些来自马克思的影响却被长期低估。这是因为，既有研究传统偏重于解读福柯那些最具创意的概念，并致力于还原其非历史性特色。然而，这种研究路径忽视了福柯建构那些概念的思想脉络及其历史性支点，后者也使得马克思思想得以回归福柯语境中。确切地说，正因为福柯对战后资本主义的反思，促使其转向晚期福柯，并从马克思那里汲取思想养料，从而进入解构西方现代性的理论维度中，这构成了存在于晚期福柯思想深层的历史哲学语境。据此可知，马克思对晚期福柯思想产生了非常关键性的影响，这不仅体现在福柯重新阅读《资本论》等文本并提出很多富有创意的理解，而且还体现在晚期福柯基于马克思的历史唯物主义、政治经济学批判与启蒙批判去解构西方现代性。后者具体地表现为：福柯基于西方现代性转型解析新自由主义崛起、从解剖政治到生命政治学发展中理解西方现代性重构、在西方话语的启蒙悖论中展示西方现代性难题。不仅如此，解构西方现代性的事业在福柯身后产生了效果史，打开了一个理解世界历史进程的当代视野。客观来看，晚期福柯思想受马克思启发而发展，也在补充和发展的意义上将马克思主义哲学推向当代。

　　关键词：晚期福柯；马克思；西方现代性；谱系学；新自由主义；启蒙

Abstract

For a long time, Marx's impact on Foucault as a master of deconstructionism had been undervalued. Foucault's most innovative ideas are the subject of the current research tradition, which is dedicated to reviving their non-historical characteristics. These studies, on the other hand, ignore Foucault's historical fulcrum for the development of these concepts and his ideological clue. As a result of the latter, Marx's ideas can be brought back to Foucault's perspective. Specifically, because of Foucault's reflections on post-war capitalism, he turned to the late Foucault and drew nutriment from Marx, thus entering the theoretical dimension of deconstructing Western modernity, which constituted the deep historical and philosophical context of the late Foucault's thought. It can be seen that Marx had a very critical influence on the late Foucault's thought, which is reflected not only in Foucault's rereading of Das Kapital and other texts and putting forward many creative understandings, but also in the late Foucault's thinking based on Marx's Historical materialism, the critique of political economy, and the critique of enlightenment to deconstruct Western modernity. Some particular evidence of the latter include: analyzing the rise of neo-liberalism based on the transformation of Western modernity, comprehending how Western modernity was transformed from anatomo-politics to biopolitics, and presenting the difficulties of Western modernity in the enlightenment paradox of Western discourse. Besides, deconstructing Western modernity produced wirkungsgeschichtliches after Foucault that opened up new perspectives for understanding world history. Later Foucault's ideas were, from an objective standpoint, influenced by Marx and, as a result, pushed Marxist philosophy to the contemporary era.

Key words: Late Foucault; Marx; Western modernity; genealogy; neoliberalism; enlightenment

目　　录

绪论　"不带引号的马克思" ································ (1)

第一章　福柯思想转向及其马克思阅读 ················ (14)
　　第一节　从早期福柯到晚期福柯 ···················· (15)
　　第二节　"马克思阅读"的模式 ······················ (21)
　　第三节　晚期福柯与政治经济学批判 ················ (32)

第二章　新自由主义崛起：西方现代化转型 ············ (61)
　　第一节　西方现代化转型与晚期福柯 ················ (61)
　　第二节　晚期福柯的新自由主义批判 ················ (73)
　　第三节　新自由主义崛起的逻辑 ···················· (86)

第三章　从解剖政治到生命政治学：西方现代性重构 ···· (96)
　　第一节　解剖政治 ································ (97)
　　第二节　生命政治学 ······························ (107)
　　第三节　重构规范性：人口、治安与市场 ············ (121)

第四章　西方话语的启蒙悖论：西方现代性难题 ········ (131)
　　第一节　西方话语及其权力维度 ···················· (132)
　　第二节　启蒙悖论及其历史嬗变 ···················· (140)
　　第三节　西方现代性难题与启蒙批判 ················ (149)

第五章　帝国、例外状态与免疫：西方现代性在当代 ……… （163）
　第一节　帝国与全球化 ……………………………………… （164）
　第二节　例外状态与西方国家治理 ………………………… （179）
　第三节　免疫与积极的生命政治学 ………………………… （199）

结　语 ……………………………………………………………… （212）

附录一　福柯生平大事记 ……………………………………… （225）

附录二　马克思对晚期福柯影响关系图 ……………………… （229）

参考文献 ………………………………………………………… （230）

索　引 …………………………………………………………… （241）

后　记 …………………………………………………………… （251）

Content

Introduction "Quoting Marx without Quotation" ·············· (1)

**Chapter 1   The Turn of Foucault thoughts and its
               Reading of Marx** ················· (14)
  Section 1 From Early Foucault to Late Foucault ················ (15)
  Section 2 Patterns of "the Reading of Marx" ··············· (21)
  Section 3 Late Foucault and the Critique of Political
             Economy ·· (32)

**Chapter 2   The Rise of Neoliberalism: The Transformation
               of the Western Modernization** ···················· (61)
  Section 1 The Transition of the Western Modernization and
             Late Foucault ·· (61)
  Section 2 Critique of Neoliberalism in Late Foucault ············ (73)
  Section 3 The Logic of the Rise of Neoliberalism ··············· (86)

**Chapter 3   From Anatomo-politics to Bio-politics:
               Reconstructing Western Modernization** ············ (96)
  Section 1 Anatomo-politics ·· (97)
  Section 2 Bio-politics ··· (107)

Section 3   Reconstructing Normativity: Population, Police and Market ………………………………………………… (121)

Chapter 4   The Paradox of the Enlightenment in Western Discourse: The Conundrum in Western Modernization ……………………………………… (131)
Section 1   Western Discourse and its Dimensions of Power …… (132)
Section 2   The Enlightenment Paradox and its Historical Transmutation ………………………………………… (140)
Section 3   The Conundrum in Western Modernization and the Critique of Enlightenment ………………………… (149)

Chapter 5   Empire, the State of Exception and Immunity: Western Modernization in the contemporary era ……………………………………………… (163)
Section 1   Empire and Globalisation …………………………… (164)
Section 2   The State of Exception and the Governance of the Western States ………………………………………… (179)
Section 3   Immunity and the Positive Bio-politics ……………… (199)

Conclusion …………………………………………………………… (212)

Appendix I   the Biography of Foucault ……………………… (225)

Appendix II   the Mind Map of Marx' Influence on Late Foucault ………………………………………… (229)

References ………………………………………………… (230)

Index ………………………………………………………… (241)

Afterword …………………………………………………… (251)

绪 论

"不带引号的马克思"

> 我引用马克思,但我不说明,不加引号,并且因为别人无法辨别是不是马克思的文章,因此我被认为是不引用马克思的人。①

当代哲学大师德勒兹曾将福柯誉为:"当前最伟大的思想家。"② 令人习以为常的是,在所有那些试图把握当代的哲学历险中,福柯都是最绕不过去几个人之一。正是在其对新自由主义、权力以及启蒙等展开批判的思想星丛(constellation)中,福柯开辟了解构西方现代化的哲学道路,这在西方现代化陷入困境的今天尤为可贵。正如张一兵教授所指出:"在福柯去世后的三十年间,福柯研究在国际学界已经成为一个学术劳动密集型的产业。"③ 但是,福柯思想中的谜团却并未因福柯的热度上升而减少。而在其众多思想谜团中,最具争议的莫过于福柯与马克思的关系。尽管此问题尚无定论,但福柯思想中

---

① Michel Foucault, Entretien sur la prison: le livre et sa méthode, *Magazine littéraire*, no 101, 1975, pp. 27–33.
② [法]德勒兹:《哲学与权力的谈判——德勒兹访谈录》,刘汉全译,商务印书馆2002年版,第116页。
③ [德]托马斯·雷姆科:《超越福柯——从生命政治到对生命的政府管理》,梁承宇译,《国外社会科学杂志(中文版)》2013年第3期。

所蕴含的推动马克思主义哲学发展的当代要素如今愈发凸显。

一 马克思是否影响福柯？

马克思到底多大程度上影响了福柯？这仍然是一个富有争议的问题。在主流的研究中，大都强调尼采对福柯思想的支配性影响，鲜有人视马克思为福柯思想中的重要角色。而与此同时，尽管福柯否认追随马克思主义，却又声称自己是"不带引号的马克思"，这种自相矛盾的态度也引起了广泛的讨论（见近十年福柯与马克思关系研究不完全统计）[①]。不仅如此，在西方现代性问题愈发凸显的今天，人们也越来越倾向于将福柯与马克思联系起来，并相信：马克思对福柯影响深刻。然而时至今日，此命题仍缺乏坚实的论证，也缺少在思想史意义上具有解释力的判定。

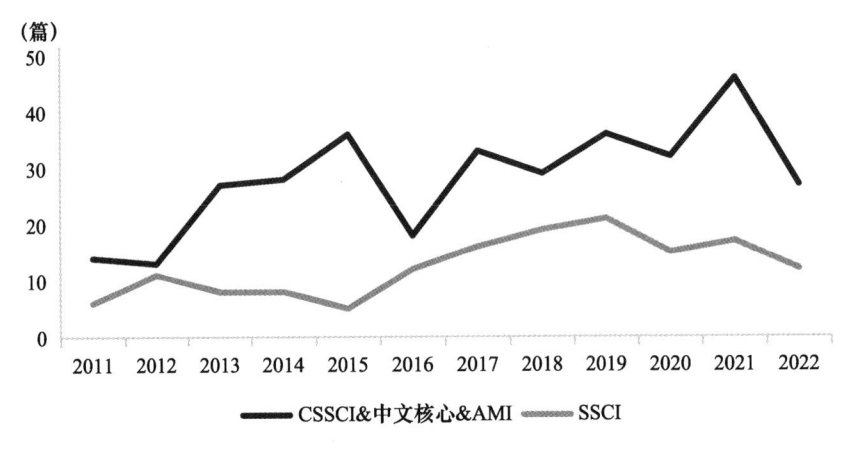

近十年福柯与马克思关系研究不完全统计

[①] 主要参考数据来自 SSCI 与 CSSCI 数据库，统计结果是对"福柯"和"马克思"、"Foucault"和"Marx"的"全部字段"的检索结果。统计数据显示，在国内外核心期刊目录中发表的关于福柯与马克思论题相关文献在 2012 年以后显著增长。数据来源来自知网引文检索：https://kns.cnki.net/kns8/defaultresult/index；社会科学引文索引 SSCI：https://www.webofscience.com/wos/alldb/summary/f5dea779-4383-4308-a81d-ca99ab6f432f-71ba0d36/relevance/1。

有幸的是，在福柯的著作之外，其大量短篇作品、音频与视频资料等构成了更为庞大的文本群，后者所包含的充分证据表明：马克思对福柯影响深远。尤其是在 4 卷本的《米歇尔·福柯，言论与写作集：1954—1988》（Michel Foucault, Dits et écrits：1954 – 1988）[①] 中，福柯与马克思关系的丰富性就以效果史（wirkungsgeschichtliches）的方式展现。具体来看，马克思对于福柯的影响有三种模式：（1）回应（response）问题。对问题的回应贯穿福柯的学术生涯，这包括马克思主义、存在主义、人本主义与其他思潮，这种情况下，福柯对待马克思的态度是引用式的、实用主义的、拿来主义的，这种马克思对福柯的影响是相对浅层次的。（2）阅读（reading）文本。阅读文本是马克思对福柯较深层的影响，意味着福柯需要深入马克思文本去会其意、察其旨、明其理，这个过程也是为了思想发展进行的探索，是有意识通过马克思思想启发自己的思考。（3）探索（dicovery）思想的可能。当福柯运用马克思思想给予理论难题以更多可能性的解答，意味着马克思思想已经成为福柯思想的一部分，是"不加引号"地使用马克思。在此种情形下，给思想以标签并无更多的意义，福柯将马克思融入自己的思想只是为了服务于那些基于历史的、西方的、人类的与时代的严肃议题，并给出富有诠释性、有效性与丰富意义的解答。

正是由于福柯思想的特点，使得马克思对于福柯的影响呈现出效果史特色。而也正是在此意义上，思想史研究模式就显得不足了。我们固然可以依循时间线索构建福柯的思想史，并且直接断言：早期福柯更多因为马克思主义而远离马克思，晚期福柯则为了重新理解当代西方而重视马克思。但是如果要解剖福柯思想变化及其原因，进而揭示福柯思想的当代意向，就必须既依托福柯的文本，又考察其理论的效用，据此来评判从早期到晚期福柯思想对待马克思的

[①] See Michel Foucault, *Dits et écrits I*, *II*, *III*, *IV* 1980 – 1988, Paris：Gallimard, 1994.

方式。

在早期福柯时期，尽管他曾在 20 世纪 50 年代初短暂地加入过法国共产党，但对于马克思主义[①]的拒斥态度，使其未能深入理解马克思思想。但这并不意味着福柯因此就低估马克思思想的价值。福柯在 1964 年的一次国际学术会议上的发言中，甚至将马克思、尼采以及弗洛伊德并列为具有划时代思想史意义的哲学先驱，认为此三者为 19 世纪以来一直影响至今的当代知识与哲学话语（福柯称之为"解释技术 techniques d'interprétation"）奠定了重要基础[②]。在福柯看来，马克思思想以一种思想坐标的姿态出现，成为思想史和科学史划分的一个依据。由此也不难看出，早期福柯几乎是将马克思思想与苏联马克思主义完全等同起来，因而更谈不上对于马克思文本的深入解读。

而在晚期福柯阶段，福柯再度重视马克思思想。他在 1983 年回答法国学者饶勒（Gerard Raulet）提问时就提道："在我撰写这些书的时期，您会发现在脚注中引用马克思是一种很好的形式。"[③] 基于对马克思思想的吸收，福柯展开了解构西方现代化的哲学向度，这体现在三个方面：（1）晚期福柯在其论著、讲座与访谈中都公开地宣称马克思思想对其的重要启示，特别是晚期福柯通过重读《资本论》打开了理解现代资本主义规范性的政治经济学视野；（2）透过

---

① 具体地说，福柯所拒斥的马克思主义，是彼时大行其道的苏联马克思主义。二战后，苏联马克思主义直接领导和资助全欧洲的共产党，并且对于各国共产党的组织、活动乃至事务都加以干预和指挥，这些特征让福柯感到十分不适，也构成了对其研究自由的巨大限制，后者是福柯后来退出法国共产党的一个原因。

② 这次发言 1967 年发表在《罗雅蒙手册》（Cahiers de Royaumont）杂志第 6 期尼采专栏。"Nietzsche, Freud, Marx", in Nietzsche, Cahiers du Royaumont. Paris: Les Éditions de Minuit, 1964, 183 – 200 (based on a "round table" discussion held at Royaumont, July 4 – 8, 1964); Tanslated by "Nietzsche, Freud, Marx", In Gayle L. Ormiston, Alan D. Schrift (eds), Transforming the Hermeneutic Context. Albany, NY: State University of New York Press, 1990, 59 – 67.

③ Michel Foucault, edited by Lawrence Kritzman, Politics, Philosophy, Culture—Interviews and Other Writings, 1977 – 1984, New York: Routledge, 1988, p. 46.

马克思的政治经济学批判，晚期福柯深入到资本逻辑层面，不仅在新自由主义的批判中洞察了西方现代化转型，而且从解剖政治到生命政治学的发展中看到了西方现代性的重构；（3）晚期福柯还在其与西方马克思主义的对话中产生共鸣，进而揭示出西方话语背后的启蒙悖论，也揭露了西方现代性难题。可以说，晚期福柯对于马克思的诸多论述、引述与分析，都体现出晚期福柯对于马克思创造性解读与阐释，后者直接与间接地支撑了其思想逻辑与理论建构。可以看出，晚期福柯之所以如此关注马克思，不单纯是为了回应问题，而更多的是因为马克思之于晚期福柯是不得不论、跳不开、绕不过的人物。应当承认的是，任何思想家的思想发展可能都并不是一个相对线性的过程，而马克思对于晚期福柯来说正是这样一个促使其思想发生突变的因子，并将晚期福柯思想进程发展推向解构西方现代性的新高度。

二 晚期福柯与马克思

晚期福柯与马克思的再度"相遇"是历史必然。

其一，战后资本主义从生产方式到社会关系都发生了巨大变化，国际共产主义运动也从政党模式转向左翼运动，结构主义与解构主义思潮的蔓延催生出批判主体、反抗主体与消解主体的哲学风尚，阿尔都塞、福柯、德勒兹与鲍德里亚等无不是这一思想运动中的代表人物。而晚期福柯之所以会重新阅读马克思，某种程度上也是受到了这股哲学风尚的影响。

其二，福柯在社会运动中的亲身体验，促使其重新阅读马克思。经历过1969年巴黎八大的高教改革后，福柯认为主体解放在"68运动"以后已经不复可能。这是因为，福柯发现当代资本主义对人的管理，已经从对人物化与意识形态的外部灌输下沉到对身体的管理。这意味着，异化批判的逻辑中并不存在人的解放的可能性。于是，福柯进入法兰西公学院后，就开始侧重用谱系学去分析当代资本主义规范性从何而来。在这一过程中，福柯与马克思再次相遇，并阅读马克思对于 17 到 19 世纪的工厂、资本与人口等的论述，后者也直接影响了晚期福柯的思考路径。

其三，晚期福柯对马克思的关注，是富有欧洲知识分子特色的一项工作。毋庸置疑的是，任何知识分子思想都不背离其所处的大时代背景，同样也不可能脱离其所在的思想与学术共同体[①]。正因如此，从尼采、海德格尔到法兰克福学派等对当代西方的哲学反思也具备某种群体性传统，并因此成了福柯、德波与鲍德里亚等解构西方现代性的理论基地，使之自觉地以群体发声。也正是在这种思想与学术的共同体传统中，对于马克思的阅读内嵌于思想中，并且在与不同思潮交融中展示出更多可能。也因此，福柯根本不会纠结于"青年马克思"与"老年马克思"的思想史之争，而是为了处理问题本身而毫不犹豫地阅读马克思文本。

而在问题式意义上，马克思对晚期福柯思想的影响体现在四个方面：（1）早期福柯关注规范性对个体的强制与压迫，但是他无法回答规范性从何而来，后者促使他进入晚期福柯论域，并在追问规范性之形成时，重新回顾了马克思的政治经济学批判；（2）晚期福柯通过阅读《资本论》，打开了理解资本逻辑的历史视野，这使其通过分析新自由主义崛起把握到西方现代化的历史转型；（3）晚期福柯进一步发展了马克思对于工厂、人口等问题的论述，并且成为晚期福柯在对规范性发展的剖析中西方现代化的建构逻辑；（4）基于对生命政治学的发现，福柯进一步深入到西方话语中的启蒙悖论，从而揭示出当代西方的深层困境。而这些问题式的转化，客观上构成了福柯对马克思思想的当代申发。这就不难理解如奈格里、阿甘本与埃斯波西托等理论家在思想上追随福柯的同时，也都不约而同

[①] 这一特征类似于中国唐代李白、杜甫与王昌龄等诗人对于军旅素材的群体性艺术创作，不仅有唐玄宗时期的边塞开边政策的历史大时代的背景，而且有这些诗人群体之间的互动与交流的作用。事实上，李白与杜甫就是知交挚友，而当时的一批军旅诗篇作者也都是当时交往密切的文人群体。参见（清）彭定求编《全唐诗》，中华书局 1960 年版。

地重视马克思思想。

可见，过分强调从尼采、解构主义解读福柯，并因此低估晚期福柯对于马克思的阅读与挖掘，这样的做法是无法读懂晚期福柯的。事实上，晚期福柯不仅直接承认马克思对于他的影响，而且他对新自由主义的剖析、对规范性的追问以及对启蒙的批判丰富了马克思主义哲学的思想资源，这突出地体现在：

第一，晚期福柯揭示了权力维度下的当代资本主义。晚期福柯曾在1984年与皮埃尔·博塞涅（Pierre Boncenne）的访谈《权力的诠释》中坦言，关于权力在当代资本主义的功能和运作，无疑是马克思主义提出了更一般的研究[①]。因此，福柯在阅读《资本论》等马克思著作时，格外地关注"谁实施权力""权力如何发生"的命题，尽管他也看到了剥削、阶级等问题，却并不深究，而是钻研工厂、军队与资本主义国家对人的身体与生活的管理。

第二，晚期福柯回答了规范性形成的历史性问题。晚期福柯曾多次在讲座与出版物中指出，他自己对于规范性发展的理解，受到马克思的《路易·波拿巴的雾月十八日》、《资本论》第一卷与第二卷等著作启发。这些灵感因此才促使福柯改变了对于历史的态度，并将继承康吉莱姆的关于"规范性"的研究深入到对其历史性的追问，从早期关注个体/特定群体的压迫的视角，走向了关注个体驯服性（docilité）的总体视角[②]。如此一来，尽管福柯依旧强调对历史叙事的解构，却足以解答西方现代化中的历史性问题。

第三，晚期福柯对于马克思的解读，既不是"我注六经"，也不简单是"六经注我"，而是直指当代，直指对西方现代性的解构。正

[①] 该访谈于1977年3月12日发表在"Le Nouvel observateur"（名为《新观察家》），关于这次访谈的内容被翻译为英文，并发表于"Telos"1977年第32期。贝尔纳—亨利·莱维（Bernard-Henri Lévy, 1948— ），为法国当代哲学家。参见［法］米歇尔·福柯《权力的眼睛：福柯访谈录》，上海人民出版社1997年版，第29页。

[②] 参见张一兵《遵守纪律：自拘性规训社会的建构秘密——福柯〈规训与惩罚〉解读》，《社会科学研究》2015年5月刊。

是因为福柯肯定马克思对于理解西方现代性的重要价值,所以他才会指出:"即使人们勉强承认马克思当今将会消失,他在未来必将回归。"① 尽管福柯在这里所强调的,是不再被垄断于各种传统中的马克思思想、马克思文本中的马克思思想必将回归,但实际上那些因为福柯式的解读而被带入福柯思想的马克思,也在以晚期福柯的思想为载体走向了当代。

三 晚期福柯的当代价值

诚如利奥·博萨尼(Leo Bersani)所言:"在政治权力运行中充斥着犬儒主义恶心风气的当今,福柯的重要性无法估量。"② 在21世纪的今天,当难民、安全与医疗等愈发成为当代西方的"阿喀琉斯之踵"(achilles' heel),人们就越发地认同晚期福柯对于新自由主义、权力与启蒙的分析,也就越发惊叹于福柯对西方现代化当代走向的预言。可以说,解构西方现代化就是晚期福柯思想最突出的当代价值,并且这一思想路径在奈格里、埃斯波西托与阿甘本等福柯的"信徒"那里得到了很好的继承,不断推进着对当代西方的批判视野构建与哲学话语探索。

如何解读晚期福柯的当代价值?

其一,晚期福柯思想发展延续了其学术研究的革命性:即基于最一手的调查和体验,从微观层面面向问题。张一兵教授就指出福柯自身的"巅峰体验"对于其研究的深刻影响,并认为这种开创性的研究模式使得福柯得以洞察西方现代化转型的微观进程:"……现代资本主义社会的统治权力支配方式中的确发生了某种重要深层改变,即生命权力不再直接面对死亡(甚至很多国家直接取消死刑)

---

① Michel Foucault, edited by Lawrence Kritzman, *Politics, Philosophy, Culture—Interviews and Other Writings*, 1977 – 1984, New York: Routledge, 1988, p. 45.

② Leo Bersani, "Michel Foucault: Philosopher of Power", *Washington Post*. 15 March 1981. ISSN 0190 – 8286. Retrieved 27 June 2019.

和肉体塑形，反而关注让人'怎样'（comment）活着。"① 可以说，开辟了解码当代西方的微观视角，这是晚期福柯的一项突出性贡献。

其二，晚期福柯思想蕴含对当代西方经济底层逻辑的深刻观察。不同于早期福柯从知识型出发解读政治经济学的做法，晚期福柯才真正进入了当代西方的经济维度，后者正是获益于重读马克思。正如布尔迪厄在1984年《一种自由的思想》一文中所指出：

> 在《规训与惩罚》中，福柯明确提到马克思主义的日常资本与可变资本的分析，以解释现代监狱是惩罚权力的工具并将人的积累与资本的积累联系起来。在《性经验史》中，他将性的惩罚和调整与生产要求联系起来，把有关身体的权力视为经济发展和资本主义积累的一个条件。人们可以找到许多这样的文字，从它们的思维方式和它们的语言中，发现一些彻头彻尾的马克思主义者腔调。②

在布尔迪厄看来，福柯自觉吸收了马克思的政治经济学批判，并将其应用于对当代西方的剖析，而这对于理解当代资本主义是非常关键的理论支撑。

其三，晚期福柯揭示了西方现代化的权力维度。埃里蓬在《米歇尔·福柯传》中就指出："在《规训与惩罚》的谱系中，福柯要让权力理论脱离对马克思主义的从属地位。"③ 福柯对于权力的分析尽管与政治经济学批判并行不悖，但也差异明显，以至于莱姆克就指出："一言以蔽之，关于规治的分析没有集中于经济的权力，而是

---

① 张一兵：《回到福柯》，《学术月刊》第47卷，2015年6月。
② ［法］迪迪埃·埃里蓬：《米歇尔·福柯传》，谢强、马月译，上海人民出版社2017年版，第426页。
③ ［法］迪迪埃·埃里蓬：《米歇尔·福柯传》，谢强、马月译，上海人民出版社2017年版，第426页。

强调'权力的经济'。"① 如此，则福柯对于权力分析构成对政治经济学批判的补充，并因此越出当代资本主义论域，而进入到西方现代化的视野。所以，尽管福柯基于权力维度提出了规训、权力技术等新概念，其创新的深层表现实则是体现在问题式上。

其四，纵然晚期福柯博采众家之长，却依然保持了巨大的原创性。如解剖政治、生命政治学与权力技术等概念都是福柯原创的，并且由于福柯的亲身调查实证，也就不能仅仅从哲学史角度理解其思想源流，单纯指认他的思考来自某一思想家。其中尤为值得注意的是，福柯与尼采、马克思的关系。尽管尼采与马克思等都对福柯影响深远，但是影响的方式各不相同。尼采思想深刻影响了福柯的思想建构，甚至可以说福柯是站在尼采的肩膀上而展开了哲学探索。但也要注意的是，虽然福柯运用了尼采的谱系学方法，但却使之走出哲学语境，而进入社会科学领域。相比之下，福柯对马克思的态度则几经转变②，并且是随着福柯对当代资本主义的理解深入而改变的，他越是深入探讨西方现代性，就越是深度认可马克思。可以说，马克思之于福柯，犹如黑格尔和李嘉图之于马克思。

如何挖掘晚期福柯的当代价值？

应当看到的是，晚期福柯思想的创造性与预见性固然具有深远的当代价值，但福柯思想本身的非历史倾向也对于准确理解福柯造成了困难。对于这一问题，需要借助"语言行动"的研究方法把福柯思想的原貌呈现出来。"语言行动"（speech acts）是昆廷·斯金纳在思想史研究中提出的方法，他认为传统的思想史或者传记学者总是会不自觉地制造"神话"：即他们在还原思想家思想时，倾向于构建前后自洽的思想体系，而忽视和掩盖了特定思想的真实意图。这是因为，他们总是将某一思想、理论或者概念视为一个确定的

---

① ［英］莱姆克：《马克思与福柯》，陈元等译，华东师范大学出版社2007年版，第12页。

② 莫伟民：《莫伟民讲福柯》，北京大学出版社2005年版，第174—178页。

"观念单元"(unit idea)①。对此，斯金纳指出："为理解任何严肃言论，我们不仅需要掌握所言说的意义，而且同时需要掌握郑重声明这一言论的有意的力量。即是说，我们不仅要掌握人们正在说的东西，而且还有他们说的时候在做什么。简单来说，为了研究以前思想家对那些观念史的经典问题言说了什么，只是去完成两个诠释学任务中的第一个。而如果我们的目标是：对他们所写的获得一种历史性理解，两个任务均必不可少。与掌握他们所说的意义一样，我们同时需要理解他们通过言说表达什么意思。"② 于是，斯金纳就提出语言行动（speech act）："任何人郑重声明一个严肃言论，都将会在做的同时说，并依照所说的去做。"③ 这里的行动，是理论建构的思想活动。换言之，思想和理论并非僵死的结论，相反"文本就是行动"(texts are acts)④。

在这一历史意义上，语言行动要解决的是观念史研究的"非历史"问题。考察语言行动，意味着可以按照历时性方法（diachronic approach）将理论意图重新梳理出来。晚期福柯也注重考察话语实践，他在《性经验史》第二卷中谈到对于惯常概念的考察时，认为可以："将那些相似点放在括号里，以便分析与之相关的理论和实践背景"⑤。考察特定理论逻辑与建构活动背后的社会历史内容，从理论建构之话语之客观意图出发考察话语本身——考察话语实践，这成为福柯在考古学与谱系学之后第三个重要方法。不可否认，当今

---

① See Quentin Skinner, *Vision of Politics Volume* 1: *Regarding Method*, New York: Cambridge University Press, 2002.

② Quentin Skinner, *Vision of Politics Volume* 1: *Regarding Method*, New York: Cambridge University Press, 2002, pp. 57 – 89.

③ Quentin Skinner, *Vision of Politics Volume* 1: *Regarding Method*, New York: Cambridge University Press, 2002, pp. 103 – 127.

④ Quentin Skinner, *Vision of Politics Volume* 1: *Regarding Method*, New York: Cambridge University Press, 2002, p. 120.

⑤ Michel Foucault, *The History of Sexuality Volume* 2, Translated from the French by Robert Hurley, New York: Pantheon Books, 1990, p. 3.

诠释学路径下，存在诠释幻觉（hermeneutic illusion）的难题：即在强调范式与认知型意义上的理论内在自洽的时候，理论研究本身的时代性被掩盖了。这意味着，理论所指向的现实关怀成为次要的问题，取而代之的是种种"解码"本文的手段与发掘新内容的研究冲动。认识论断裂、知识型、范式等问题，确实是对理论自身问题的深刻洞见，但是并不能给予当代问题以确凿洞见甚至解决问题的思路。因此，在面对晚期福柯研究时，如果仅仅照本宣科地把握福柯的文字，则必然陷入诠释幻觉。所以，要找到晚期福柯思想与当代接洽的节点，恰恰要从其思想意图展开。

根据语言行动方法，就可以基于晚期福柯提出三个假设与五条线索论证马克思对晚期福柯的重大影响（见马克思对晚期福柯影响思维导图），进而重估晚期福柯的当代价值。

关于马克思对晚期福柯重大影响的假设有三：

晚期福柯对《资本论》《法兰西内战》等著作的阅读，使得福柯深入到政治经济学批判论域，并且因此启发福柯找到了解构西方现代化的突破口。可以说，重读马克思，对晚期福柯思想发展来说，不仅必不可少，而且非常关键。

晚期福柯尽管仍然延续尼采的谱系学方法，但是其问题式与马克思的思路高度重合。正因如此，晚期福柯才能直面历史性问题，并回答：规范性从何而来？在此前提下，福柯才能够不仅理解资本逻辑，而且基于当代资本主义进一步讨论当代西方的权力维度与启蒙的悖论。

尽管晚期福柯看到了西方现代化的困境，但是福柯没有深刻理解历史辩证法的矛盾运动本质。在这种情况下，尽管晚期福柯并不回避历史性，但只是讨论了特殊历史规定性产生的方式，而没有探讨其灭亡的可能。正因如此，福柯始终对总体层面的自由解放持悲观态度，也就未能提出超越西方现代性的方案。

因此，本书按照如下五条线索论证马克思对晚期福柯的重大影响：

第一条线索是思想史与文本线索，从总体论述晚期福柯的思想史，界定早期福柯与晚期福柯的分期，阐述晚期福柯重读马克思的思想背景。梳理、引证和分析晚期福柯对马克思文本的直接阅读，直接论证后者对晚期福柯思想发展之影响，这也是第一章的内容。

第二、三、四条线索是问题式展开的线索，探讨福柯在何种意义上解构了西方现代性。第二条线索探讨晚期福柯对政治经济学批判的拓展，这使得福柯得以在资本逻辑意义上剖析了新自由主义的崛起，客观上揭示了西方现代化转型，这是第二章的基本思路。

第三条线索考察福柯对当代西方权力维度的揭示，并发现了从解剖政治向生命政治学的发展。福柯的这一贡献不仅是基于政治经济学批判，而且构成对政治经济学批判的有力补充，由此也勾画出西方现代化何以重构并确立其规范性。这是第三章的内容。

第四条线索梳理福柯如何从生命政治学走向对西方话语的批判。福柯通过分析话语中的权力效应，揭示出启蒙的价值与实践的悖论，后者也是西方现代性的固有难题，这也是第四章的思路。

第五条线索是对福柯思想当代延展的反思。面对帝国、例外状态、免疫这三大西方现代性的困境，奈格里、阿甘本与埃斯波西托等人自觉承袭晚期福柯的思想路径，但也将福柯的非历史倾向推向极致。而由于缺乏对马克思历史唯物主义的深刻理解，他们未能在历史辩证法中找到克服西方现代性困境的现实性方案，而只能陷入基于个体境遇的思辨性批判。在此意义上，马克思思想启发晚期福柯展开了对西方现代性的解构，深度拓展了晚期福柯思想的当代意蕴。从某种意义上说，晚期福柯思想有力地补充了马克思主义哲学，对马克思主义时代化发展具有重要理论价值。

第 一 章

福柯思想转向及其马克思阅读

> 我们如何理解权力的建构性机制呢？我认为可以为此找到一些文本、基础要素……我们显然也可以在马克思那里找到，特别是在《资本论》第二卷里。①

纵然福柯以"法兰西尼采""后现代巨子"而著称，人们仍会惊叹于晚期福柯对于马克思文本深入且富有创造性地阅读。通过对晚期福柯著述的文本学（Grammatologie）梳理来看，晚期福柯确实大量阅读过马克思著作，并且这种阅读是长期的，也使得福柯愈发深入地把握马克思思想。大略言之，福柯对马克思的集中阅读主要是在学术训练时期以及晚期福柯时期，而相比之下，早期福柯对马克思的阅读局限于种种马克思主义之间，而晚期福柯才真正进入马克思文本的原旨中。晚期福柯为何重读马克思？这不仅是晚期福柯思想发展的客观要求，而且有来自当代西方深刻变革的历史感召。而晚期福柯也正是由于重读了马克思，才能够真正理解政治经济学批判的历史维度，并因此把握到当代西方何以走向当代的历史性意涵，进而为其能够解构西方现代性构筑了思想和理论前提。

---

① Michel Foucault, *Disipline and Punish*: *The Birth of the Prison*, Translated from the French hy Alan Sheridan, New York: Random House, Inc., p. 186.

第一节 从早期福柯到晚期福柯

作为福柯的同时代人，布尔迪厄就曾指出："……我们应该在著作里寻找他与马克思的对话（其次才是与'马克思主义者'的对话），他与马克思的对话存在于所有社会科学的作品中。"[1] 论证晚期福柯对马克思的阅读，首先需要把握晚期福柯的思想史语境，厘清早期福柯与晚期福柯之分。在此前提下，才能搞明白福柯为何阅读马克思？如何阅读马克思？如何理解马克思？进而深层把握福柯思想的发展脉络。

一 早期福柯

不论是从福柯思想史脉络还是学术生涯来看，早期福柯与晚期福柯分期大体都在 1969 年前后[2]。而早期福柯所以转向晚期福柯，一方面是因为福柯的研究规划与思想发展的转变：即从早期对规范性（normativity）的探索过渡到对规范化（normalization）的考察[3]；另一方面则是来自于西方现代化历史进程的现实感召。

在福柯最早期的学术阅读与训练中，可以看到他对于近现代西方思想中理性与非理性二元对立的命题的追问，并以此为纲撰写了博士论文《癫狂与非理性》（该论文后来于 1972 年再版，标题被改为《疯癫与文明》）。以此研究为基础，福柯介入对规范性与

---

[1] ［法］迪迪埃·埃里蓬：《米歇尔·福柯传》，谢强、马月译，上海人民出版社 2017 年版，第 426 页。

[2] 国外学者多以 1969 年为界限区分早期福柯与"晚期福柯"，其主要依据是福柯的思想史与方法论转变。国内则侧重以理论视阈为依据划分晚期福柯时期为 1976 年到 1982 年。这种划分各依其据，均是对福柯思想史的科学划分，在此不做赘述。参见张旭《晚年福柯的真理谱系学与哲学考古学》，《世界哲学》2020 年第 4 期。

[3] See Michel Foucault, edited by Lawrence Kritzman, *Politics, Philosophy, Culture—Interviews and Other Writings*, 1977 – 1984, New York: Routledge, 1988.

非规范性矛盾的考察，步入早期福柯阶段。在这期间，《疯癫与文明》、《临床医学的诞生》与《词与物》的出版令福柯跻身大师之列，但同时使福柯的考古学分析囿于结构主义的思想瓶颈[①]。再加上福柯对于谱系学的改造、对于国际政治运动的参与，福柯在1969年走向了晚期福柯的思想世界。在这一时期，社会历史的整体性视角重新进入福柯视野。规范性从何而来？这一问题在晚期福柯时期替代了早期福柯对于规范性的孤立思考，并牵引福柯重新把目光投向马克思的文本，从而启发他建构起对于西方现代性的全景批判。

因此，根据福柯自规范性到规范化的问题式转换为线索，就可以将福柯思想分为早期福柯与晚期福柯两个阶段。1969年以前的福柯思想阶段是早期福柯阶段。在这一阶段，福柯从康吉莱姆规范性范畴的开始，以非理性、反形而上学、考古学与结构主义思潮等为"显微镜"，来考察个体与规范性关系问题。1969年福柯进入法兰西公学院以后，是为晚期福柯时期。在这一时期，福柯进一步追问那些加之于个体的规范性从何而来。在这一阶段，福柯不仅将尼采的谱系学改造为社会学方法，而且重新进入马克思思想探索哲学与社会科学结合的独立研究道路。除了思想范畴与方法论的界限，早期福柯与晚期福柯的分野也体现在学术生涯中。以1968年五月风暴等学生运动爆发为界，福柯从以大学为主轴的学术与游学活动，转向参与广泛而深刻的社会运动。据此也可以将1969年以前划为早期福柯，1969年及以后属于晚期福柯。

从早期福柯到晚期福柯的转变，处在黑格尔主义与马克思主义思潮、存在主义思潮与尼采主义思潮、结构主义与解构主义等思潮在20世纪法国思想界走向繁荣的时代。所谓早期福柯（Early Foucault），是指福柯从1946年考入巴黎高等师范学院到1969年在法兰西公学院谋得教职之间的时期。在此阶段，福柯

---

① 莫伟民：《莫伟民讲福柯》，北京大学出版社2005年版，第6—15页。

的学术科研活动与社会实践活动带有以下几个特点：（1）继承并延续康吉莱姆等人对规范性的探讨；（2）积极探索前沿的社会科学知识，深入结构主义人类学、心理学与社会学等研究；（3）将个人色彩浓厚的体验部分与科研路径结合起来，并以此出发解构思想。

从福柯早期的学术经历来看，哲学史中理性与非理性的二律背反是福柯哲学思想萌生的起点，并走向了对于规范性问题的考察。一方面，非理性主义与反形而上学，是战后法国思想界的一股潮流。早在大学时期，福柯就沉浸于黑格尔主义、马克思主义与海德格尔的存在主义之间开展学术训练[①]。不仅如此，战后马克思主义在西欧的传播与发展，也曾将福柯吸引到左翼知识分子的圈子里。但是由于苏联对西欧各国共产党的控制与福柯自由个性之间的冲突，导致福柯后来退出法国共产党。福柯在法国共产党三年间（1950—1953）也是他集中阅读马克思的三年，正因如此，早期福柯对马克思的理解受制于苏联马克思主义框架，所以才会误以为马克思思想就是经济决定论、阶级斗争学说以及萨特式的人本主义，这是早期福柯远离马克思的原因。

另一方面，康吉莱姆、阿尔都塞、伊波利特等人所确立的反主体的学术共同体深深影响到福柯，使得福柯逐渐从对黑格尔哲学与苏联马克思主义转向结构主义人类学、弗洛伊德主义、尼采主义与存在主义[②]，其重要的节点就是福柯在1953年从黑格尔主义、马克思主义等著作转而攻读尼采著作。在这个过程中，卡瓦耶、巴士拉等为代表的法国"新科学认识论"、康吉莱姆关于规范性与生命哲学的学说以及尼采主义与结构主义思潮给青年时期福柯带来全

---

① 参见［法］迪迪埃·埃里蓬《米歇尔·福柯传》，谢强、马月译，上海人民出版社2017年版。

② 福柯自己就曾谈到，自己所以接受尼采主义与存在主义，是因为在20世纪五六十年代受到巴塔耶和布朗肖的影响。［法］弗朗索瓦·多斯：《从结构到解构：法国20世纪思想主潮》（上卷），季广茂译，中央编译出版社2004年版，第481—494页。

新的思路①。特别是康吉莱姆对规范性问题的思考对于福柯的研究有着引导性的作用，康吉莱姆更是直接指导福柯完成博士学位论文《疯癫与文明：理性时代的疯狂史》（Folie et deruison：histoire de la folie à l' age classique）。沿着这条路径，福柯走向了有别于正统学术，也迥异于其他潮流思想的独立科研的道路。

早期福柯的学术活动轨迹主要围绕着高校开展。1955 年以后，福柯开启了其长达 13 年的游学。在此之前，福柯曾有过一段法国共产党员的经历。1950 年，福柯在阿尔都塞介绍下加入法共。但是由于苏联对西欧各国共产党事业的主导，法共的知识分子群体只能按照指令式的组织活动方式开展工作，这让福柯大失所望。于是在 1953 年，福柯又悄然退出法共。从 1955 年到 1968 年，福柯开展了其游学生涯。福柯在瑞典、波兰、德国、巴西、突尼斯等地游学，这不仅给了他丰富的生活和工作经历，而且丰富了其学术视野与思路。事实就是：福柯扬名于其游学时期，其博士论文、《临床医学的诞生》与《词与物》等著述就是其在游学时撰写②。在这一段时间，福柯的学术活动与思想工作都基本上没有脱离高校，更多的是"单枪匹马"式的、个人的且富有个性的研究模式。值得注意的是，尽管早期福柯因为考古学与知识型而声名大噪，但使其被认定为结构主义者，这促使福柯进一步深入探索解释规范性的方法与道路。

二　晚期福柯

所谓晚期福柯（Late Foucault）是相对于早期福柯而言，指的是"五月风暴"（Mai 68）以后社会思潮与运动转向的时代背景下，福柯从其基于个体的研究路径转向在社会层面问题、从规范

---

① ［法］弗朗索瓦·多斯：《从结构到解构：法国 20 世纪思想主潮》（上卷），季广茂译，中央编译出版社 2004 年版，第 501—510 页。

② 于奇智：《福柯及其生平、著作和思想》，《国外社会科学》1997 年第 1 期。

性研究转向规范化的研究阶段。从福柯思想历程来看,可以看到一条清晰的哲学意向。在经历对理性与非理性思考后确立了规范性研究,沿着这条路径考察个体,福柯从疯人院、临床医学追踪到18世纪以来的人类知识状况,他用知识考古学由点到面研究了规范性的全貌。但是这一线索到1969年前后基本结束,此后福柯开始重新从一个点——监狱——出发,再扩展到工厂、社会治安乃至国家政策等,开辟了一条基于谱系学研究社会规范化过程的社会科学维度。可见,尽管晚年福柯仍然沿用考古学方法,但是由于客观的研究需要仍然改造了尼采的谱系学,并且为理论研究开了一个新的头。这是一个明显的思想转向,它体现为研究论域与方法论的双重推进。

  晚期福柯的思想转向是双重的。一方面,时代浪潮推动福柯思想转向的决定性因素。"五月风暴"(Mai 68,或"六八运动")前夕的西方已是"山雨欲来风满楼",通过观察阿尔及利亚战争、中东战争以及突尼斯学生暴动等,福柯感受到来自社会现实问题的强烈冲击。因此到1968年,尽管福柯本人并未参与"五月风暴",但也同当时几乎所有一流思想家一样为之深深吸引。正是在"五月风暴"的历史感召下,福柯投身法国高等教育改革,参与创建刚成立的巴黎第八大学,并兼任哲学系主任。但是,复杂的政治环境、混乱的学生群体与政治组织,使得福柯对于当时的政治运动深感失望。不到一年,福柯就第二次退出了高校教研工作,而回到其独立的个人研究中去;另一方面,20世纪60年代法国哲学的尼采转向,推动了福柯的方法论革新从考古学推进到谱系学,并且进一步追问:规范性从何而来?于是,福柯不再满足于《词与物》中的考古学与知识型,他在1969年申请法兰西公学院(Collège de France)教席教授的研究计划就强调,要从当代资本主义管理机制所对应的知识中追溯规范性,后者则是包含某种意图的、在舆论和科学之间的独立领域。到1969年,福柯当选法兰西公学院

（Collège de France）教席教授①，而由于法兰西公学院教席在学术创新上的客观要求，福柯在此后的科研中才能卓有成效地变革了其研究方法、推进其研究进度。

彼时历史的车轮将资本主义推到了一个新的发展阶段。20世纪70年代的福利国家危机与后福特制生产方式的扩展，导致新自由主义政策在欧美流行开来②。在此情况下，法兰西公学院的教职恰好给了福柯直面社会大众舆情、开展国际交流与了解国家政策的窗口，为其从国家政策、大众认知、公共机构等方面提供了更立体的社会观察。在此前提下，晚期福柯很清晰地向社会总体性维度层面拓展自己对规范性的批判，并将规范性所对应的知识放置于舆论和科学之间的独立领域③。在这一阶段，福柯的工作并不能够被完全归为思想史工作，而是包含了大量的社会实证调查。因此，福柯积极地吸收了各种思潮中的哲学成果：尼采主义的、结构主义的、人类学的

---

① 福柯于1970年4月当选法兰西公学院的终身讲席教授，接替的是伊波利特（Jean Hippolyte）的哲学思想史教席。在此区分法兰西公学院、法兰西学会（Institut de France）与法兰西学术院（Académie français），三者各不相同。法兰西公学院（Collège de France，或"法兰西公开学术院"）由法国国王弗朗索瓦一世于1530年建立，是法国历史最悠久、最富盛名的科研机构，以教授最新的学术成果和知识为宗旨，完全向公众开放。学院仅仅设置有五十多个教席，除了福柯和伊波利特外，包括柏格森、梅洛·庞蒂、列维·施特劳斯等都曾在此担任过教职，是法国高等知识分子的最高聚集地；法兰西学会（Institut de France）是为法国国家官方的最高学术机构，由1795年10月25日公共教育法的颁布而创立。其地位与职能等同于中国的中国科学院（Chinese Academy of Sciences，CAS）与中国社会科学院（Chinese Academy of Social Sciences，CASS），其下属5个院：法兰西学术院（Académie française，也可译为"法兰西学院"）、法兰西文学院（Académie des inions et belles-lettres）、法兰西科学院（Académie des sciences）、法兰西艺术院（Académie des beaux-arts）、法兰西人文学院（Académie des sciences morales et politiques）。其成员为院士（Immortel）头衔，为终身制；法兰西学术院就是法兰西学会的5院之一，其成员包括著名的雨果、列维·施特劳斯等。See http：//www.college-de-france.fr/site/college/index.htm；http：//www.institut-de-france.fr/。

② Eric Hobsbawm, *Age of Extreme*: *the Short Twentieth Century* 1914 – 1991, London: Clays Ltd, 1994, pp. 307 – 343.

③ ［法］迪迪埃·埃里蓬：《米歇尔·福柯传》，谢强、马月译，上海人民出版社2017年版，第403—405页。

等等，但是福柯又并未将自己归于任何一个思想派别，而是走向了彻底的解构主义方法路径。在这一历史意义上，福柯是解构主义思潮的奠基人之一。这些思想上的进展体现在其随后在20世纪70年代到80年代初所作的"法兰西公学院"讲座中的监狱、精神病院与生命政治学等主题中，并展现出福柯对当代资本主义的批判性剖析中。

晚期福柯是否阅读过马克思？答案是肯定的，福柯不仅读过马克思而且公开承认、直接引述充分肯定马克思，直接的证据散见于晚期福柯的著作、访谈、讲座中，体现了马克思对福柯的影响。福柯早在大学时代就已经通读马克思的著作，晚期福柯其实是重新阅读马克思的著作，特别是马克思在其思想成熟时期的《资本论》《法兰西内战》等著作[1]，而这些对"马克思阅读"也推动着晚期福柯思想的发展。

第二节 "马克思阅读"的模式

既有的研究表明，福柯不仅阅读马克思，而且公开坦言"马克思是其理论活动的一个环节。"[2] 结合福柯的文本来看，福柯著作中的"马克思阅读"集中在《词与物》写作时期（1965年前后），以

---

[1] 详细的内容在晚期福柯的诸多著作：《规训与惩罚》、《性经验史》与诸多法兰西公学院演讲等中，几乎不胜枚举。参见福柯《规训与惩罚》，刘北成、杨远婴译，生活·读书·新知三联书店2012年版；[法] 米歇尔·福柯：《性经验史》，佘碧平译，上海人民出版社2002年版；[法] 米歇尔·福柯：《安全、领土与人口：法兰西学院演讲系列1977—1978》，钱翰、陈晓径译，上海人民出版社2010年版；[法] 米歇尔·福柯：《必须保卫社会：法兰西学院演讲系列1976》，钱翰译，上海人民出版社2010年版；[法] 米歇尔·福柯：《生命政治学的诞生：法兰西学院演讲系列1978—1979》，莫伟民、赵伟译，上海人民出版社2010年版。

[2] [法] 雅克·比岱：《福柯和自由主义：理性，革命和反抗》，吴猛译，《求是学刊》2007年11月。

及在法兰西公学院开展讲座时期（1975年到1978年前后）。这些文本体现出福柯思想发展的脉络，包含着两种对政治经济学的阅读。第一种阅读是早期福柯的考古学式阅读，以知识型解读政治经济学；第二种阅读是晚期福柯的谱系学式阅读，通过权力维度在政治经济学中重新理解资本主义。

一　考古学式阅读

早期福柯的"马克思阅读"是考古学式阅读，这集中在《词与物》中。而福柯接触政治经济学要追溯到1953年以前，福柯加入法国共产党（1950年到1953年）期间通读了马克思的著作，其中就包括《资本论》。但是到了1965年《词与物》出版，福柯已经是站在一个独立的理论视角解读政治经济学。支撑福柯在《词与物》中解读政治经济学的范式，是他运用考古学（archeology）方法发现的知识型（épistémè）。而且早期福柯更多的是阅读政治经济学的显性文本，仅仅停留在直接地去谈论政治经济学的理论、观点与范畴等。

在《词与物》中，福柯对于政治经济学的阅读，是作为古典知识的知识型去展开的。至于政治经济学本身所反映出的社会历史内容，也就是近现代资本主义的现实境遇，福柯并没有深入讨论、充分展开。因此，《词与物》对政治经济学的讨论，直接体现了福柯写作《词与物》的思路与逻辑：（1）《词与物》的总的观点，是存在反映事物的秩序的知识型，而知识型则是人文社会科学知识的基础。在福柯看来，传统的哲学社会科学通过建构理论来阐释社会历史的客观规律，但是这样的做法无法看到规范性所遮蔽的东西。所以福柯并不关注所谓的历史规律，而是注视规范性所指向的"秩序"。"存在着秩序"[①] 是福柯把握历史本真状态的坐标，是对宏大叙事的历史传统的叛逆。（2）《词与物》的总问题，是还原知识型与事物

---

① ［法］米歇尔·福柯：《词与物》，上海三联书店2016年版，第9页。

的秩序之间的隐匿关系。福柯对于事物的秩序的追问,打破了近现代以来人文社科以连续性叙事对知识建构的垄断传统。他强调知识所描述的规律中,事物的秩序才是第一性,而直接反映事物秩序的知识型只是第二性。简而言之,知识型是不同历史时期,人类社会普遍固有的知识架构。如果说包括历史哲学在内的人文社科知识展现了对社会历史的历时性叙事,那么知识型则是强调空间意义上制约知识生产的固有思维公式①。而不同时期的事物的秩序就表现为知识型,后者制约着人类社会的知识建构模式。通过对语言学、神话学与政治经济学等经典思想的剖析,福柯确认了近现代知识型的特征。(3)《词与物》的思路体现了早期福柯对于规范性研究的不断推进。从《疯癫与文明》对于理性与疯癫关系的挖掘、《临床医学的诞生》中对医学与现代医疗体系的关系的解读、到《词与物》对"同一"与"异"关系的考察再到《知识考古学》中对话语与科学两种认知的辨析,福柯对规范性的探讨与论证是一以贯之的。通过对疯癫的考察,福柯确认了规范性在个体上的存在。通过知识型,福柯确认了规范性体现的"同一"对于"异"的限制。但是,知识型是考古学的发现,考古学是对知识的发掘工作。考古学对知识的发掘,与历史哲学对于知识的建构方法——思想史方法——是截然相反的,考古学与思想史方法是"拆"与"建"的关系,其本身就是一种解构的方法。福柯将考古学贯彻在对政治经济学的阅读,这是早期福柯阅读政治经济学的根本特点。福柯观察到不同时代经济学理论建构逻辑的不连续,揭示了古典与现代知识型中生产与交换的不同地位。因此,福柯是通过知识型考察政治经济学,而不是按照财富或者剩余价值的视角考察经济问题。在此意义上,可以说早期福柯对于政治经济学的阅读与理解,是研究经济学这一门知识的"语言学"。

应当说,早期福柯是在知识论意义上考察政治经济学。与传统

---

① [法]米歇尔·福柯:《词与物》,上海三联书店2016年版,第10页。

的将政治经济学作为一个知识系统的做法不同，福柯将政治经济学拆解成关于交换与劳动的知识。这是因为在福柯看来，西方哲学传统将科学视为理性对真理的表达，但是在他看来人文社会科学的第一性并非科学性，而是一种有特定言说方式的话语。这意味着，政治经济学作为一门科学，有其内在特定的语法、逻辑与知识体系，遵循其内在的范式（paradigm）。在托马斯·库恩那里是范式，在福柯那里则是知识型。知识型，指的是特定社会历史语境下，知识生产的特定构型①。因此，在一门具体的社会科学中，范式是其内在解释力所在。而将范式投放在具体的社会历史境遇中，则会看到范式的时代印记，也就表现为知识型。按照这一思路，福柯在《词与物》的第六章以及第七章的第二节中用考古学解构了政治经济学。他认为，所谓的经济学不过是17、18世纪形成的话语体系。也就是说，在17、18世纪以前并非不存在系统描述社会经济生活的知识，只是到了政治经济学出现以后，关于价值、价格、贸易与流通等概念才被串联起来，并逐渐发展为政治经济学这门科学②。在这一历史前提下，政治经济学具有17、18世纪知识型的典型特征：即总体性、线性历史观、体系性以及决定论色彩。在福柯看来，尽管17、18世纪的政治经济学面对的是以资本主义市场为前提的交换的知识。但是政治经济学并不像经济学家所言，是研究关于财富、经济增长乃至未来社会的科学，政治经济学要成立的第一个前提，就是构建一套基于严格认识论基础的知识论体系。

因此在福柯看来，自16世纪以来的政治经济学的发展包括几个部分：作为政治经济学语法的财富分析、作为财富符号与度量的货币理论、统一货币与财富理论的重商主义等等。特别是在《词与物》第六章的第二到第六节中，福柯大致是按照从16世纪到19世纪的

---

① ［法］米歇尔·福柯：《词与物》，上海三联书店2016年版，第10—14页。
② ［法］米歇尔·福柯：《词与物》，上海三联书店2016年版，第219—222页。

知识型发展的线索梳理政治经济学。值得注意的是，福柯所采取的并非是历史哲学的线性叙事，而仅仅是历时性梳理相关内容，因此福柯并非从商品开始讨论政治经济学，而是从货币开始其分析。首先，福柯从16世纪的财富分析话语开始，指出："财富分析之于政治经济学，就像普通语法之于语文学，自然史之于生物学"①。财富成为经济学研究的一个总问题，这也奠定了政治经济学话语的基本语法。由于财富分析语法的建立，使得货币、价格与价值等范畴能够在人的观念中被串联起来；其次，在16世纪金属货币被等同于财富。在包括英法等国的一系列货币政策推动下，货币不仅成为财富的符号，而且成为度量财富的中介。在对于货币的分析中，福柯触及货币的一般等价物属性，但是并没有将这一属性抽象出来②；再次，到17世纪重商主义出现，货币观念与价格机制联系起来。货币成为财富的符号与象征，同时财富是货币的内涵，这一关系被确定下来。不仅如此，对于财富的追逐也就被颠倒为对货币的追逐，将二者的关系颠倒过来，重商主义也因此流行起来③。重商主义出现，说明货币本身的功能得到充分发展，已经可以基本满足人们对于财富的认知与想象。在重商主义部分，福柯提到了人口在财富结构中的意义，但是并没有将人口理解是劳动力的构成，因此未能挖掘出人口与财富增长内在关系；到17世纪末，不仅货币可以充当财富，而且随着货币量扩大，商品与货物可以充当货币的抵押。货币成为符号也确立起财富的价格，因为货币量足够的大，所以更多的商品可以为货币表现其价值。这样一来，实际上可以被视为财富的物的范围就被货币扩大了。如此，一个关于财富的物的秩序也就在酝酿之中；再次，到了18世纪以后，价值观念得到确立，并因此奠定了政治经济学作为体系科学的基础。值得注意的是，福柯已经开始使

---

① ［法］米歇尔·福柯：《词与物》，上海三联书店2016年版，第219—221页。
② ［法］米歇尔·福柯：《词与物》，上海三联书店2016年版，第222—230页。
③ ［法］米歇尔·福柯：《词与物》，上海三联书店2016年版，第230—238页。

用一般等价物的术语，并看到了货币、人口以及财富的关系，他做出断言：所谓国家繁荣时期，并非是货币量与价格成正比的时期，而是货币与人口都持续增多的阶段；再次，到了18与19世纪，价值一般范畴建立，这意味着政治经济学的体系奠定。而当关于价值一般的政治经济学体系建立，意味着商品交换已经十分发达，也意味着出现了普遍交换的市场，交换这一物的秩序也就被建立起来[1]；再次，到了19世纪，一个更为重要的转变发生：即物的使用价值被价值建构出来。由于货币表示价格的普遍性在商品中建立起物的秩序，因而在人们的认知中，物本身的含义逐渐被其作为价值的意义所挤压，这一过程直到人们把价格作为把握物的前提方告完成。正如福柯所说："这些交换本身就是功效的创造者，因为它向一方的估价提供了直到那时对另一方只具有很少功效的东西。"[2]这一论点与马克思在《资本论》中所讨论的"商品拜物教"可谓是异曲同工[3]。

在讨论完"交换"之后，福柯才集中讨论劳动，并且他对于劳动的讨论只是作为现代知识型的一个例子。在《词与物》第七章《表象的界限》的第二节中，福柯所集中讨论的劳动实则是可以被度量的抽象劳动，是劳动力。福柯认为，在价值体系建立之后，关于商品的物的秩序也被建立，这为劳动价值论奠定了基础。而这一历史变化则反映了19世纪以来的现代知识型的建立过程，大卫·李嘉图因此被福柯指认为现代知识型诞生的标志。而福柯所指的劳动，实际上已经是劳动力的含义。由此可见，福柯敏锐地察觉到劳动力价值的历史性，并且将关于劳动的观念作为现代知识型的体现。在他看来，当政治经济学使用劳动价值论去言说，实际上标志着对过去历史观的一次革命，决定论式的历史也被重新编排。而这影射了

---

[1]　[法]米歇尔·福柯：《词与物》，上海三联书店2016年版，第251—260页。
[2]　[法]米歇尔·福柯：《词与物》，上海三联书店2016年版，第261页。
[3]　《马克思恩格斯全集》第44卷，人民出版社2001年版，第88—102页。

现实中价值生产所构建的物的秩序的历史的开启。值得注意的是，福柯的分析贯穿了通过考古学对于知识型的考察，但也基本上是语法分析。这种分析，透视了知识本身与真实社会历史之间的认知基础，但是对于本真的社会历史，仍然无法逃脱康德式的"物自体"的难题。于是乎，福柯也就存在一个根本的误区：即把劳动从政治经济学里面单独拎出来讨论，将交换与劳动割裂开来讨论。事实上，福柯仅仅是在现象层面讨论交换与劳动，因此交换与劳动对于写作《词与物》时期的福柯来说，更多的是在经济学范畴中折射出来的社会历史成象过程。那么自然而然的，劳动仅仅是劳动、交换也只是交换，福柯也就忽视了劳动与交换现象中体现的价值、利润乃至财富等之间的本质联系。可见，早期福柯并没有读懂政治经济学，也就更不可能读懂马克思。在《词与物》之后，早期福柯鲜有论及政治经济学的地方，政治经济学更多是早期福柯论证自己思想的论据，是考古学方法的考察和分析对象，其本身并没有对于福柯的思想发展起到建构性作用。

换一个角度看，早期福柯对于政治经济学理解的局限源于考古学本身的局限性。尽管考古学已经确立了解构的立场，但是没有能够与结构区分开来，这使得福柯未能建立起对历史表征的现实的解释。福柯所揭示的政治经济学背后现代知识型诞生的秘密，固然达到了对政治经济学意识形态性的剖析，但是仍然不足以理解经济生活本身。换言之，考古学发现的知识型本身就是存在于知识结构中的规范性，是资本主义意识形态生产的核心。但是破解现代知识型，却不足以理解资本主义的规范性从何而来。所以福柯无力去触碰利润、地租乃至剩余价值的问题，所以如此，其实与福柯将政治经济学割裂地讨论有直接关系。从交换与劳动角度考察知识型，固然是很有创见，但是无形中也把使用价值、交换价值、剩余价值在生产与流通过程中的联系性取消了。尽管如此，福柯的讨论并不是一种彻底的错误，但是一种视差。这种视差在于福柯是从货币开始讨论政治经济学，这与古典政治经济学以及马克思的视角截然不同，后者是从价值、商品出发理解交换。事实上，福柯所以从货币开始，是由于自己所处的社会历史境遇。通过对战后资本主义的观察，福柯关注到货币流通本身对于交换价值的重构、对于信用体系的建构，改变与超越了资本主义价值转换在生产领域的局限性。而这恰恰是后来福柯能进入社会生活层面理解资本主义规范性的重要前提。

二 谱系学式阅读

晚期福柯的"马克思阅读"是谱系学式阅读。在《词与物》以后，福柯一度将政治经济学"束之高阁"。直到1975年，晚期福柯才重新阅读政治经济学。从思想史来看，早期福柯所以基于考古学阅读政治经济学，是出于论证知识型的需要。而在"五月风暴"后，晚期福柯重新阅读政治经济学，则是为了探讨新自由主义崛起与研究资本主义规范性的主客观前提，其方法已经从考古学深化到谱系学层面。所以，当晚期福柯阅读政治经济学，就不仅仅是阅读政治经济学的显性文本，而且关注其隐性的内涵与意旨，进而讨论政治经济学的问题，并且在此基础上做出延展。晚期福柯对政治经济学的隐性阅读，成为其后来建构性地提出生命政治学、启蒙悖论的理论前提。

晚期福柯的谱系学（genealogy），本质上是一种社会科学方法论，面向的是"历史和文化现实的现代主题之系谱"[①]。在很多地方，福柯都承认并且探讨过谱系学与尼采思想的渊源。谱系学的哲学源头正是尼采。尼采在伦理学意义上使用谱系学，他从道德话语的角度考察不同的道德标准与道德体系之间的联系，揭示了不同价值尺度对于道德观念与道德范畴的产生、发展与异化的影响。因此谱系学之于尼采，具有向本真还原的哲学向度。因此尼采将谱系学

---

① Michel Foucault and Richard Sennett, "Sexuality and Solitude", in *Humanities in Review* 1 (1982), p. 9.

称为"真正的历史""感性的历史"①。但是,尼采的谱系学并不具有社会科学的向度,在其谱系学的讨论中并没有囊括资本主义历史的直接经验。与之相反,福柯的谱系学则是社会科学意义上的方法论。尽管福柯的谱系学本质上也是方法论,具有显著的批判哲学意向性,但是这一方法直接以当代资本主义、历史与生活空间的直接经验作为对象。在这一意义上,福柯的谱系学是对于尼采谱系学的改造,而不是全盘接收。晚期福柯使用谱系学,是为了达到"解放历史知识使其摆脱奴役的事业"②。一方面,福柯反对的是历史决定论的哲学思维。因此,福柯并不接受苏联传统的马克思主义。而是强调通过可感材料去还原历史的本真状态,去解构历史宏大叙事;另一方面,福柯又有鲜明的反形而上学倾向,他反对纯粹从概念、理性与体系出发理解历史。早期福柯所提出的知识型也是一个泛形而上学的范畴,包含了福柯力图打破主客体二元论的意图。但是早期福柯并没有完成这一任务,解构主客体二元对立意味着要建立一个新的认识论范式。面对这一困难,福柯引入了谱系学。

而从现实层面来说,福柯引入谱系学阅读政治经济学,是为了进一步理解规范性是如何在资本主义社会建构的。早期福柯思想专注于个体层面的规范性研究,其哲学意向有明显的反历史主义、反总体性与反宏大叙事倾向,因此无法接受决定论式的马克思主义。而晚期福柯进入对规范化的探讨,触及社会历史领域问题,又重新阅读马克思的政治经济学批判,并继续发展出对当代资本主义的剖析。对规范性的关注是贯穿晚期福柯思想的核心线索,这条线索推动福柯走向政治经济学,后者在晚期福柯思想中分为两个阶段:从1971年到1975年,福柯展开了对于监狱的集中调查

---

① 莫伟民:《莫伟民讲福柯》,北京大学出版社2005年版,第6—15页。
② [法]米歇尔·福柯:《必须保卫社会:法兰西学院演讲系列1976》,钱翰译,上海人民出版社2010年版。

与研究，这是他从早期福柯的规范性关注，深入到晚期福柯对具体的规范化的研究。正是由于探讨到监狱中的管理方式，福柯重新进入政治经济学的论域中；从1975年《规训与惩罚》出版，一直到1979年《生命政治学的诞生》，福柯展开了对于政治经济学零散的讨论。但是从这些讨论中，可以看到福柯已经进入对政治经济学关注的核心主题：工厂、人口与市场等问题。从这些讨论可见，晚期福柯已经不再浮于表面讨论政治经济学的范畴，而是真正进入政治经济学的问题域中。

在《规训与惩罚》、《必须保卫社会》、《安全、领土与居民》与《生命政治学的诞生》等著述中，福柯对政治经济学的讨论从工厂扩大到国家范围。在《规训与惩罚》中，福柯探讨的是当代社会对于人身体的强制从何而来。在福柯探讨到现代社会的规训的模式时，进入了政治经济学探讨的工厂生产的主题。所谓规训（discipline）指的是以无微不至的强制，达到对人的身体与活动的控制。纪律就是规训的典型代表，其目标是达到对人的"驯服"，因此规训是一种微观的权力模式。福柯认为，规训源自于18世纪的工厂，是为了适应工厂生产的需要而产生的权力技术。通过对于规训的历史考证，福柯发现规训的发展与经济学的内在要求一致[1]。这种一致性在于，工厂生产对于成本、利润以及工资的精确计算的需要，导致了对于工人专业化素质的需要，这其中最核心的思路是把人的身体向机器靠拢[2]。对此，福柯重新阅读了马克思的《资本论》，并且深度认可了马克思对于工厂管理的描述与分析。

在《规训与惩罚》中，有两点值得注意，其一，福柯不再拘泥

---

[1] ［法］米歇尔·福柯：《规训与惩罚》，刘北成、杨远婴译，生活·读书·新知三联书店2012年版；［法］米歇尔·福柯：《词与物》，上海三联书店2016年版，第166—169页。

[2] ［法］米歇尔·福柯：《规训与惩罚》，刘北成、杨远婴译，生活·读书·新知三联书店2012年版；［法］米歇尔·福柯：《词与物》，上海三联书店2016年版，第153—165页。

于政治经济学的经典文本，而是注重对于经济活动的调查这种"一手材料"。这与马克思制定政治经济学批判的做法几乎一致，从直接的、可感的经验材料出发，正是马克思、福柯分别批判与解构政治经济学的"阵地"。其二，工厂生产中的规训所以诞生，与机器化大生产直接相关。而机器化对于生产过程的微观控制，并不仅仅是由于劳动力商品生产过程决定，而且是由于资本流通层面建构的价格机制所决定的。在政治经济学批判语境中，机器化大生产会导致利润率平均化，从而使得全社会的必要劳动时间平均化，这种平均化是导致生产过程中对于人的生产活动精确控制的主导原因。控制了工人的劳动方式，就等同于缩减了必要劳动时间，从而为更多的剩余价值剥削创造了空间。福柯并没有点明这一内在机理，也不妨碍其从工厂管理方式、权力效应以及对身体的操纵上洞见了资本主义的意图。福柯对于规训的分析，达到了对于资本主义的历史性观察，与政治经济学批判是殊途同归，是对政治经济学批判的重要补充。

因此，晚期福柯对于政治经济学的阅读，也是从资本流通层面理解资本主义规范性，这是对早期福柯的考古学式阅读的延续。只不过这种延续，不满足于考古学式的探讨，而是拓展到谱系学的层面。而谱系学展开的，是对当代资本主义空间维度的剖析。在1976年以后法兰西公学院系列讲座中，福柯对于资本主义规范性的探讨没有止步于规训，而是进一步深入到治理技术范畴，这是在他讨论人口、治安等问题中取得的新发现。首先，福柯在探讨人口问题时，从资本主义国家治理的角度解读马尔萨斯的人口理论。他将人口不仅作为生产消费两大部类之间的一个参数，而且作为资本主义这一社会形态的构成去理解。换言之，福柯对于人口的理解站在了资本主义整体性层面。在这一意义上，福柯批评马克思对于人口的理解缺乏对于西方现代化维度的理解。但是这个批评是个假批评、真发展，整体性正是马克思为展开资本逻辑而改造黑格尔辩证法的范畴，福柯其实是深度理解了马克思把握资本主义整体性的意义。其次，在理解资本主义整体性的基础上，福柯把握到资本主义规范性的建立，是对西方国家治理意图的当代化。当福柯揭示了当代资本主义的治安意图时，也理解了治理技术、生命政治学为何会成为西方现代化的基础。事实上，规范化的进程与资本扩张、当代资本主义统治的权力技术的建构是亦步亦趋的。正是由于市场的建立与发展，当代资本主义需要更加深化的控制形式：从宏观强制、微观强制再到"无为而治"，这一过程伴随着当代资本主义从司法政治、解剖政治再到生命政治学的深化，推进资本主义本身的规范化。这使得资本主义成为一个现代化的制度，其具体的社会历史形式就是新自由主义。所以，早期福柯站在了资本流通层面理解政治经济学，晚期福柯则是站在这种整体性的高度。他看到了，对于已经统治世界的资本主义来说，如何实现资本增值更多的是一个历史问题、本质论问题，而如何继续其统治才是现代性问题、生存论问题，是存亡攸关的大事。在此意义上，在1976年到1979年间的福柯抓住了资本主义的历史性，而曾经最拒斥历史决定论的福柯，也因此不可避免地与马克思相遇。所以，雅克·比岱就指出，福柯在1971年到1979年在法兰西公学院做的讲座，与马克思的《资本论》密切相关[①]。在此意义上，福柯用谱系学对政治经济学的阅读，也使其拓展了《资本论》等文本的解释空间。

第三节　晚期福柯与政治经济学批判

雅克·比岱指出，福柯对于马克思所着力批判的政治经济学"同样感兴趣"[②]。晚期福柯自己也多次明确承认马克思对他所产生

[①] Jacques Bidet, *Foucault with Marx*, translated by Steven Corcoran, London: Zed Books Ltd, 2016, pp. 1–19.

[②] ［法］雅克·比岱：《福柯和自由主义：理性，革命和反抗》，吴猛译，《求是学刊》2007年11月。

的影响,并且这种影响主要来自于马克思成熟时期的《资本论》等著作①。因而,在晚期福柯对《资本论》的阅读中,也包含了他对于政治经济学批判的深入理解,而这种理解也反过来影响到福柯的思想发展。

(1)晚期福柯通过重新阅读政治经济学批判,导致了其对马克思态度的转变:即1976年以后,福柯转向马克思对当代资本主义的剖析。福柯对马克思态度的转变并非是文本意义上的诠释学转向(hermeneutische Wendung),而是包括观点、方法、研究逻辑等在内的思想转向。(2)不仅如此,晚期福柯关注和侧重的是马克思本人的思想,并批判苏联马克思主义。而这一转变的思想史背景,是因为晚期福柯与其同时期的马克思主义者之间发生了频繁对话。(3)在此前提下,再讨论福柯与马克思在方法论、问题等方面的关联性,才能更直接体现晚期福柯对马克思主义哲学的延展。那么,晚期福柯为什么如此深入马克思的思想?这是因为,晚期福柯并非要建构体系性的理论:如哲学体系、知识体系等,而是揭开社会历史的真实(real)与具体。因此,晚期福柯受到马克思的影响最大,而且是直接的、深层的影响,这又体现在晚期福柯的各思想主题中②。

因此,要证明马克思具体理论与学说对晚期福柯思想产生了关键性、转向性的重要影响,就需要采取关联度递进(coherence-incremental)的方法逐步展开:其一,证明晚期福柯确实直接关注马克思、直接阅读过马克思本人的著作。其二,交代晚期福柯所阅读的马克思著作,以及其所对应到的晚期福柯文本的内容。在此基础上,才能评估福柯是如何阅读和理解的,以及理解到什么程度。其三,从福柯思想发展中的具体线索,讨论晚期福柯为何要阅读马克思。

---

① Michel Foucault, *Les mailles du pouvoir*, *Dist et Écrits IV*, Paris: Gallimard, 1994, pp. 182 – 201.

② [英]托马斯·莱姆克:《不带引号的马克思——福柯、规治和新自由主义的批判》,陈元译,《现代哲学》2007年第4期。

一方面从问题式（problematic）的角度，交代晚期福柯阅读马克思所处的思想线索，包括这一线索的发端、断裂或转向以及福柯阅读马克思之后所产生的影响。另一方面，从历史发生学的角度，分析在晚期福柯时期，什么样的时代背景、思潮以及与知识分子交往导致了福柯重新阅读那些他曾经放下的马克思著作，进而揭示晚期福柯与马克思在深层的方法与思考理路之间的张力。从诸多晚期福柯著述中的证据来看，晚期福柯确实阅读了马克思。并且晚期福柯发现了《资本论》中有关于权力的论述，进而揭示了其中所包含的西方现代性的内容。

一　语境与文本

在晚期福柯时期，通过对马克思文本的重新阅读，福柯重新关注和重视马克思思想。由上可知，福柯在早年时期与马克思、马克思主义的关系是很紧密的，福柯对于马克思主义的疏离发生在20世纪50年代到70年代，而后在晚期福柯阶段又重新重视起马克思，并在1975年以后产生了对马克思态度的转变。通过考察晚期福柯阅读和论述马克思著作的文本，大致可以将福柯对待马克思思想的变化分为三个阶段：（1）从1953年福柯默默退出法国共产党到1975年《规训与惩罚》出版，福柯确实曾经试图将自己区分于马克思主义，但是这种区分更多是对苏联正统马克思主义的教条化、意识形态化形式的拒斥。（2）以1976年福柯在巴伊亚联邦大学哲学系（Federal University of Bahia）的一场名为"权力之网"的讲座为标志，福柯更深一步进入马克思文本，特别是进入《资本论》的第二卷。福柯公然宣称自己在《资本论》第二卷中发现了权力的非中心、互相独立与共存的状态。（3）在1976年以后，福柯在几次讲座中再次提及马克思无不是关于他对于治安、治理、生命政治学等的思考，无不渗透着他对政治经济学批判理解的深入，这与其在写作《规训与惩罚》时期的对马克思的理解又有一定区别。

论证晚期福柯是否阅读马克思，需要在晚期福柯的著述（包括福柯所留下的各种一手的文献与音频等资料）中找到足以盖棺定论的关键证据。事实上，最为人所熟知的证明晚期福柯直接受到马克思影响的论据，莫过于一篇名为《结构主义与解构主义》的访谈。1983年G. 罗莱（G. Raulet）采访福柯，在访谈中，福柯提到了著名的"不带引号的马克思"的表述，他如是而谈：

> 我经常引用马克思的概念、词句和作品，但我并不觉得非得加上一小块认证标记：也就是说，在引用马克思的话时，仔细地在书页下端加注出处，再对引文发表一番赞赏的评价。若这样做，就可以被看作一个了解马克思、敬仰马克思、被所谓马克思主义的杂志所尊崇的人物。而我引用马克思的时候并不指名道姓，也不加引号。由于一般人辨认不出马克思的原文，我于是就成了从不援引马克思的人。难道一个物理学家，在他研究物理的时候，会认为有必要援引牛顿或爱因斯坦的话吗？他运用他们的理论，但没有必要加引号、脚注或是赞赏性的附和，以表示他对大师们的理论是何等的忠诚。因为其他物理学家都知道爱因斯坦所做过、创造过和论证过的东西。如今在写历史的时候，不可能不运用到直接地或间接地与马克思思想相关的一系列概念，也不可能不置身于一个马克思曾描述、定义过的境域中。说到底，做个历史学家和做个马克思主义者是否有所不同，是值得怀疑的。①

福柯在这里所说的"不带引号的马克思"，有几层意思：（1）福柯在表达和阐释自己的思想时，尽管没有明确出处和评论，但是实际上引用了马克思；（2）福柯将自己所理解的马克思与西方

---

① Michel Foucault, *Dits et écrits IV* 1980－1988, Paris：Gallimard, 2001, pp. 431－457.

社会种种形式上的"马克思主义"①的、贴上马克思"标签"等对马克思的阅读与应用区分开来，福柯对于马克思的阅读不是为了标榜、宣传"马克思主义"；（3）福柯对于马克思的阅读是科研性的、学术性的。福柯以自然科学领域研究做比喻，其实是暗示了自己研究也是基于马克思的科研进展，是在肯定了马克思对历史科学研究在基础理论层面的贡献。可以看出，在1983年的这段讲话中，福柯是在社会历史科学研究的意义上肯定马克思思想，他所理解的马克思并非是政治立场、意识形态以及与特定思潮和标签所绑定的马克思形象，而是一个为社会科学研究奠基的严肃学者形象。因此对于福柯来讲，马克思之于社会科学的地位，就犹如牛顿之于物理学的地位。

而在晚期福柯阶段，福柯不止一次谈到和承认马克思思想对自己的重要影响。这些证据确凿的晚期福柯对于马克思著作的阅读，包含了很多关键性的直接证据。在所有作证晚期福柯阅读马克思文本中，都证明晚期福柯更多地关注马克思思想成熟时期的著作，包括《资本论》、《路易·波拿巴的雾月十八日》与《法兰西内战》等。而且晚期福柯力图剥离意识形态式（苏联共产主义、资产阶级话语、人本主义马克思主义等）的模式去阅读马克思，并由此出发去理解政治经济学批判与马克思的政治学说。

在阅读马克思的政治经济学批判方面，晚期福柯著述中直接讨

---

① 福柯所区分的"马克思主义"只包括两个方面的内容：其一是特指福柯曾经加入而又退出的法国共产党的马克思主义，因此也是包括其背后的苏联正统的"马克思主义"。值得一提的是，当时福柯之所以区分"马克思主义"与斯大林主义以及1956年苏共二十大后苏联形象在西欧知识分子中的幻灭有直接关系，当时并不包括马克思与其他马克思主义思想家，这些体现在福柯在1968年重读卢森堡、1978年对法兰克福学派马克思主义等的探讨；另一个是在西欧所流行的种种存在主义马克思主义，这些马克思主义以萨特哲学为"根据地"发端。但是在列维·施特劳斯掀起的结构主义运动以后，而遭到此后包括福柯（这并不等于判断福柯是结构主义或者解构主义的，而是指出他参与这一运动之中，深受影响）在内的参与结构主义、解构主义运动中的知识分子的批判。

论、引用和评论《资本论》，主要是关于工场中的生产过程是如何同步展开的规训过程。

其一，在《规训与惩罚》中，福柯有 4 处直接谈到和引用《资本论》第一卷。福柯的这些引用都集中在第三部分"规训"（Dicipline）中，主要用于为规训做论证：（1）在第一节"规训的肉体"（Decile Bodies）中，福柯 2 处引用、讨论了《资本论》第一卷第十一章节"协作"。在讨论纪律之于机制如何通过编排个体之间的协调以使之达到特定需要时，引用了马克思对于工场中劳动分工与协作对于生产力提高的结构性作用[1]。（2）在第二节"规训的手段"（The Means of Correct Training）中，福柯有 1 处引用了《资本论》第一卷第十一章节"协作"。他讨论了马克思做出的工场中协作机制的强制性是为资本职能的判断，来说明工场生产中监视同时具备规训的特殊属性[2]。（3）在第三节"全景敞视主义"（Panopticism，或全景监狱）中，福柯有 1 处谈到了他对于《资本论》第一卷第十一章节、十二章节、十三章节中关于协作、分工与技术之间关系的理解（尽管他本人指向的是第十三章节的内容）。他讨论了规训内在于协作分工之中，本身所带来了与资本积累同步的"人的积累"（accumulation of men）过程[3]。

其二，在 1976 年出版的《性经验史》第一卷，福柯在探讨到 19 世纪无产阶级的生存状态时[4]，他就从《资本论》第一卷中第八章"工作日"的"对剩余劳动的贪欲。工场主和领主"一节中引证

---

[1] Michel Foucault, *Disipline and Punish: The Birth of the Prison*, Translated from the French hy Alan Sheridan, New York: Random House, Inc., 1995, p. 164

[2] Michel Foucault, *Disipline and Punish: The Birth of the Prison*, Translated from the French hy Alan Sheridan, New York: Random House, Inc., 1995, p. 175.

[3] Michel Foucault, *Disipline and Punish: The Birth of the Prison*, Translated from the French hy Alan Sheridan, New York: Random House, Inc., 1995, p. 221.

[4] Michel Foucault, *The History of Sexuality Volume* 1: *An Introduction*, Translated from the French by Robert Hurley, New York: Pantheon Books, 1978, p. 126.

来论证①。

其三，在 1976 年，福柯在巴伊亚联邦大学哲学系（Federal University of Bahia）举办的一场名为"权力之网"的讲座中，福柯直接坦承自己从《资本论》第二卷的阅读中受到启发，并讲他阅读《资本论》第二卷所受的启发总结为三点。并指出通过阅读《资本论》第二卷，福柯将当代资本主义统治描述为一个权力的"网络"（nailles）状态，这是一个马克思影响晚期福柯的关键证据②。

在阅读马克思政治学方面，晚期福柯在其著述中 3 处讨论和提及《路易·波拿巴的雾月十八日》、《法兰西内战》及其他书信。在这些著作中，福柯是要说明在近现代西方国家政治中除了阶级对立形式外，还存在以国家为主体的对内的、以武装力量为载体的、维持治安的规训手段。

其一，在《规训与惩罚》第三部分"规训"第一节"规训的肉体"（Decile Bodies）中，在引述埃尔维·吉贝尔（Hervé Guibert）谈论拿破仑式的民族国家权力得以奠定的军队来源时，引用了 1957 年 9 月马克思给恩格斯回信中对于军队与布尔乔亚社会形式的看法③。

其二，在《规训与惩罚》第四部分"监狱"（Prison）第二节"非法活动与过失犯罪"（Illegalities and delinquency）中，为讨论拿破仑政府所建立的镇压国内反抗的秘密警察力量时点明了马克思在《路易·波拿巴的雾月十八日》对应的分析④。

其三，1976 年第一期发表的，福柯与马克思主义倾向杂志《希

---

① 《马克思恩格斯全集》第 44 卷，人民出版社 2001 年版，第 272—281 页。
② Michel Foucault, *Les mailles du pouvoir*, *Dist et Écrits IV*, Paris: Gallimard, 1994, pp. 182–201.
③ Michel Foucault, *Disipline and Punish: The Birth of the Prison*, Translated from the French hy Alan Sheridan, New York: Random House, Inc., 1995, p. 169.
④ Michel Foucault, *Disipline and Punish: The Birth of the Prison*, Translated from the French hy Alan Sheridan, New York: Random House, Inc., 1995, p. 280.

罗多德》（Hérodote）编辑的访谈《权力的地理学》（Space, Knowledge and Power: Foucault and Geography）中，强调尽管马克思对于资本的历史性分析仍然带有李嘉图式概念的烙印，但是在《法兰西内战》、《路易·波拿巴的雾月十八日》中所显示的历史分析范式依然超出19世纪历史分析的知识型[1]。

除了上述几处直接点明文本出处的晚期福柯对马克思的阅读外，福柯还有很多对马克思文本的讨论是一笔带过而没有涉及出处，在此不一一枚举。而这些文本已经足以证明晚期福柯确实深入阅读过马克思。

二 1975：重读马克思

具体的分析晚期福柯所阅读的马克思文本，可以分为1975年到1976年、1976年到1978年两个阶段。在1975年到1976年阶段，福柯重读马克思，并力图将自己对马克思的理解与苏联正统马克思主义相区分。从客观的外在历史条件来看，20世纪50到70年代"秘密报告"、苏联出兵东欧以及《古拉格群岛》发表等事件，促使曾经同情苏东的西欧知识分子开始反思苏联马克思主义，其中就包括福柯；从主观内源性的思想脉络看，福柯并未舍弃《词与物》《知识考古学》中的"考古学"（Archaeology），而是在"谱系学"（genealogy）中进一步拓展了其方法论的"微观"视角[2]。在此基础上，晚期福柯在《规训与惩罚》中才得以揭示权力的微观状态，后者离不开他从政治经济学批判获得的启发，并具体地考察了资本主义的规范性是如何以权力建构的方式展开。

在《规训与惩罚》中，福柯共有6处论及马克思的著作。其中，

---

[1] Michel Foucault, *Les mailles du pouvoir*, *Dist et Écrits III*, Paris: Gallimard, 1994, pp. 28–40.

[2] 参见［法］米歇尔·福柯《规训与惩罚》，刘北成、杨远婴译，生活·读书·新知三联书店2012年版；参见［法］米歇尔·福柯《词与物》，上海三联书店2016年版。

福柯有4处引用《资本论》、1处引用《路易·波拿巴的雾月十八日》、有1处引用马克思给恩格斯的回信。在《规训与惩罚》中，福柯如是引用马克思的文本：

其一，在第一节"规训的肉体"（Decile Bodies）中，福柯两次引用、讨论了《资本论》第一卷第十一章节"协作"。在讨论纪律之于机制如何通过编排个体之间的协调以使之达到特定需要时，福柯引用了马克思来说明工场中劳动分工与协作与生产力关系：

当涉及建构一种其成效必须高于其基本构成力量的总和的生产力时，就出现了同样的问题："和同样数量的单干的个人工作日的总和比较起来，结合工作日可以生产更多的使用价值，因而可以减少生产一定效用所必要的劳动时间。不论在一定的情况下结合工作日怎样达到生产力的这种提高：是由于提高劳动的机械力，是由于扩大这种力量在空间上的作用范围，是由于与生产规模相比相对地在空间上缩小生产场所，是由于在紧急时期短时间内动用大量劳动，是由于激发个人的竞争心和集中他们的精力，是由于使许多人的同种作业具有连续性和多面性，是由于同时进行不同的操作，是由于共同使用生产资料而达到节约，是由于使个人劳动具有社会平均劳动的性质，在所有这些情形下，结合工作日的特殊生产力都是劳动的社会生产力或社会劳动的生产力。这种生产力是由协作本身产生的。"（《马克思恩格斯全集》第44卷，人民出版社2001年版，第382页）。马克思在几个地方强调了劳动分工问题与军事战术问题的相似性。如"一个骑兵连的进攻力量或一个步兵团的抵抗力量，与每个骑兵分散展开的进攻力量的总和或每个步兵分散展开的抵抗力量的总和有本质的差别，同样，单个劳动者的力量的机械总和，与许多人手同时共同完成同一不可分割的操作（例如举起重物、转绞车、清除道路上的障碍物等）所发挥的社会力量有本质的差别。"（《马克思恩格斯全集》第44卷，人民

出版社 2001 年版，第 378 页）[1]

在这里福柯实际上是在论证，工场一旦运行，不仅生产商品而且生产权力。福柯采用了一种视角，从强制和规范的角度，考察协作和分工是如何在人的身体上展开为纪律、技能的培训以及监督。在这个论证过程中，福柯与马克思的对话体现了三个方面：（1）福柯为了论证规训的实在性，而引用了马克思论述的工场中的生产过程。也就是同样一件事情，马克思去论证生产，福柯去论证规训。（2）规训的实在性，在于对工场中的工人的规范作用，可以在整体表现出大于个体工人工作成果的总和。福柯在这里引用马克思对于军队的看法，正是论证这个"1+1>2"的观点："单个劳动者的力量的机械总和，与许多人手同时共同完成同一不可分割的操作所发挥的社会力量有本质的差别"[2]。（3）就此而论，福柯尚未把握到马克思所讲的是生产力的问题，而马克思论述这一生产过程实际上是在讲生产力是社会化的结果，是社会性的产物，而并非是个体劳动的产物。在工场中的个体的劳动是以商品生产为目的，在此过程以计件、计时的方式使得各个不同的个体劳动变成可以统一计量的量化劳动。这就是劳动力成为商品的过程。所以马克思所讲的社会力量的本质差别指的正是这种劳动力与劳动的不同性质，而这一差别体现在原本是个体劳动的力量在工场中体现为大于个体劳动叠加之和的生产力[3]。从这一点看来，福柯所关注的恰恰是这一社会变革的前提下，对于工人身体的影响，这种影响体现出规训的强制。福柯回避了探讨这种强制的根由来自劳动力成为商品，而是讨论其对工人身体造成的强制，这反而在客观上形成了对马克思的补充和拓展。

---

[1] Michel Foucault, *Disipline and Punish*: *The Birth of the Prison*, Translated from the French hy Alan Sheridan, New York: Random House, Inc., 1995, p.164.
[2] 《马克思恩格斯全集》第 44 卷，人民出版社 2001 年版，第 378 页。
[3] 仰海峰：《劳动力成为商品意味着什么——关于〈资本论〉的经济学—哲学研究》，《中国高校社会科学》2015 年 3 月。

其二，福柯第三处引用马克思是在《规训与惩罚》第三部分"规训"第一节"规训的肉体"（Decile Bodies）中。福柯在引述埃尔维·吉贝尔（Hervé Guibert）谈论拿破仑式的民族国家权力得以奠定的军队来源时，引用了1857年9月马克思给恩格斯回信中对于军队与布尔乔亚社会形式的看法，而这依然是将注意力集中在强制的效应如何体现在肉体上①。值得注意的是，福柯从军队的强制性引申到工场中的强制，目的是在于通过两相对比，将微观视角中不易为人察觉的强制凸显出来。众所周知，军队的塑造和建设毫无疑问是可以把握到强制的：军纪、军规、军法等等，但是工场中的强制并不明显。如果以军队中训练士兵精确到动作、着装甚至作息管理的程度去考察，则很容易理解工场中对于工人的管理同样也是规训的方式。

其三，福柯第四处引用马克思是在第二节"规训的手段"（The Means of Correct Training）中。通过引用《资本论》第一卷第十一章节"协作"，福柯认为工场中协作机制的强制性是为资本职能的判断，并由此说明工场生产中监视同时具备规训属性：

> 因此，唯有直接从属于老板并仅仅负有此项任务的代理人才能监督着"不使每一分钱白白花掉，不使每一时刻被浪费掉"。他们的作用就是"监督工人，巡视各工作地点，向经理报告各种情况"（Cournol）。这样，监视就变成一个决定性的经济活动因素，既是生产机构中的一个组成部分，又是规训权力的一个特殊机制。"一旦从属于资本的劳动成为协作劳动，这种管理、监督和调节的职能就成为资本的职能。这种管理的职能作为资本的特殊职能取得了特殊的性质。"（《马克思恩格斯全集》

---

① 其中 peculium casetrense 是指"军营里的财产（指古代罗马人军营中士兵的个人财产）"，fabri 是指"古代罗马人军队里的作业队或军事工匠"。参见《马克思恩格斯全集》第29卷，人民出版社1972年版，第183—184页。

第44卷，人民出版社2001年版，第384页)①

可以说，如果仅仅是论及工场中的规训本身，福柯还可以仅仅从规训作为一种强制的技术来讲，可以通过援引和追溯军队中的模式来比拟。但是，一旦探讨到这种名为规训的强制技术从何而来，这一命题就上升到历史层面，福柯就不得不面对其所否定的历史性，并因此回到马克思所探讨的生产问题本身，进而探讨生产的逻辑是如何驱动工场运行。如此一来，福柯探讨工场运行所需要采用的管理技术也就不足为奇了。所以福柯直接引用的马克思的话，实际上就是在讲工场中的规训——监视——的扩大现象，后者表明，规训本身就是资本生产扩展的附加物和结果。这实际上等同于承认规训在工场中是一种生产流程所次生的东西，是随着生产扩大然后才产生更多的监视，而这些监视都带有很明显的服务于这种扩大生产的性质。

其四，在第三节"全景敞视主义"（Panopticism，或全景监狱）中，福柯谈到了他对于《资本论》第一卷第十一章节、十二章节、十三章节中关于协作、分工与技术之间关系的理解（尽管他本人指向的是第十三章节的内容），这是他第五次引用马克思。他讨论了规训内在于协作分工之中，并带来了与资本积累同步的"人的积累"（accumulation of men）过程：

> 如果西方的经济腾飞始于使资本积累成为可能的技术，那么也许可以说，管理人类积累的方法使与传统的，仪式的，政治的腾飞成为可能。昂贵，暴力的权力形式，很快就被废止，并被一种微妙的，经过精心计算的服从技术所取代。实际上，这两个过程——人的积累和资本的积累——是不能分开的。如

---

① Michel Foucault, *Disipline and Punish: The Birth of the Prison*, Translated from the French hy Alan Sheridan, New York: Random House, Inc., 1995, p. 175.

果没有能够维持和使用人的生产设备的增长，就不可能解决人的积累问题。相反，使人的累积多样性有用的技术加速了资本的积累。在较不普遍的水平上，生产设备的技术突变，劳动分工和学科技术的完善维持了非常密切的联系（参见马克思《资本论》第一卷第十三章节，Guerry 和 Deleule 中的分析）。每个使另一个成为可能和必要；彼此提供了一个模型。纪律金字塔构成了权力的小单元，在其中进行了任务的分离，协调和监督，并使之高效；时间，手势和身体力量的分析性划分构成了一种操作模式，可以很容易地从受制于生产机制的群体中转移出来；军事方法在产业组织上的大规模投射就是按照权力图式所建立的模型来对分工进行建模的一个例子。但是，另一方面，对生产过程的技术分析及其"机械性"崩溃被投射到了要执行该任务的劳动力上：那些纪律机器的构成，其中个体力量它们汇集在一起成为一个整体，因此增加了这种投影的效果。让我们说，纪律是一种统一的技术，通过这种技术，人体可以以最少的成本被减少为"政治"力量，而可以将其最大化为有用力量。资本主义经济的发展产生了纪律权力的特定形式，纪律权力的一般公式，屈服力和身体的技巧，简称"政治解剖学"，可以在最多样化的政治制度，机构或机构中运用。①

福柯认为，规训随着工业生产的扩大而扩大，并逐渐扩大到对于整个工人阶级的规训。首先，福柯承认生产的双重性同时推动资本与规训的扩大：即资本的扩大与积累，以及对应的人——被不断规训而成为适应工场生产的工人——的扩大和积累；其次，福柯意识到随着资本积累、工场生产的扩大，人的积累的扩大开始赋予一种普遍性的、渗透性的强制，这种强制是以无孔不入的方式落脚在

---

① Michel Foucault, *Disipline and Punish: The Birth of the Prison*, Translated from the French hy Alan Sheridan, New York: Random House, Inc., 1995, p. 221.

人的身体上的；再次，福柯做出这样的类比："政治解剖学"（political anatomy），他把这种整个社会层面的，对于人在身体上的种种规训的方式比喻成一种资本主义的"政治"。这样看来，"政治解剖学"并不难理解，它更多的是一种西方学者所惯用的一种隐喻方法。而重要的是，福柯坦承了"政治解剖学"与资本主义历史的对应关系，当时也应该看到，福柯对于资本主义历史的理解远未达到马克思的深度：资本主义生产与再生产、资本主义生产方式的总体性、这种总体性施加于人的规训。而这些马克思对资本逻辑层面的剖析，福柯彼时尚未领会。

其五，福柯对马克思的第六处引用在《规训与惩罚》第四部分"监狱"（Prison）第二节"非法活动与过失犯罪"（Illegalities and delinquency）中。在讨论拿破仑政府所建立的镇压国内反抗的秘密警察力量时，福柯引用了马克思在《路易·波拿巴的雾月十八日》中的分析[①]。应当说，福柯在整个《规训与惩罚》中但凡是涉及马克思的地方，表面上似乎是要做一些从"权力"角度的区分，似乎是要讲一些马克思所没看到的事情。然而福柯的这种倾向，在客观上反而是对马克思论述相关联问题的认可。福柯实际上并未能完全理解资本主义这一宏大而又复杂的概念，也无法理解资本主义与他所不断追溯的微观强制之间的关系究竟是怎样的。由此可见，福柯并没真的理解马克思在《资本论》中所讨论的经济层面的问题，而更多的是绕过经济去探讨其衍生出来的"政治解剖学"。

三 1976—1978：新发现

在 1976 年到 1978 年阶段，晚期福柯从《资本论》中找到了诸多新发现。1976 年，福柯阅读《资本论》第二卷，进而发现了资本主义中的规范性的权力图景，因而深度肯定了马克思对资本逻辑的

[①] Michel Foucault, *Disipline and Punish: The Birth of the Prison*, Translated from the French hy Alan Sheridan, New York: Random House, Inc., 1995, p. 280.

剖析。这一年，福柯在巴伊亚联邦大学哲学系（Federal University of Bahia）举办的一场名为"权力之网"的讲座上，公开表明了他对于《资本论》第二卷的着重阅读，并有了新的理解和发现：

> 我们如何理解权力的建构性机制呢？我认为可以为此找到一些文本、基础要素……我们显然也可以在马克思那里找到，特别是在《资本论》第二卷里①。

在这次讲座中，福柯回答的是：权力是如何被建立起来的？其内容表明了福柯对资本主义微观权力机制的观点中，已经形成了对社会总体性考察的思路，而这与当时资本主义经济社会的重新私有化的变化有密切联系。福柯不再是仅仅从压迫、非规范性、边缘群体那种单边视角去把握单个的权力：酷刑、惩罚与规训等，而是揭示出各种权力机制在社会中的独立而又相互联系的关系，从而走向了从社会整体视角探索规范性（social normativity）：即"社会是诸种异质权力的群岛。"②尽管很多概念、观点仍然是福柯式的（Foucaultian），但是却无不可以与《资本论》中的重要论述和观点相对应。这些发现不仅体现了晚期福柯对于马克思阅读的深入，而且体现出其理解规范化的思路的转向：即以相互独立的方式将不同时代权力机制做区分，到在规范性确立的基础上考察不同权力机制的相互关系。

"权力之网"（Les mailles du pouoir）讲座很容易让人联想到，福柯是在对于"权力"（pouoir）做解析，但事实并非如此。在此次讲座中，尽管 pouoir 这个词反复出现，但是 pouoir 并不是实体，也不是被作为物（Ding）去考察，而是作为包含复杂规定的事物（Sa-

---

① Michel Foucault, *Disipline and Punish: The Birth of the Prison*, Translated from the French hy Alan Sheridan, New York: Random House, Inc., p. 186.

② Michel Foucault, *Disipline and Punish: The Birth of the Prison*, Translated from the French hy Alan Sheridan, New York: Random House, Inc., p. 187.

che）去考察。回到这次讲座中，福柯对 pouoir 的解读可以归为三个意涵：（1）语言学意义上，pouoir 的出现并非是作为主语，而是出现在谓语、宾语、定语等其他位置。不仅如此，在福柯那里，pouoir 的出现更多的是在描述性、修饰性的短语中。在特定语境中，pouoir 是为了陈述，但是同时，pouoir 又不是陈述的一级词汇（或出现，或被隐去），而是作为二级词与下意词出现。比如：描述权力的机制的构成问题时，pouoir 作为这个机制的二级词汇出现。而福柯就是要研究这个二级词汇，而不是要研究 pouoir 本身。在这一意涵中，pouoir 所指向的一级词的是一种可以生产权力的机制。（2）pouoir 所指的权力，并非是抽象的概念，而是一种具体的社会实在，是实体性的社会关系。权力在福柯的这次讲座中，具有明确的客观属性的意涵，是具体的、实在的、多重的、特殊的，而不是神秘的、同质性的。这是理解晚期福柯关于权力的论述的关键，也就是说福柯在其理解权力的思路上，贯彻了解构主体的主张。因此，福柯所言说的权力绝不可能是一种作为主体的、总体性的抽象权力，而是具体的强制与支配的形式。（3）既然权力是具体的，晚期福柯对于权力的言说就有了第三层意涵，也就是表现为一种功能结构与社会效应。在这一点含义上，晚期福柯对于权力的理解包含着他从对马克思的阅读而得到的启发，他在《规训与惩罚》中就已经直接阅读了马克思在《资本论》中论述工厂中对于工人强制的方式，并且将之视为 19 世纪的强制模式在工厂中的体现。

但是，福柯与马克思的视角不同：马克思所关注的是随着资本主义生产方式的布展，工厂作为资本生产的实体是如何将工人的劳动纳入其中，这是对权力的客观必要性的描述；而福柯所关注的，则是工厂采取不同的对工人的管理模式，这种模式本身包含着将工人的身体纳入一种工厂车间需要的纪律规范的而隐匿的意图，这是以权力的效果为对象反推其功能性是如何从主观上被建构的。由此可见，福柯所真正要探究的，并非抽象的权力概念。对他来说，权力是现象与结果，而福柯要问的是权力的生产机制，是各种权力机

制如何具体地规范化以及规范性是如何建立的,并且不断地制造着权力的效应。亦如福柯所言:

> 权力是什么?或毋宁说……赌注是在它的机制、效力和关系中,确定在不同社会层面上,在外延会变化的领域内运作的权力装置。大体上说,我认为,这一切的赌注应当是:对权力的分析,对各种权力的分析,能否以这种或那种方式简化为对经济的分析。①

而探寻"权力理论中的'经济主义'"②,这既是福柯所以深入阅读马克思的《资本论》的深层原因,也是福柯理解当代资本主义权力建构的底层逻辑。

因此,福柯通过阅读《资本论》第二卷,延续了对于规范性的追问。在"权力之网"讲座中,福柯从《资本论》第二卷中获得的四个发现。与福柯之前对于马克思的理解是不同的,后者体现了福柯对于马克思文本态度的进一步转变:即从部分地认同马克思的观点,到深度地接受马克思的论证与判断。这一转变体现为福柯理解社会规范化上的突破与发现,用福柯自己的话讲,这一发现就是"权力的建构性机制"。

第一,福柯从《资本论》第二卷中发现了多种具体的、互相异质的、相互联系的权力机制,他们是共存的关系:

> 首先在《资本论》第二卷里我们能看到的是,不存在一种权力、而存在多种权力。多种权力是指统治、臣服的多种形式,后者就在局部地方里发挥作用,比如工场、军队和奴隶制的私

---

① [法]米歇尔·福柯:《必须保卫社会》,钱翰译,上海人民出版社2010年版,第10页。
② [法]米歇尔·福柯:《必须保卫社会》,钱翰译,上海人民出版社2010年版,第10页。

有制或是具有奴役性质的私有制里。这些都是权力的局部的、地域性的形式,它们有自己的作用方式、程度和技术。这些权力形式都是异质的。①

一个社会并不是一个统一的躯体、它有且只实施一种权力,相反,实际上只存在一种不同权力的并置、联系、等级制。比如,马克思强调了许多自动的权力,它们在车间里发生作用。因此,社会是不同权力的群岛。②

此时,福柯对于马克思的阅读已经迥然相异于其在《规训与惩罚》中的阅读。福柯不再只是在马克思的文本中寻找论证不同权力机制的观点,而是开始注意马克思的理论对于理解这些权力机制的特点的必要性。也就是说,按照马克思以总体性的视角把握资本主义,工厂、军队等场所和组织中的权力机制,与资本的生产与再生产密不可分。因此,当福柯再次阅读《资本论》第二卷时,就关注其中对于资本流通过程的论述,并再次找到了马克思对于工厂中权力机制的论述。福柯发现,在同一场所中,同时存在却完全不同的权力机制在发生作用,这令福柯感到"耳目一新"。在福柯看来,一种权力机制的强制效应足以说明,这种权力针对身体的规范化,及其这种规范化背后的意图。但是,如果存在几种互相联系、相互作用并且共存的不同权力机制同时对身体发生作用,那么则说明存在一种对身体实施规范的"共谋",以及达成这种一致的特定场域。以工厂的管理为例,工厂中的多种发生权力效应在管理机制中实现共存,在此意义上,工厂就是规范化的载体。而随着工厂生产的社会化发展,工厂中所进行的规范化也会渗透到整个社会层面,并且实现这种规范化的多种权力效应也会进入整个社会。所以,福柯才会

---

① Michel Foucault, *Les mailles du pouvoir*, *Dist et Écrits IV*, Paris: Gallimard, 1994, pp. 186–187.

② Michel Foucault, *Les mailles du pouvoir*, *Dist et Écrits IV*, Paris: Gallimard, 1994, p. 187.

认为："社会是不同权力的群岛"。而福柯的这一论断实际上就是在说：规范的确立是以不同并行的权力机制共同作用的产物，"群岛"状态正是对诸种权力机制之间关系的描述。

第二，福柯明确地反对将权力机制理解为贯穿古今、不依赖具体并且超越历史社会结构的做法，他在对于权力的理解上体现了他一贯的解构主义的立场：

> 第二点，这些权力似乎不能、也不应该被简单理解为是某种原初的中央权力的衍生、结果。……Grotius Rousseau 等认为："一开始并不存在社会。直到一种主权的中央权力开始出现、它能组织社会躯体后，社会才开始出现。"但马克思并不认同这个模式。相反，马克思展示了，从权力的这些地域形式的原始存在里——比如所有制、奴隶关系、工场和军队里——如何逐渐形成了国家的庞大机器。国家的统一体归根到底是附属于地方性的、具体的多种权力。①

福柯引用马克思来反驳结构主义对于社会中权力机制的看法，他实际上是在批评将权力效应看作社会结构的某一特定功能，他所以在此强调马克思思想的价值，也正是为了反驳结构主义哲学对于理解权力所造成的误区。事实上，结构主义马克思主义代表人物阿尔都塞就曾在《意识形态与国家机器》中回答"什么是社会？"的问题，他使用"社会整体"的概念来理解马克思，并指出："马克思把任何社会的结构都设想成是由不同的'层面'或'诉求'所构成的，这些'层面'和'诉求'又被一种独特的决定作用连接在一起：基础或经济基础和上层建筑。"② 阿尔都塞的这种结构性的观点

---

① Michel Foucault, *Les mailles du pouvoir*, *Dist et Écrits IV*, Paris: Gallimard, 1994, p. 187.

② ［法］阿尔都塞：《哲学与政治：阿尔都塞读本》，陈越编，吉林人民出版社2003年版，第327页。

将功能意义上的国家与国家政权的阶级属性区分开来，后者代表着特定职能的"国家机器"。对此，阿尔都塞援引列宁的观点，认为历史上的国家政权虽然更迭，但是"国家机器"一直存在①。在这种观点下，阿尔都塞的国家观认为，是"国家机器"实现了国家政权的功能与职能，其具体形态则包括意识形态、军队、政府等。阿尔都塞认为，这是对于传统马克思主义的阶级国家观的补充。

然而福柯则提出了相反的观点，即国家机器之形成，来自于所有制关系、工厂、军队等局部的空间零星的发展，并最终形成了国家机器的特定功能。可以看出，阿尔都塞结构主义的国家观与福柯的解读是截然相反的：前者认为国家机器决定功能（如权力的效应），后者则认为来自局部、地方的、特殊的权力机制形成了国家机器，国家机器是其附庸。而二者的依据均来自马克思，甚至是来自他们对于《资本论》第二卷的阅读。然而同样的文本阅读，却在阿尔都塞、福柯那里产生迥然不同的理解。如果说阿尔都塞的结构主义否定了主体，那么福柯的解构主义甚至连客体也要一并否定。在阿尔都塞看来是政治实体的国家机器，在福柯那里也是权力机制所产生的效应，这完全是对阿尔都塞分析的颠倒。不仅如此，福柯这一理解甚至也不同于他在《规训与惩罚》中对具体权力机制的剖析，更加不同于早期福柯对个体身上规范性的考察，而是从具体的权力机制本身出发，去理解在整体意义上的规范性。

第三，那么福柯为什么会得出与阿尔都塞全然不同的结论？一个重要的原因在于他们看到的作为国家机器基础的权力机制性质不同。阿尔都塞所看到的，是国家政权正常发生作用的政治制度，自然任何政治制度模式都是为了国家政权的建立和维持而设立，其本身是抽象的、先验的、结构的统治；而对于福柯来说，他关注的则是不同历史时期，形成特定制度的权力机制和意图，其必然是具体

---

① ［法］阿尔都塞：《哲学与政治：阿尔都塞读本》，陈越编，吉林人民出版社2003年版，第333页。

的、发生学（genetic）的。福柯指出：

> 第三点，具体的、地域性的多种权力的首要功能并不必然是禁止、防止、说你不应该。它的首要、本质和永恒功能实际上是成为效能、才能的生产者，商品的生产者。比如，马克思优秀地分析了军队和工厂问题。我刚刚为军队里产生的规训而做的分析，恰恰在马克思这里看到了。从 16 世纪末至 17 世纪初、到 18 世纪末在军队里发生了什么？在这期间军队里发生的巨大变化是，可互相代替的个体构成的小统一体被组织围绕在一个首领身边，这被替代为，在一个金字塔的巨大统一体里、充满了一系列中介的首领们、副官们、技术员工们。①

事实上，此时福柯已经开始用另一种思维去理解规训（principle）的权力机制：即福柯不再将政治与司法规则中的强制理解为权力机制的意图，而是将在社会经济的生产领域中生产的提高理解为规训的背后意图。福柯在此提及马克思对于军队中的权力机制的论述，但是福柯所强调的已经不是军纪通过规范军人身体以提升军队整体战斗力这件事情，而是通过包括军纪、组织形式、等级等这些具体的措施和手段最终形成高效的、有序的、整体的军事力量。实际上，福柯在此所指出的 19 世纪末的军队改革，映射的是科层制（bureaucracies），这恰恰是资本主义生产方式进入福特制阶段所带来的组织形式的变革。通过军队的这个例子，福柯一方面说明了局部的、具体的、多重的权力机制形成了整体上的规范性，同时也说明了在整体上的规范意图体现在具体的权力机制之中，并且由这些具体的部分所实现。而福柯所强调的，是在现实的过程中，局部和具体的权力机制的改变是导致整体上的社会规范化转变的原因，既不

---

① Michel Foucault, *Les mailles du pouvoir*, *Dist et Écrits IV*, Paris: Gallimard, 1994, pp. 187–188.

是结构,也不是某种形而上的观念。而在对军队的分析中,福柯实现了对整体意义上的规范性何以实现的考察,这种从整体视角考察规范性的方法,也是此前福柯所不曾使用过的。

第四点,福柯最终给予权力机制以本质性的判断,认为权力机制改变以特定的社会历史场域为前提,而不是存在于抽象的权力逻辑中:

> 最后也是最重要的,权力的这些机制、权力的这些程序,必须被视为是永远在发展自身的多种技术。存在着权力的工艺学(technologie),它有自己的历史。这也是在《资本论》第二卷里找到的分析,权力的工艺学的历史,他生在工场、工场里。①

应当说,福柯至此点出了权力机制的三个具体性:(1)权力机制形式的具体性,体现为工厂中存在多种权力机制彼此之间的异质状态;(2)作为权力机制整体的规范性本身是由具体的权力机制所形成的,是来自于具体的权力效应,而不是来自抽象的、先验的结构;(3)权力机制的发展是具体的,来自于具体的社会历史的场域,同时也有自己具体的技术发展路径。

由上可见,福柯在"权力之网"讲座上所陈述的这四点关于权力的发现,体现了他对于《资本论》第二卷的深入阅读,后者相比于福柯在《规训与惩罚》中对马克思的理解无疑是更加深刻了。不仅如此,从这些发现中也可以看到,福柯开始从个体层面考察规范性转向从整体层面考察规范性,而福柯的这些对于整体层面规范性的理解,也帮助福柯更为深入地把握到社会整体视角。因此,我们可以断定,福柯在"权力之网"这个讲座中已经体现出福柯发生了对马克思态度的转变。但也应看到的是,福柯从《资本论》第二卷

---

① Michel Foucault, *Les mailles du pouvoir*, *Dist et Écrits IV*, Paris: Gallimard, 1994, p. 189.

中所获得的对权力的发现，并不意味着他对于权力分析的完成。彼时的福柯，尚未说明构成规范性基础的是何种具体的权力机制，更不消说，福柯尚未发现非强制的权力机制，以及权力意图的知识形式。亦不消说，福柯彼时对于权力的研究，尚未展现出其科学研究的一贯风格：即但凡他能够下结论的观点，无不是有与之相对应的实证材料的支撑。也正是在那些官方的、一手的、充分统计的调查报告以及数据等支撑下，福柯才真真正正地给出了他与众不同的丰富思考。

值得注意的是，《资本论》第二卷中确实有体现福柯所阐释多种权力机制以及产生"商品生产者"的意图。比如在《资本论》第二卷的第二十一章节中，马克思就提到工厂主在提供给工人住宿、膳食以及实物工资的同时又通过巡逻检查确保工人按时作息，这就是两种不同的权力机制：一种表现为满足工人的需要的福利，一种则表现为纪律性的强制，二者并行不悖而且互相配合。正如马克思所指出的，其背后的意图在于"降低工资和延长劳动时间"，不仅使其支撑起来工厂而且使他们支撑起来市场[①]。可见，福柯确实从《资本论》第二卷中把握了马克思的分析之精髓。但是，福柯并未能完全理解马克思所论述的资本在其再生产层面实现的问题。马克思在《资本论》第二卷中所做的分析，是为其论证资本循环阶段剩余价值的转移及其形式变化。尽管马克思在《资本论》第二卷中仍然强调工厂中但对于工人的管理本身是服务于资本的生产环节，但是确切来说是属于再生产环节。在此环节，资本不仅需要完成商品生产之后的交换、分配、消费的流通过程，而且需要确保二次流通过程：即市场能够消费掉商品使得资本在流通过程中实现，从而使得资本可以进行扩大再生产以价值增值。资本循环的过程，就是多次资本流通的实现。这意味着资本家要满足这个需要不仅要监督和督促工人劳动、剥削工人，而且要确保工人的生活得以为继，从而消

[①] 参见《马克思恩格斯全集》第45卷，人民出版社2003年版，第582—583页。

费市场上的商品。因此，权力机制发动的场域看似在工厂，实际上已经将无形的市场纳入其中。工厂成为市场的单元，这是福柯尚未理解的。而市场则是资本主义生产与再生产进程的产物，这种总体性来自于这个过程，这也是福柯在《资本论》中未能完全领会的内容。

除了"权力之网"讲座，福柯还在其他讲座、访谈中表达了他从对马克思的阅读中所获得的启发。具有浓厚马克思主义色彩的杂志《希罗多德》（Hérodote）就曾在其1976年第一期上发表了福柯与编辑的访谈，名为《权力的地理学》。其中，福柯再次批评了阿尔都塞的结构主义国家理论：

> 因此，如果要把握权力机制的全部复杂性和细节的话，我们就不能局限于仅仅对国家机器进行分析。这里应该避免某种程式化——顺便说一下，马克思不会犯这样的错误——即把权力局限于国家机器，把它看成是一个阶级对另一个阶级的主要的、特权的、甚至是唯一的权力工具。在现实中，权力的实施走得要更远，穿越更加细微的管道，而且更雄心勃勃，因为每一个单独的个人都拥有一定的权力，因此也能成为传播更广泛的权力的负载工具。生产关系的再生产不是权力发挥的唯一功能。统治体系和剥削的途径当然是相互作用，相互交叉和相互支撑的，但是它们并不相互重合。[1]

应当说，福柯不仅批评了结构主义的国家观，而且认为马克思本人的权力观与苏联马克思主义的观点是不同的。福柯十分明确地将阶级斗争决定论的国家权力观点与马克思的权力观点相区分。这是福柯对马克思态度的一个很重要的转变，因为在《规训与惩罚》

---

[1] Michel Foucault, *Les mailles du pouvoir*, *Dist et Écrits IV*, Paris：Gallimard, 1994, p. 208.

中，福柯还将马克思归类于这种阶级决定论①。可以说，这是晚期福柯的对于马克思态度转变的又一个有力证据。

而在下一段对话中，福柯进一步表明了他对于马克思的社会历史学说更深入的理解：

> 对我来说，马克思并不存在。我指的是围绕着一个专有名词建立起来的实体，既指向某一个人，又指向他的著作的总体，以及从他延伸出来的一个无限巨大的历史过程。我相信马克思的历史分析，他分析资本形成的方式，在很大程度上仍然受他从李嘉图经济学的框架中引申出来的概念所支配。这不是我的发现，马克思自己就是这样说的。但是，如果你看看他对巴黎公社的分析，或者《路易·波拿巴的雾月十八日》，你就会看到一种历史分析的类型，它完全不建立在任何18世纪模式的基础上。②

在此，福柯仍然旗帜鲜明地反对将马克思思想作为一个自洽体系去理解。对比阿尔都塞和福柯，他们都是反对主体主义的先锋，观察他们对于马克思以及马克思思想的论述，也都是与正统苏联马克思主义有显著差别：一个从结构主义立场出发强调马克思对社会结构的功能性分析；一个从解构主义强调马克思历史理论对社会的发生学分析。他们的分析都建立在20世纪60年代后社会科学最新发展的基础上，从而充实了马克思主义哲学的分析方法以及当代观察，从这个意义上讲，他们对马克思主义是"假批判"、真发展，也都是在致力于把马克思的思想进行当代化的阐述，尽管这种努力未必是完全在主观上自觉地展开的。正如福柯所强调的，他并未将马

---

① Michel Foucault, *Disipline and Punish: The Birth of the Prison*, Translated from the French hy Alan Sheridan, New York: Random House, Inc., 1995, p. 280.

② Michel Foucault, *Les mailles du pouvoir*, *Dist et Écrits IV*, Paris: Gallimard, 1994, p. 211.

克思归为某一种思想流派影响下的产物：黑格尔主义、李嘉图派、人道主义等。与之相反，福柯是强调马克思思想的独立性，这是晚期福柯理解马克思思想的一个深刻转变。

此后几年中，福柯鲜有如 1976 年集中的解读和论述马克思的思想，但是并不妨碍马克思的思想持续地影响其研究思路和进程，并且福柯也承认过马克思思想对于他的研究大有裨益。在 1977 年莱维对福柯的访谈①中，福柯坦承了其与马克思理论路径的同一性。这种同一性在于他们侧重社会再生产维度：即当他们去讨论某种社会现象并做判断时，总是强调这一现象所以产生背后的社会性机制：

> 我会作一个大胆的比较。马克思在分析工人的不幸时是怎么做的？他拒绝通常的解释，那种解释把工人的不幸视为自然而然的掠夺带来的后果。马克思强调说：根据资本主义生产的条件，根据它的根本法则，它必然要产生不幸。资本主义存在的目的并不是要让工人挨饿，但是，如果不让工人挨饿，它就不能发展。马克思用对生产的分析来代替对掠夺的谴责。这差不多也就是我想说的，我们的情况很相似。我并不是要否认我们在性方面的不幸状况，但也不是要用压抑的概念来进行消极的解释。需要把握的是，以这种或那种形式产生性的积极的机制，其结果却是不幸②。

在这里，福柯认为马克思的分析方法并非以剥削理论说明阶级

---

① 该访谈于 1977 年 3 月 12 日发表在 "Le Nouvel observateur"（名为《新观察家》），关于这次访谈的内容被翻译为英文，并发表于 "Telos" 1977 年第 32 期。贝尔纳—亨利·莱维（Bernard-Henri Lévy, 1948— ），为法国当代哲学家。参见［法］米歇尔·福柯《权力的眼睛：福柯访谈录》，上海人民出版社 1997 年版，第 37—38 页；See Telos, Vol. 1977, No. 32, June 20, 1977, pp. 152-161.

② ［法］米歇尔·福柯：《权力的眼睛：福柯访谈录》，上海人民出版社 1997 年版，第 35—49 页。

矛盾。相反福柯认为，马克思实际上是用资本生产与再生产理论剖析资本主义生产方式的内在矛盾，而这种矛盾才是导致阶级矛盾的本质原因。从这段话来看，福柯已经不再是在资本的商品生产层面理解马克思对资本的剖析，而是进入了资本的再生产层面读懂马克思的资本逻辑的理解。他不仅看到马克思对于资本剥削工人的伦理性批判，而且看到资本主义生产方式制造的剥削是资本主义发展的动力，并由此理解马克思的政治经济学批判。简言之，福柯理解了马克思《资本论》第二卷的深层思想：即制造阶级对立的资本剥削固然重要，比之更为重要的则是实现不断剥削的资本周转，后者才是对资本主义更为关键的问题[①]。

而福柯在法兰西公学院的讲座中，也有零星地谈到过马克思思想。并且正是由于这些谈论，表明正是在福柯研究生命政治学等问题过程中，继续沿用了他从马克思阅读中所获得的启发和思路。在1978年1月25日的法兰西公学院讲座中，福柯在探讨以"对人口的治理"的新的政治技术时，讨论了19世纪经济学家之间关于人口问题的论述与争论，特别论及了马尔萨斯与马克思关于人口问题的争论：

> 具体让我们来看看政治经济学的状况。实际上，在17世纪，对于处理财政问题的人来说，他们所操心的问题还是估算财富，计算流通量，决定货币的作用，了解应当让货币贬值还是升值，他们所操心的是支持对外贸易，我认为这时的"经济

[①] 资本周转指的是资本循环的往复过程，是资本的总过程；资本循环是指多次资本流通过程的完成并且成为下一次资本流通的起点的过程；资本流通则是相对于狭义资本生产过程，表现为交换、分配和消费。举例来讲，产品生产出来以后，进入市场并最终被消费掉的过程为一次资本流通过程。回笼资金进行第二次生产，并且进入市场，则为资本循环。所谓资本周转，则是省略掉这些具体步骤，只看资本的运动过程，也就不局限于一间工厂、一个产业。参见《马克思恩格斯全集》第45卷，人民出版社2003年版，第263—265页。

分析"（analyse economique）还完全处在人们所说的财富分析（analyse des richesses）的层面上。相反，从人们可以在超出理论之外的经济实践的领域加入这个新的主体，也就是说人口这个新的主体—客体（sujet-objet），包括其各个不同方面：人口学的各方面，以及生产者和消费者，财产所有者和无产者，创造财富的人和享受财富的人，等等这些特殊角色，我认为从人们可以把人口这个主体—客体引入财富分析的时候开始，这一切在经济的实践和反思中就制造了颠覆性的结果，从这时开始，人们不再进行财富分析，从而开启了一个新的知识领域，即政治经济学。毕竟，魁奈的奠基之作之一就是《百科全书》中的"人"这个词条，魁奈在其作品中不断地重复一个观点：真正的经济的政府治理，是处理人口问题的政府治理。然而，直到19世纪人口问题还在政治经济学的整个思想中处于中心地位，马尔萨斯（Malthus）和马克思的著名争论就是其证明，因为他们最终都是从李嘉图的背景出发的，那么他们所完全相通的地方是什么呢？对于马尔萨斯来说，人口问题主要是作为生物—经济学（bio-economie）问题来加以考虑的，而马克思则试图绕开人口问题，甚至试图消除人口这个概念，但是他这样做只是为了避开生物—经济学的形式，而采纳阶级的历史—政治形式，阶级冲突和阶级斗争的形式。这就是说：或者人口或者阶级，从经济学思想、从政治经济学思想出发，正是在这里发生了分歧，而政治经济学只有在人口主体（sujet-population）被引入的情况下才可能成为一种思想。①

可见，生命政治学的提出，使得福柯不得不再度聚焦于经济学

---

① Michel Foucault, *Security, Territory, Population*: *Lectures at the Collège De France*, 1977 - 1978, Edited by Michel Senellart, Translated by Graham Burchell, New York: palgrave macmillan, Inc., 2007, pp. 106 - 110.

问题，也使其再次回顾了马克思。而在《词与物》中，福柯仍然以"知识型"的观点看待近代以来经济学思想理论。而在 1976 年"必须保卫社会"到 1979 年"生命政治学的诞生"系列讲座中，福柯逐渐发生转变：即不再是从概念上去考察理论思想，而是从知识话语背后体现的社会治理意图去考察理论的发展。不再仅仅从知识型出发理解科学，从现实的经验与实践意图出发，去理解抽象的理论话语的使用，后者与马克思在历史唯物主义中所体现的实践性维度异曲同工。因此，福柯才会将诉诸财富视角的 17 世纪经济学，与从人口、消费、财产等多视角展开分析的政治经济学区分开来，这种区分同马克思对于政治经济学与庸俗经济学的区分也十分近似。不仅如此，福柯从人口出发理解政治经济学的做法正是来自马克思。但是，福柯认为马克思谈论阶级而回避了人口，却是一种谬误。在《大纲》中，马克思借由抽象—具体方法的"上升之路"与"下降之路"已经阐释了他对于人口的理解："如交换价值，是以人口即在一定关系中进行生产的人口为前提的"[①] 马克思并非回避人口，而是将人口放在社会历史的规定性之中。马克思在《资本论》中多次论及人口问题，如产业后备军、劳动人口以及人口增长等。在马克思看来，人口之于资本循环仅仅是一个必要环节，而并非在资本总体上的支配性环节。因此，当福柯认为马克思在回避人口的生物性，并将人口的生物性特征理解为人口的本质，这实则是片面强调了人口的重要性。福柯所以会这么理解，其真实的目的是想要强调人口的生物性视角，从而研讨新自由主义政策下，当代资本主义对于人身体的管理。

[①]《马克思恩格斯全集》第 30 卷，人民出版社 2001 年版，第 41—42 页。

第 二 章

新自由主义崛起：西方现代化转型

> 如果说马克思试图要定义和分析的，用一个词来说，是资本的逻辑矛盾…①

解析新自由主义的崛起是晚期福柯解构西方现代化的起点。如果说福柯在深入政治经济学批判中获取了把握西方式现代化的历史视野，那么他所以能理解西方式现代化的现代性，是因为进入到资本逻辑视域剖析新自由主义的崛起。在福柯对于新自由主义的分析中，可以看到他深刻理解了资本再生产，因此把握到资本逻辑的结构化过程是如何在自由主义的政策之中开展的，西方现代化转型也就进入到晚期福柯的思想境遇中。在这一意义上，福柯所开启的对新自由主义的批判，是对政治经济学批判论域的当代延展。

第一节　西方现代化转型与晚期福柯

通过对于马克思著作的重新阅读，晚期福柯深化了对政治经济

---

① ［法］米歇尔·福柯：《生命政治学的诞生：法兰西学院演讲系列 1978—1979》，莫伟民、赵伟译，上海人民出版社 2010 年版，第 90—91 页。

学批判的理解，并在此基础上揭示了西方现代化的历史性转型。也正是在马克思影响之下，晚期福柯开始进入解构西方现代化的论域之中，后者在其思想中掀起了一场"语言行动"。

一 西方现代化危机与转型

晚期福柯所以能开启对西方现代化的解构，首先是因为在对战后福利国家危机的直观中捕捉到其历史转型。正如福柯在 1979 年 1 月 31 日在法兰西公学院讲座中所言："……我认为在我所引用的这个演说中所表述的一切，最终与 1948 年当时的情况和背景无关，而成为当代德国治理技术的本质特征之一……"①，晚期福柯的理论延展所具有的鲜明社会历史关切，直接地指向 20 世纪 60 年代后西方现代化的历史转型。

其一，资本主义的福利国家模式逐渐走向危机。二战结束后，资本主义处于百废待兴的经济复苏期。受"马歇尔计划"(The Marshall Plan/European Recovery Program) 的支援，并在大行其道的凯恩斯主义 (Keynesianism) 政策引导下，西方资本主义国家经历了由政府财政主导的、经济高速发展的"资本主义黄金时代"(The Golden Age of Capitalism)②。而西方资本主义国家所以在战后可以经济复苏，一个重要的原因是其在战争中遭受了巨大破坏，以至于这些国家市场在生产和消费两大部类都出现了巨大的空缺，后者为资本周转的恢复创造了历史条件。在这种情况下，马歇尔计划（即欧洲复兴计划，European Recovery Program）的推行，使得欧洲资本主义国家获得政府财政主导的大资本支持，其国内经济得以通过基础设施的重建与福利国家 (the welfare state) 建设的"双管齐下"得到迅速恢复，资本剩余价值也得到了迅速积累。但是到了 20 世纪 60 年

---

① ［法］米歇尔·福柯：《生命政治学的诞生》，钱翰译，上海人民出版社 2010 年版，第 69—70 页。

② See Stephen A. Marglin and Juliet B. Schor, *The Golden Age of Capitalism*: *Reinterpreting the Postwar Experience*, Published to Oxford Scholarship Online: October 2011.

代，随着西方资本主义国家市场逐渐趋于饱和，既有的产业中资本周转的剩余价值率逐渐下降，并陷入"利润率下降规律"（the Law of the Tendency of the profit to fall）[1]。

在此情况下，资本主义国家经济面临三重困境：（1）产业利润率不断下降，不仅抑制了企业资本再生产的扩张，而且波及西方资本主义国家政府财政的正常收入，并因此影响到整个福利国家模式的持续发展。于是，到20世纪70年代，由政府财政主导的增长模式陷入停滞，欧美政府债台高筑。（2）整个世界处于冷战的第二阶段，美国深陷越南战争泥潭，西方国家军事开支不断扩大进一步增加财政负担。而为了缓解财政危机，西方资本主义国家政府选择超发货币，以至于市场上货币量激增，宏观经济不断陷入通货膨胀。（3）再加上"中东石油危机"（1973 oil crisis）[2]的爆发，石油价格提高的同时也提高了产业生产成本与消费价格水平，资本周转因此逐渐陷入迟滞。在这种情况下，社会福利带给政府的负担不断加剧，"福利国家"模式陷入危机，欧美资本主义国家失业率不断增长，也为20世纪六七十年代英美"新左派"（New Left）[3]、法国"五月风暴"等社会运动的爆发埋下隐患。

其二，面对福利国家危机，凯恩斯主义失灵了，新自由主义也就被当作是对于凯恩斯主义的替代方案，而开始大规模推行。进入20世纪70年代，深陷福利国家危机的资本主义国家开始为凯恩斯主义所累，并积极地推行经济改革。这些改革的特点包括三方面：（1）中央财税改革，收紧财政，降低税费；（2）鼓励和扶持私有

---

[1] Karl Marx, *Capital Volume III*, Marx&Engels Collected Works Vol. 37, London: Lawrence & Wishart, 2010, pp. 209–258.

[2] See "OPEC Oil Embargo 1973–1974", U. S. Department of State, Office of the Historian. Archived from the original on March 6, 2014. Retrieved August 30, 2012.

[3] See Carmines, Edward G., and Geoffrey C. Layman, "Issue Evolution in Postwar American Politics", in Byron Shafer, ed., *Present Discontents*, NJ: Chatham House Publishers, 1997.

化，推动了企业组织管理的扁平化改革；（3）金融政策倾斜新兴产业发展，促使更多的资本流向剩余价值率较高的国际市场，很多全球性的跨国公司也就是在这一阶段成长起来的①。这些资本主义国家的改革看似是导向自由主义，是对凯恩斯主义的反正。而实际上，这些改革措施实施仍然是依赖于金融干预的手段，后者与驱动凯恩斯主义的金融力量别无二致，在本质上都来自于金融资本的力量，只不过支撑凯恩斯主义的金融资本是被国家化了。换言之，资本主义从财政干预转变为货币干预，以重新释放市场活力，是为新自由主义。从某种意义上来讲，新自由主义能够获得推行，其所面临的根本问题无不是来自于社会总资本陷入了利润率下降困境，后者也是资本积累陷入困境的一个表现。为解决利润率下降问题，新自由主义政策着力于调整资本流向，使之流向资本有机构成相对较低的新兴产业以及剩余价值率高的国际市场，以追求超额剩余价值的再生产与超额剩余价值的转移。新自由主义也就是在这种方案下，使得总体上的资本周转重新产生活力，使得剩余价值的积累从旧产业流向新兴产业，从国外流向国内。在这样的情况下，资本主义国家短时间内削减了福利水平，但是并未取消福利，而从其他方面弥补和重新规划了社会福利。

其三，后福特制生产方式给西方现代化带来了革命性的变化，这为晚期福柯所敏锐地捕捉到。在新兴产业中，全自动体系生产成为后福特制的典型特征：（1）在全自动体系中，机器生产线可以替代人的体力劳动，以至于大规模的体力劳动逐渐让位于脑力劳动，以应对于全自动体系的系统的运营、维护与研发，成为资本主义生产和再生产的基本要素。（2）工厂不再是工人大规模集中的场所，工人阶级群体逐渐转移到生产系统的管理部门以及外部的消费部门。工人阶级的生活主线也从工厂中，更多地走进管理系统与服务系统，

---

① ［美］保罗·克鲁格曼：《1973—1980年石油危机》，《国际经济学》1996年12月。

从而产生了大量的中间阶级——中产阶级。(3) 福特制生产转向后福特制生产,这也给资本主义社会管理模式带来了全新的变化。企业中的生产管理模式因此推动着国家、社会的治理模式转变,全自动体系的生产对应带来了全自动体系的社会管理,超大规模的人口、安全、医疗等社会管理成为可能,这意味着资本主义的治理模式不再针对阶级实施和制定,而是首先作为统一的人口管理而采取统一管理。与福特制生产方式所带来的、基于流水线生产的科层制(bureaucracy)不同,后福特制生产方式带来的是基于数字自动化生产(digital automation)、全自动体系管理与扁平化(flattening)[①]的生产方式。教育普及、医疗普及、安全普及等,这些使得公民、阶级、种族等身份符号让位于每个社会个体自身对于社会生活的基本需要,从而使大众逐渐服从规范、自觉融入这一社会管理体系。在这种努力下,越来越多的劳动者进入中产阶级。因此20世纪70年代后期以后的当代西方尽管仍然存在失业问题,但是已经逐步缓解了战后激烈的社会运动。而这些社会历史境遇的新变化,在客观上也促使福柯对于包括"五月风暴"在内的新左派运动产生了反思。

二 福柯对"五月风暴"的反思

晚期福柯研究的一个最显著的特征,是福柯并非单纯进行思想史研究,而是以广泛的社会参与丰富其理论。晚期福柯对马克思态度的转变与当时的左派运动的背景有内在关系,而这种关系不同于时代社会历史动荡对于思想家视域的影响,而是有福柯本人亲身参与的成分在内。

其一,福柯虽然并未直接参与"五月风暴"(Mai 68),但是一直密切关注和参与左派运动,这些参与体现了福柯在开始阶段对社会运动本身并没有清晰的理解。1968年学生运动的集中爆发是由于

[①] See "INTERKAMA 1960-Dusseldorf Exhibition of Automation and Instruments", *Wireless World*, 66 (12), December 1960, Retrieved 18 June 2018, pp. 588–589.

各种历史事件发展的交汇，由于战后资本主义国家婴儿潮（baby boom）影响以及高等教育的普及导致，到 20 世纪 60 年代，西方世界形成了数量庞大的、以高校学生为主体的、具有独立政治参与权利意识的知识分子群体，他们绝大部分来自工人阶级、小资产阶级家庭。这些知识分子具有改变自身阶级在经济上、政治上境遇的诉求和热情[1]，他们对马克思主义兴趣浓厚，并且同情社会主义。在这一背景下，受到福利国家危机与殖民地国家独立运动的影响[2]，资本主义国家的广大知识分子群体对于资产阶级政府愈发不满，以至于左翼运动从 1968 年到 1969 年集中爆发且持续蔓延[3]。福柯尽管错过了"五月风暴"，但他早在 1967 年就直接声援了在突尼斯爆发的反帝国主义、反殖民的学生游行[4]。此后，由于"五月风暴"迫使法国戴高乐政府推行高等教育改革，巴黎第八大学（Université de Paris VIII/Université de Vincennes à Saint-Denis）因而成立，福柯则在康吉莱姆的提议下担任哲学学科负责人，并直接地参与到了这次改革运动之中[5]。但是身处左翼运动风口的福柯，并未在高校、学生与左翼群体中找到归属感。尽管这些左翼群体大都旗帜明确地反对资本主义，但他们也不是各种主义的信徒，左翼运动本身更像是他们的狂欢会，而不是有明确主张和道路的革命。仅仅两年后，福柯就因为各种原因离开了他在巴黎第八大学的职位，而这一经历使得福柯对于社会运动有了深切的反思。

其二，通过亲身参与 20 世纪 60 年代的左翼运动，福柯意识到随着西方现代化已经深入到生物学意义上的身体层面，主体化的社

---

[1] Eric Hobsbawm, *Age of Extreme: the Short Twentieth Century* 1914 – 1991, London: Clays Ltd., 1994, pp. 295 – 298.

[2] See Gred-Rainer Horn, *The Spirit of '68*, NewYork: Oxford University Press Inc. 2007.

[3] Eric Hobsbawm, *Age of Extreme: the Short Twentieth Century* 1914 – 1991, London: Clays Ltd., 1994, pp. 298 – 300.

[4] 参见［法］迪迪埃·埃里蓬《米歇尔·福柯传》，上海人民出版社 2017 年版。

[5] 参见［法］迪迪埃·埃里蓬《米歇尔·福柯传》，上海人民出版社 2017 年版。

会解放路径已经不复可能。在 1968 年前后，包括"五月风暴"、新左派运动甚至一些第三世界的主要学生运动（尽管第三世界运动带有明确的反帝国主义、反殖民主义的以及民族独立的性质）其内在的主要批判向度都是马克思主义论域中所批判的"异化"（Alienation）逻辑。对异化逻辑的批判思想发轫于西方马克思主义之起点的卢卡奇及其物化理论，经由法兰克福学派对于技术理性的批判学说，在战后为马尔库塞、弗洛姆以及萨特等马克思主义者推向高潮，并成为法国"五月风暴"、英美新左派运动的思想旗帜[1]。通过参与法国戴高乐政府的高等教育改革，福柯意识到学生运动所存在的两难困境：一方面，他们批判资本主义的异化逻辑，拒斥主体、体制、权威与规范化，这与福柯的思想主张是接近的；但是另一方面，他们又各自占据一种主义，各自秉持一种政治话语，不是跟随一方就是反对一方。学生群体莽撞地参与政治，但是实际上并没有现实可行的社会解放方案。

而由于"五月风暴"在欧洲思想界影响的远播，以及其对西方政治所引发的巨变，使得整个欧洲知识分子迅速倒向人道主义、结构主义等思潮，并坚决地采取对主体思想的反思与批判。但是，相比于福柯在突尼斯所看到的反帝反殖民运动，在西欧和美国的学生运动缺乏更广泛的社会群众和阶级基础。尽管二者都是福利国家危机的体现，但是正如福柯所经历的，学生运动在法国迅速地支离破碎，并且逐渐为资本主义社会的各种改革所淡化。随着福柯对于规范化问题思索的深入，他意识到资本主义是有意识在进行改革，而这种改革"升级"为对身体的治理。这意味着，西方现代化的重心从意识形态斗争转换到对大众的生物意义的社会生活、社会思想的管理，而这种管理的方式不再是简单的对抗式的、高压式的，实际上是增加了迎合式的、劝诱式的管理手段。

---

[1] ［美］理查德·沃林：《五月风暴与马克思主义的回应》，《国外理论动态》2018 年第 8 期。

因此，福柯实际上走向了独立于"五月风暴"、和新左派相异的道路：即"六八运动"以前，左派运动反抗资本主义的"武器"是代表着人道主义与结构主义的、异化逻辑所无法消解的身体，而"六八运动"以后，人的身体也成为西方现代化的对象。这桩事实随着晚期福柯后来对于"解剖政治"和生命政治学的揭露而更加清晰，并且成为福柯参与社会运动的一个转向点。1969年进入法兰西公学院以后，福柯走上独立的社会运动路线，选择组织和领导监狱犯人的维权活动等，并且福柯通过直接参与这些活动，直接影响到了晚期福柯对于规训、生命权力等问题的提出。应当说，福柯对于20世纪六七十年代学生运动的判断是准确的，当时的历史大趋势正是由后福特制所引发的西方现代化转型，导致了世界范围内的国际共产主义运动退潮。正因如此，福柯所面对的社会历史境遇已经不再是大规模的左翼社会运动与社会实践，他也因此不得不转入对个体实践的探讨。

三 在复数的"马克思主义"之间

晚期福柯重新面向马克思的著作文本的第三个历史背景，是由于福柯所直面的马克思主义流派。福柯与这些流派的交流过程，体现了福柯受到战后法国思潮影响的过程中，面对着哪些思想上的问题式。其结果是，福柯转向了独立的、立足文本的、面向时代的理论思考路径。回到晚期福柯的思想语境中，福柯几乎无法回避诸种马克思主义的声音与评论，而面对这些复杂思想喧嚣的回应与论争，晚期福柯思想发展实际上也受到了很多影响，后者是福柯思想中显著却又容易被忽视的要点，也启发着福柯对于当代资本主义的考察，推进其对于西方现代化的解构。

在战后当代西方思想界与知识分子群体中，马克思主义仍然是有举足轻重地位的思潮。尽管如此，马克思主义在20世纪六七十年代，也面临着时代剧变所带来的理论挑战。从历时性的线索来看，马克思主义在资本主义国家中随着冷战局势的发展与国际共产主义运动的推进而逐渐产生分化。苏共二十大（the Twentieth Congress of the CPSU）与"匈牙利事件"[1] 又导致当代西方的马克思主义群体陷入严重分裂，那些在1956年以前仍然对苏联抱有好感的左翼知识分子很快陷入失望和幻灭，他们越来越自觉地与苏联教科书体系与对马克思的解读划清界限[2]。随着"1844年哲学与经济学手稿"（以下简称"44手稿"）的再发现与传播，在西方世界的马克思主义分子出现了独立解读"44手稿"的思潮，并产生了人本主义的马克思主义。到1968年，"五月风暴"与新左派不仅批判资本主义的异化逻辑，而且反对苏联对东欧国家的干预，反对冷战思维。在这种情况下，战后法国的马克思主义的发展与当时的西方思潮结合发展起来。这些思潮就包括苏联马克思主义、存在主义、结构主义与尼采主义等，在这些思潮影响下，出现了"复数的马克思主义"三足鼎立的图景：苏联正统马克思主义、萨特和梅洛·庞蒂为代表的存在主义马克思主义，以及阿尔都塞为代表的结构主义的马克思主义，他们彼此又各自持不同的政治立场、理论观点以及思想主张。

尽管苏联正统马克思主义（Soviet Marxism）在1956年遭遇挫折，但仍然在西欧知识分子之间具有深远影响，特别是西方各资本主义国家的共产党仍然接受苏联共产党的领导。而到了1974年，索尔仁尼琴（Александр Исаевич Солженицын）的《古拉格群岛》（Архипелаг Гулаг）出版，彻底地改变了苏联正统马克思主义在欧洲知识分子之间的形象[3]。《古拉格群岛》直接导致了福柯、德勒兹等左翼思想家公开地反对苏联马克思主义，使得苏联马克思主义在法国趋于式微[4]。对于福柯来说，在其1950年到1953年的短暂法共经

---

[1] Eric Hobsbawm, *Age of Extreme: the Short Twentieth Century* 1914 – 1991, London: Clays Ltd., 1994, pp. 372 – 400.

[2] Dennis L. Dworkin, *Cultural Marxism in postwar Britain: history, the new left, and the origins of cultural studies*, 1997, p. 46.

[3] 参见［法］迪迪埃·埃里蓬《米歇尔·福柯传》，上海人民出版社2017年版。

[4] 参见［法］迪迪埃·埃里蓬《米歇尔·福柯传》，上海人民出版社2017年版。

历之后,他个人对待马克思主义以及马克思学说的态度在 1974 年达到了最疏远的程度,不仅如此,福柯本人在 20 世纪六七十年代一直处于同马克思主义者的对话与争论之中。当福柯的《词与物》出版之时,由于他将马克思主义理解为 19 世纪之知识型的言论,很快就成为法共分子雅克·米约、让内特·科隆贝尔等人公开批判和攻击的对象①。这使得福柯不得不回应来自苏联马克思主义者的声音。

另外一方令福柯所无法避免的声音,来自萨特及其存在主义马克思主义(Existentialist Marxism)阵营。萨特一代的西方左翼思想家有着很深的二战情结,这使得他们对于马克思主义的理解和热情不可避免地与反战、呼唤人性相联系起来。萨特的马克思主义的要义在于对于存在主体的复归,表现为一种基于人本主义的、对普遍人类良知的关照,其根本旨趣是在存在主义视域中对现代性所表现的虚无主义的批判与沉思。因此,萨特力图挖掘那些不会使人沉沦于历史之异化过程的人的本质规定。在这一历史意义上,他在马克思的"44 手稿"中获得了这种理论向度,并凭借这些马克思的思想支点诉诸反异化的人类主体性的拯救。但是,萨特所理解的主体并非以劳动异化批判为基础的主体,而是一种建立在抽象的生存论基础上的主体。就此来讲,萨特并不理解马克思所强调的作为矛盾运动展开的历史过程,并在此基础上去理解主体。尽管如此,萨特的主张是带有极其鲜明的反战、反压迫、反剥削的理论意涵,后者在很大程度上与 20 世纪战后的左翼思潮所吻合。正因此,萨特不仅旗帜鲜明地反对正统苏联马克思主义,而且用"44 手稿"所建立的"青年马克思"的形象,去反对苏联正统所强调的经济决定论的、历史决定论的"老年马克思"的形象。萨特以其本人巨大的国际声誉,给予中国等第三世界社会主义国家、国际共产主义运动以及学生运动极大的同情,萨特因此在战后知识分子群体中获得了极高的威望。

---

① 参见 [法] 迪迪埃·埃里蓬《米歇尔·福柯传》,上海人民出版社 2017 年版。

而在当时的法国知识分子圈子里，萨特一方面有意对新晋思想家进行拉拢，来阐释自己的存在主义马克思主义，比如在《亲属关系的基本结构》（Les Structures élémentaires de la parenté，1949，The Elementary Structures of Kinship）出版时，就曾向列维·施特劳斯①抛出过橄榄枝；另一方面，萨特在阐释自己思想的同时，也对结构主义等思潮展开批评，这就引起了他与福柯之间的争论。《词与物》出版后，萨特随即对福柯提出评论。萨特认为，《词与物》实际上是反对马克思主义的著作。在萨特看来，福柯的考古学并非对历史的还原，而是以"地质学"的方式划定思想类型的条件，萨特也因此将福柯归结为一种结构主义。对此，福柯在1966年一个访谈中指出萨特并未真正阅读过他的著作。福柯论及萨特的《辩证理性批判》，认为萨特是"最后一个黑格尔主义者""最后一个马克思主义者"②。这种"亦敌亦友"的关系，促使福柯与萨特的存在主义分道扬镳。在1977年，福柯公然地将巴士拉、康吉莱姆对科学实践的社会维度的探索，与萨特、梅洛·庞蒂为代表的存在主义的、现象学的方法路径区分开来③。

来自于阿尔都塞的结构主义的马克思主义（Structural Marxism），由于其在形式上与早期福柯的思想理论非常近似，因而使得福柯不得不澄清自己的方法路径。作为法共的坚定分子，阿尔都塞的马克思主义理论实际上秉持的是一种结构主义的方法论。而这种结构主义方法论的核心在于以元结构（meta-structure）式的"多元决定论"（overdetermination），来调和替代经济决定论、阶级决定论与历史决定论基础的主体思想。阿尔都塞的结构主义思想来自于他对于索绪尔、施特劳斯、巴士拉等结构主义者的阅读，一方面阿尔都塞借鉴巴士拉的新科学主义思想，从而提出了理解思想史的"认识论断裂"

---

① ［法］弗朗索瓦·多斯：《从结构到解构：法国20世纪思想主潮》（上卷），季广茂译，中央编译出版社2004年版，第3—13页。

② See Macey, David, *The Lives of Michel Foucault*, London: Hutchinson, 1993.

③ 参见［法］迪迪埃·埃里蓬《米歇尔·福柯传》，上海人民出版社2017年版。

（coupure épistémologique）理论。通过"认识论断裂"所推导的观点，阿尔都塞论证了马克思思想发展过程中的历史唯物主义转向，从而回应了萨特等存在主义马克思主义者所提出的"青年马克思"反对"晚年马克思"的观点①；另一方面，阿尔都塞将结构主义思想推向政治学领域，他提出作为人类社会的功能性结构的国家机器（State Apparatuses）学说。他提出"历史无主体"的观点，来深入地剖析了冷战格局下意识形态阵营对立状态中的国家政治的常态，这成为对强调革命主体的阶级国家理论的重要补充，推进了马克思主义政治哲学的重要发展。福柯与阿尔都塞终生都私交甚笃，阿尔都塞不仅是福柯在巴黎高等师范学院（École normale supérieure，ENS）的授课教师，也是福柯接触黑格尔主义、马克思主义以及结构主义的重要"指路人"，甚至福柯所以短暂地加入共产党正是经由阿尔都塞所介绍。而随着结构主义思潮的兴起，福柯也曾对结构主义学术群体表达出极大的兴趣和广泛的交往，当福柯早期的《临床医学的诞生》等著作出版时，阿尔都塞都给予了热烈的支持与鼓励。然而随着《词与物》的出版，阿尔都塞却又与福柯在理论上开始分道扬镳。在1970年，阿尔都塞在出版的《读〈资本论〉》中已经公开地强调他与福柯的分歧②。

但是对于福柯来讲，要澄清与阿尔都塞的结构主义思想的关系并不简单。在思想史研究方面，福柯与阿尔都塞的近似性很大，这体现在福柯的《词与物》中的思想。一直以来，学界倾向于《词与物》中富有浓厚的结构主义色彩，这表现在他们共同的反主体的立场，知识型也被列为与阿尔都塞的认识论断裂、库恩的范式学说并举的思想史范式。但是对于福柯来讲，知识型的提出并不是为了重建另一种历史观，而是要去除基于概念来构建历史哲学的知识论传统，从而恢复实证材料对确认历史事实的优先性，这也是福柯不断

---

① 参见张一兵《马克思历史辩证法的主体向度》，南京大学出版社1995年版。
② 参见［法］阿尔都塞《读〈资本论〉》，中央编译出版社2011年版。

公开否认自己是结构主义者的一个重要原因①。那么福柯提出知识型的目的是什么？简单来说，是为了在追问规范性意义上理解当代资本主义。在20世纪60年代的福柯深受康吉莱姆的"规范性"范畴影响，并已经开始进行一定学术创新与理论发声，提出知识型是为了解构历史决定论。按照福柯的看法，历史决定论下的历史理论实质上是宏大叙事所建构的历史，这种历史的叙述方式就意味着一种规范性的建立，是内嵌于当代资本主义历史结构的一部分。但是，正因为晚期福柯对于规范性问题的深入研究，福柯不得不面对阿尔都塞的结构主义政治学观点。这是因为，阿尔都塞从多元决定论的观点去看当代资本主义的结构，其实也是规范性的一部分。而要分析这种规范性从哪里来，知识型的范畴就不够用了。值得注意的是，福柯在《规训与惩罚》中已经侧面地回应了意识形态国家机器的诸多观点，并已经开始采用谱系学的方法去理解资本主义规范性的问题。在20世纪70年代的晚期福柯时期，福柯改造了尼采的谱系学方法，去理解规范性是如何产生的，也就牵引福柯走向了对资本主义规范性的考问。正是在追问规范化的过程中，福柯重新触及政治经济学的问题。与《词与物》中对政治经济学本身的分析不同，晚期福柯进入了政治经济学的核心话题：工厂生产、人口以及市场等。在此基础上，福柯才得以进入具体的当代资本主义的历史形式中去，才开启了对于新自由主义的批判。

第二节　晚期福柯的新自由主义批判

　　所以与早期福柯不同，晚期福柯深度认同马克思思想，并揭露出资本逻辑的当代形态：新自由主义。晚期福柯所以能够把握到资

---

① 参见［法］米歇尔·福柯《权力的眼睛：福柯访谈录》，上海人民出版社1997年版。

本逻辑的新自由主义特征，离不开对于马克思资本生产与生产理论的理解。在此前提下，福柯不仅看到了商品经济从生产层面到流通领域的发展，而且看到了资本周转在流通领域的展开，他因此才能够从自由主义主张中区分出新自由主义。这些观察在很大程度上揭示了20世纪后半叶的西方现代化转型。随着全球化与西方模式的大行其道，新自由主义成为一整套西方的社会制度、管理与价值理念而被全球范围内接受和推广。

一　所谓新自由主义

所谓的新自由主义（neoliberalism）指的是当代资本主义推崇市场至上、产业私有化、反对政府干预与管制的一系列政策、国家模式与社会制度的集合。从历史的进程看，新自由主义来源于20世纪战后的德国艾哈德模式，并在20世纪七八十年代经过里根经济学、撒切尔主义走向成型，并且在华盛顿共识以后直接主导了当今的全球化进程。新自由主义的实质，是当代资本主义面对后福特制生产方式转型后的危机与困境，而推动的新一轮全球资本扩张与升级。而按照晚期福柯的观察，新自由主义的发展是经历过一番曲折过程的。不仅如此，新自由主义作为一整套理论思想资源，与其作为成系统的社会治理模式乃至制度实际上是两回事。正如晚期福柯所揭示的，新自由主义诸理论流派繁多虽然与资本主义国家治理与社会模式多有交际，但是新自由主义之治理模式展开的历史契机、发展过程与具体形式却不一而足。这些不同形式的新自由主义，包括在思想与商业运动层面的哈耶克、米塞斯、波普尔等为代表的"朝圣山学社"（Mont Pelerin Society）[1]、在国家政策导向层面的"德国经济奇迹之父"艾哈德相关主张以及后来众所周知的"里根经济学"与"撒切尔主义"等。而仅仅根据这些不同的新自由主义类型，很容易将新自由主义理解为线

---

[1] William H. Peterson, A History of the Mont Pelerin Society by R. M. Hartwell, *The Freeman: Ideas on Liberty*, Vol. 46, No. 7, July 1996.

性的、同一的甚至是基于某种一家之言所描述的抽象理念①，而晚期福柯将新自由主义还原到解构资本主义的思想史传统中。

简单来讲，晚期福柯对新自由主义的分析，以当代资本主义为前提。因此，晚期福柯并未拘泥于新自由主义的思想源流，而是对新自由主义展开历史性回溯，为此福柯重点讨论了马克思对资本逻辑的批判、韦伯对资本主义合理化的批判，正如福柯本人所言：

> 如果说马克思试图要定义和分析的，用一个词来说，是资本的逻辑矛盾，那么马克斯·韦伯给德国的社会问题思考、经济思考、政治思考所带来的不是资本的逻辑矛盾问题，而是资本主义社会非理性的合理性问题。从资本过渡到资本主义，从逻辑矛盾过渡到区分合理性的和非理性的，仍旧以非常概括的方式来说，我认为这就是马克斯·韦伯问题的特征。②

如果说，马克思对于资本逻辑的分析揭示了资本主义历史性的动力机制，韦伯对于合理性的剖析则揭露了资本结构化的发展。晚期福柯认为韦伯所述的"合理性问题"（或者说"合理化"，rationalization），有别于马克思所论述的"资本的逻辑矛盾"的思路，但是也指认了韦伯所强调的"合理性问题"与马克思的"资本的逻辑矛盾"之间的特殊关系。同样是将合理性问题划归在资本主义主题之下，从马克思、韦伯到晚期福柯，他们渐次展开了从资本逻辑到合理性批判再到规范性批判，而在这样一条考察当代资本主义的历史性线索中，反映出资本主义生产方式发展演变的历史轨迹。但是，这并不意味着马克思的资本逻辑批判、韦伯的合理性批判以及晚期福柯对新自由主义批判在问题域上是完全重合的，其间的差异反映

---

① 参见［英］哈耶克《通往奴役之路》，王明毅、冯兴元等译，中国社会科学出版社2015年版。

② ［法］米歇尔·福柯：《生命政治学的诞生：法兰西学院演讲系列1978—1979》，莫伟民、赵伟译，上海人民出版社2010年版，第90—91页。

了资本主义在其历史发展过程中所展现的不同规定性，这些不同规定性的演变成为福柯理解新自由主义由来的依据。

对于福柯来说，他不仅观察到作为资本逻辑基础的价值生产链条，同时也注意到马克思与韦伯之间对于资本主义理解的差异。一方面，从"视差"（parallax）这个角度看，马克思侧重对资本逻辑的解构，并试图解释资本的增值、循环与积累是如何实现的；而韦伯所侧重的则是对资本主义的伦理学考察，后者包含着对社会实体（包括具备法人资格的个体、组织与企业等）的组织化过程分析，以及后者在何种意义上推动了资本的结构化过程。具体来说，这种资本的结构化表现为科层制（bureaucracy），后者的普遍化正是资本主义合理化的由来。在此意义上，晚期福柯不仅肯定和理解了马克思对资本逻辑的分析，而且吸收和指认了韦伯对于资本主义合理化的揭示，二者同时是晚期福柯理解规范化问题的重要理论支撑与理论前提。但是从另一个角度来说，马克思与韦伯的重合之处是在于他们都着眼于资本主义社会的历史进程之中，然而又是不同的历史阶段。正如福柯所指出的：

> 首先，当然是从19世纪起所发展起来的企业分析，对企业进行经济和道德的分析，韦伯、桑巴特、熊彼特（Schumpeter）关于企业所做的系列分析工作，都实际地支持了新自由主义的大部分分析或设想。因此，如果在自由主义政策中有一种回归，那当然不是指回归到一种放任自由的治理实践去，不是回归到马克思在《资本论》第一卷开头所揭露的那种商品社会中去。人们所试图回归的是一种企业社会伦理，韦伯、桑巴特和熊彼特已经指出了这种企业的社会伦理在政治方面、文化方面和经济方面的历史。[1]

---

[1] Michel Foucault, *The Birth of Biopolitics: Lectures at the Collège De France*, 1978 – 1979, Edited by Michel Senellart, Translated by Graham Burchell, New York: Palgrave Macmillan, Inc., 2008, pp. 147 – 148.

在这一历史意义上，晚期福柯对新自由主义的理解也并未完全脱离资本主义的历史维度，而这一历史维度囊括了自19世纪到20世纪资本主义历史转型的主线：即资本主义生产方式从泰勒主义（Taylorism）到福特制（Fordism）再到后福特制（post-Fordism）的转型。而这一历史转型也推动着发达资本主义从福利国家模式向新自由主义模式转向，这在后来美国、英国与欧盟的政策转型中一以贯之。不仅如此，这种历史性转型也影响到整个世界历史格局变化的客观进程：即从18、19世纪的自由主义资本主义阶段，到20世纪之交的帝国主义阶段，再到20世纪70年代以后至今新自由主义及其资本全球化阶段①。就此而言，晚期福柯是自觉地将新自由主义视为当代资本主义的特殊形式，这也构成理解晚期福柯把握新自由主义的基本理论立场。

二 新自由主义与资本逻辑

尽管对于思想史的回顾给福柯分析新自由主义提供了重要的理论资源，但是福柯对于新自由主义的分析又并非是从纯粹思想史出发，其所以提出论点的依据实际上是来自于对战后新自由主义政策施行的分析。在此基础上，福柯揭示出其作为资本逻辑的历史规定性。资本逻辑就是"在资本结构化的过程中，主体变成了资本增殖的工具。"② 在马克思那里，资本逻辑"……既是逻辑的发展（logische Entwicklung），也是了解历史发展的钥匙。"③ 由于资本主义生

---

① See Michael Hardt and Antonio Negri, *Empire*, Boston: Harvard University Press, 2001.

② 仰海峰：《马克思资本逻辑场域中的主体问题》，《中国社会科学》2016年第3期。

③ 马克思是在对信用的分析中阐释了资本逻辑思想，他认为信用是由资本设定、资本本质（der Natur des Capitals hervorgeht）产生特有流通形式，是作为资本的"特殊物"（differentia specifica）。对这个"特殊物"的说明，既是一种逻辑发展，也是历史性理解的钥匙。尽管马克思在这里分析的是信用，但是资本"特殊物"的信用，而这个"特殊物"是逻辑的发展，在这里指的就是资本的逻辑发展。Marx, Ökonomische Manuskripte 1857/58, Marx-Engels-Gesamtausgabe (MEGA2), II/1, Text Teil 2, Berlin: Dietz Verlag, 1981, S. 554.

产方式的转型，资本逻辑经历了从自由主义（libralism）、垄断资本主义（monopoly capitalism）/帝国主义（empirism）、国家资本主义（state capitalism）到新自由主义（neo-libralism）发展的四个历史阶段。就此而言，福柯对于新自由主义的剖析，也是对于资本逻辑之历史性分析的推进。

马克思的政治经济学批判强调资本的生产与再生产，给福柯理解新自由主义提供了资本逻辑历史布展的结构化视野。事实上，福柯所以能够提出存在个体的内在、附着于身体上并且通过资本主义社会之诱导所建构的权力机制——权力技术，正是基于他对于《资本论》第二卷的阅读①。正如福柯所说："马克思强调了许多自动的权力，它们在车间里发生作用。"② 在《资本论》第二卷中的第二十一章节"积累和扩大再生产"，马克思谈到了一种"合理消费"，这种"合理消费"就揭示了工人阶级是如何被诱导而自动进入资本主义的管理制度中去的：

> 延长劳动时间，好象就是使工人借助自己智力和德性的完善来提高自己的地位并成为一个合理消费者的那种合理的、有益健康的方法的秘密。为了要成为资本家商品的一个合理的消费者，工人首先——但是蛊惑者阻止他这样做！——就要让他的资本家用不合理的、有损健康的方法消费他的劳动力。不过，资本家又是怎样理解合理的消费呢？这表现在他不惜降低身价，在消费品贸易上直接和他的工人打交道，实行"实物工资制"，而且在各式各样的实物工资中还包括供给工人住房。这样一来，资本家同时又是工人的房主了。
>
> ……

---

① See Michel Foucault, *Disipline and Punish: The Birth of the Prison*, Translated from the French hy Alan Sheridan, New York: Random House, Inc., 1995.

② Michel Foucault, *Disipline and Punish: The Birth of the Prison*, Translated from the French hy Alan Sheridan, New York: Random House, Inc., 1995, p.187.

> 但是，使工人成为一个合理消费者的主要秘密，还在下面这一点……降低工资和延长劳动时间，这就是提高工人地位，使他成为合理的消费者的那种合理的、有益健康的方法的实质，只有这样，工人才可以为一批由于文化和发明的进步而使他买得起的物品创造一个市场。①

从马克思的描述来看，"合理消费"是资本家为了更好地把握工人生活、健康与工作状况，而实行的一种提高社会福利的举措。当然，在《资本论》的这个段落中，"合理消费"似乎更多是指向一种消费社会（consumer society）。但实际上，马克思在这里并不是在讲资本主义如何通过扩大消费部类，来缓解资本主义生产方式的内在矛盾。同样地，马克思并不是在商品拜物教层面、在商品再生产层面，论述消费是合理的这一命题内在的意识形态性。实际上，马克思所指向的恰恰就是一种资本家为了管理工人而设计出来的管理方式，并且这种管理模式的建立包含了三个环节：

（1）合理性的建立。合理消费旨在于建立一种对于工人阶级来说是合理性的管理知识，这包括健康状况、生活节奏、安居条件等关乎于工人阶级日常生活的基本需要的常识。正是由于合理消费的存在，工人的生活和身体状况不仅能够满足于工厂生产的需要，而且能够满足扩大再生产的需要。因此合理消费也意味着，资产阶级构建起一种资本周转过程中的总体性视角。换言之，资本家考虑"合理消费"不是在商品层面考虑商品是不是能卖得出去，而是在资本流通层面考虑资本周转能不能实现。因此，合理消费背后隐藏着资本家的这样一种意图：即通过消费把工人阶级塑造成为资本周转的一个内在的、稳定的环节。

（2）管理工人身体状况的制度的建立。资本家通过安排工人阶级的饮食、住宿等生活待遇的方式，将工人的生活全面地管理起来。

---

① 参见《马克思恩格斯全集》第45卷，人民出版社2003年版，第582—583页。

也就是说，资本家不论是用纪律的方式将工人严格地管理起来，还是说提供给工人饮食、住宿等，这些都是对于工人身体状况的管理。从资本家在制度设计上严格制定工人住宿规则这一点来看，这种举措的类型确实可以归为规训。但是，如果从资本家是要确保工人的再生产以及消费能力来看，这些都是与工人的基本生活需要所吻合的，而这种举措就又不是强制性的，而是非强制的，并且在形式上是"提高工人地位"，因此不能被归结为规训。在这些资本主义特殊的制度设计中，马克思察觉到这一整套管理制度建立，不仅会内嵌到资本的周转过程中，而且对工人构成在个体层面的一种诱导，这种诱导可以使得工人阶级自动地进入资本主义的关系体系中去。正是马克思在《资本论》中的这些论述，也启发着福柯去理解"权力的建构性机制"[①]。

（3）建立合乎自然的市场。诚如马克思所指出的，"合理消费"的最终目的，是为了建立一个使得工人阶级可以让自己"买得起的物品创造一个市场"。但基于合理消费所建构的市场并不是为了让工人可以买得起商品就够了，它的最终的目的是在工人阶级消费的过程中建构市场，使得工人阶级本身被吸纳为资本再生产的内在环节，进而形成工人阶级通过日常生活的中介主动地去完成资本积累。概言之，市场不仅是资本家所构建的，也是工人阶级构建起来的。如此说来，工人不是被迫的，而是自发地、自愿地去建立一个生产和消费——供给与需求——平衡的市场。在此意义上，马克思实际上触及了生命政治学的内容，后者并不是被强制，也不是仅仅悄无声息地发生作用，而是被工人阶级认知到，并且主动迎合的事情，因为生命政治学的内容关乎工人的生计。福柯高度认可马克思对于市场自然性由来的分析，他进一步指出："首要功能并不必然是禁止、防止、说你不应该。它的首要、本质

[①] Michel Foucault, *Disipline and Punish*: *The Birth of the Prison*, Translated from the French hy Alan Sheridan, New York: Random House, Inc., 1995, p. 186.

和永恒功能实际上是成为效能、才能的生产者,商品的生产者。"①这种诱导的方式,使得福柯在《资本论》第二卷中不仅发现了西方现代化的多种权力机制,而且找到了这种非强制的权力机制是如何演变出来的。在这一理论意义上,马克思《资本论》第二卷中实际上已经呈现出生命政治学的雏形,这也为晚期福柯所吸收,并运用到对于新自由主义的批判中。

三 新自由主义意识形态

自20世纪90年代以来,新自由主义成为当代资本主义的典范。而在新自由主义的传播过程中,它首先是以意识形态的直观形式进入到人们的视野中,而这一过程表现为双元效应:在理论流派意义上,新自由主义通过大众媒体传播与知识分子阵地渲染,而产生了深远的舆论效应;在政策路线意义上,新自由主义为应对20世纪70年代以来西方现代性困境而生,并发轫于发达资本主义国家的政治经济改革,这又表现为一种广泛的实践效应。在两种效应的互相影响下,新自由主义表面上看是一股意识形态思潮,而实际上则是当代资本主义政治经济制度模式的变革。而随着作为政治经济制度的新自由主义走向成熟,西方发达国家就开始持续不断地向第三世界乃至全世界进行制度输出。

放眼全球,琳琅满目的新自由主义价值与理念也相应地产生了这样一种普遍的、共识的并且是共时性的(synchronical)效应:即新自由主义本身被当代西方推崇为一种超历史的、普遍适用的、正义且正当的人类社会的完美制度。然而,从新自由主义扩张的历史进程来看,它在世界各国、各地区的适应性却差强人意。客观地来讲,新自由主义并不是对人类社会具有天然优越性的制度,新自由主义若要发挥其最佳的效果,离不开特定的、始终如一、连绵不断、

---

① Michel Foucault, *Disipline and Punish*: *The Birth of the Prison*, Translated from the French hy Alan Sheridan, New York: Random House, Inc., 1995, pp. 187 – 188.

一成不变的社会经济发展的状况，这种状况更有可能存在于英国、美国、德国与日本为首的发达资本主义国家中，而几乎不可能在广大的发展中国家与地区实现。事实上，新自由主义在理论与实践上的反差，同新自由主义历史源流的复杂性有很大的关系。从新自由主义的思想起点与源流来看，新自由主义的思想基础来自于以资本主义货币经济学理论作为基础的现代资本主义经济学说，后者共有三个思想源流：分别是在19世纪早期就倡导新古典主义经济学的奥地利学派（Austrian School）、在二战后逐渐兴起强调货币政策调节经济的芝加哥学派（Chicago School of Economics）以及在20世纪70年代以后直接推行降低税费的供给侧学派（Supply-side Economics）及其政策实施与制定者。

第一，奥地利学派经济学对新自由主义的影响虽然不是最直接的，但却奠定了思想理念层面的基础，而至于其理论本身在现实层面的可操作性则乏善可陈。奥地利学派经济学之所以成为自由主义的"鼻祖"，很大程度上是因为哈耶克对其的推崇。但是，只要考察一下奥地利经济学派及其发展的历程，就可以发现，新自由主义始于门格尔与庞巴维克等对于"边际主义"（Marginalism）的强烈推崇，然后才有后来新自由主义所鼓吹的"市场至上"的口号。奥地利学派经济学在思想理路上直接地受到约翰·斯图亚特·密尔、巴师夏等人影响，后者被马克思称为庸俗经济学家。在此基础上，奥地利学派提出用古典的边际效用理论方法进行分析的价格理论，从而替代由魁奈、亚当·斯密与李嘉图等所奠定的劳动价值论，这为20世纪至今所形成的经济学主流奠定了基础①。因此，奥地利学派才会鼓吹自由主义，声称是古典经济学的继承者。

第二，奥地利自由主义学派尽管曾被认为是新自由主义最早的思想和理论实践源头，但实际上这一套理论真正"崭露头角"之

---

① White, Michael V; "Diamonds Are Forever (?): Nassau Senior and Utility Theory", in *The Manchester School of Economic & Social Studies* 60 (1992).

时是在"大萧条"之前。"大萧条"(the Great Dpression)以后,凯恩斯主义的兴起形成对奥地利学派的强烈冲击。由于经济复苏与第二次世界大战的战备需要,直到20世纪六七十年代以前,学界的主流仍被凯恩斯主义牢牢把握,自由主义的政治与经济学主张依旧名不符实。新自由主义在政治上的失败和挫折也反映在哈耶克个人的政治职业生涯中。哈耶克真正的、也是几乎唯一的一次参与到政治实践的经历,是在第一次世界大战后,他受到米塞斯邀请参与到当时奥地利政府所主导的战后国家经济的重建①。然而哈耶克的"仕途"也由于"大萧条"、凯恩斯主义及其新古典主义综合学派(Neoclassical Synthesis)的异军突起而终结。"大萧条"之后,整个奥地利学派的政治自由主义主张几乎彻底挫败。一个标志性的事件,是1932年《泰晤士报》刊登了凯恩斯与哈耶克之间的论辩。哈耶克的自由主义货币政策主张在论辩中落败,而后他更多是对其政治上的自由主义立场进行阐释,并对新自由主义展开系统论证,于1944年出版了《通往奴役之路》②。尽管《通往奴役之路》中的思想被后来哈耶克的信徒们奉为新自由主义思想典范,但是直到哈耶克1974年获得诺贝尔经济学奖,哈耶克的学术生涯与事业才逐渐地迎来了转机。至于当下思想界对哈耶克思想地位的普遍认可,也只是后来随着新自由主义政策的兴起与扩张才得以确立。

第三,由上可见,包括哈耶克在内的奥地利学派尽管为新自由主义的主要理论发展奠定了坚实的基础,但是更多地是被视为自由主义理念的倡导者和理论源头,属于理念意义上的新自由主义流派。而真正对20世纪70年代新自由主义在当代西方经济全球化的历史过程中始终起到直接主导作用和重要影响的,实则是来自美国的芝

---

① A. J. Tebble, *F. A. Hayek*, Continuum International Publishing Group, 2010, pp. 3–6.
② John Maynard Keynes, Money for Productive Investment: a Comment by Economists, *The Times*, Oct. 17. 1932, p. 13.

加哥学派与供给侧学派。芝加哥学派的发展与哈耶克有着密切的关系。1950年哈耶克离开伦敦政治经济学院（UCL）前往美国芝加哥大学继续讲学，与米尔顿·弗里德曼、罗纳德·科斯为代表的芝加哥学派经济学家有了深入交往，一大批哈耶克的信徒由此产生[1]。20世纪60与70年代，哈耶克与一批自由主义芝加哥经济学派的经济学家共同运营了名为"朝圣山学社"的智库组织，他们鼓吹私有化、自由市场等。而事实上，人们当今所能够看到的声势浩大的新自由主义的经济舆论政治环境，就是在哈耶克影响下的这一批自由主义芝加哥经济学派的成员的努力下营造和发展起来的。此后在20世纪70年代，一批深受芝加哥经济学派成员影响的自由主义经济学家，接连地进入拉美等发达国家的新自由主义的政策和智囊队伍，从而不断地努力营造意识形态的新自由主义，并且发展成为最著名的新自由主义经济学流派。但是也应该看到的是，这一批受到哈耶克影响的芝加哥学派成员的主要阵地仍然是高校，他们的基本依托也主要是学院派。

第四，在经济学和政治理论实践中产生影响最深远的新自由主义流派，却并非哈耶克的信徒那一派，而是以罗伯特·蒙代尔、阿瑟·拉弗为主要代表的新自由主义供给侧经济学派。尽管供给侧学派在学术上并不像哈耶克等人那样声名显赫，但是在实际的政治和经济实践中却对新自由主义的货币政策、减税降费、政府管控等形成了直接而巨大的影响，其中，蒙代尔的最优货币区理论（Optimum currency area）直接为欧元奠定了理论基础[2]，拉弗则发现了"拉弗曲线"（Laffer curve），后者直接成为"里根经

---

[1] "The Sveriges Riksbank Prize in Economic Sciences in Memory of Alfred Nobel 1974", NobelPrize. org. Retrieved 2019 - 09 - 06.

[2] Robert Mundell, *A Plan for a European Currency*, pp. 147 - 150; and Irena Vrnáková & Hana Bartušková, 2013. "Is Euro Area an Optimal Currency Area and What Barriers Could Obstruct Its Future Development?", *ACTA VSFS*, University of Finance and Administration, vol. 7 (2), 1973, pp. 123 - 144.

济学"的依据①。供给侧学派为里根政府的新自由主义主张提供了减税降费的一系列货币政策和手段,并实质性地影响了新自由主义模式在美国的发展过程。就此而言,供给侧学派属于新自由主义理论传统中的实践派。

从新自由主义社会经济思想的源流可见,包括哈耶克在内的芝加哥奥地利经济学派实际上只是为新自由主义的发展奠定了一个理念与理论建构上的基础;更多的人还是在哈耶克思想的启发下,才直接参与到而后的芝加哥学派以及其他新自由主义的思潮,而以"朝圣山学社"智库为代表的新自由主义立场经济学家则支撑起新自由主义的舆论阵地;供给侧经济学派实际上是三个新自由主义思想流派中实质性影响最大的一派,所有这些自称新经济自由主义者、奉行新自由主义基本经济原则、理念与基本经济信条的流派,都信奉可以通过供给侧经济学派的基本经济主张与信条来刺激市场、调整资本主义国家经济。20世纪70年代以后,随着欧元政策、里根经济学与撒切尔主义的推行,新自由主义的模式走向成熟和确立。这一过程反映了新自由主义在意识形态传播意义上的二元效应,后者形成了以芝加哥学派所建立的舆论效应与供给侧学派制造实践效应之间相互影响,从而将原本属于欧美发达国家的新自由主义模式扩展到第三世界国家乃至全球。

通过对于新自由主义经济政策思潮的深入考察,可以清楚地看到真正地介入新自由主义的社会政治经济理论与实践较多的学派,是美国的芝加哥学派与供给侧学派,后者在20世纪七八十年代的新自由主义改革浪潮中发挥举足轻重的作用。因此很有必要深入考察新自由主义政策与模式形成的历史与发展过程,并且在把握新自由主义经济政策历史的同时,需要理解新自由主义模式是如何发展为西方现代化的主流。总的来看,推动新自由主义政策发展与形成背

---

① Case, K. E.; Fair, R. C. Principles of Economics 8th, *Upper Saddle Rive*, NJ: Prentice Hall, 2007, p. 781, 782.

后的一个决定性的因素,是资本主义生产方式从福特制向后福特制的历史转向。后福特制生产方式的转变导致当代资本主义在生产力结构上的巨大改变,数字控制的全自动化生产替代了需要大规模工人操作的福特制生产车间,从而将工人阶级挤压到工厂之外。正如萨缪尔森等经济学家所观察到的,由于生产方式的巨大转型,技术性失业(technological unemployment)在20世纪70年代的西方已经发展成不容忽视的社会痼疾[①]。而在技术性失业的背后,实则是后福特制生产改变了劳动力的生产结构,大量的体力劳动工人被全自动化的生产体系挤压出工厂之外的社会状况,这对整个社会生产力状况造成了巨大的改变,后者也引起了当代西方经济基础层面的巨变。而在后福特制所造成的失业冲击下,战后西方国家的福利国家政策难以为继,以投资为主导的凯恩斯主义失灵了。而不断地积累的失业率,也进一步推高了财政赤字和通货膨胀,彼时已经持续十年的战后经济繁荣陷入困境,全社会的发展也进入缓慢甚至停滞的状态。再加上越战、新左派运动与中东石油危机等偶然事件的连续爆发,20世纪70年代的资本主义愈发陷入经济"滞胀"的泥潭,也是在此背景下,新自由主义得以在发达资本主义国家推行开来。

第三节 新自由主义崛起的逻辑

自20世纪90年代至今,新自由主义逐渐成为西方现代化的主旋律。颇为令人感到惊奇的一个事实是:福柯对于新自由主义的理解和把握与当今新自由主义发展状态高度吻合。2007年世界金融危机以后,西方国家资本主义的快速发展趋势遭遇挫折,新自由主义在全球范围内的经济制度、治理体系与政治模式都陷入了严重困境。

[①] Paul Samuelson, "Ricardo Was Right!", *The Scandinavian Journal of Economics*, 91 (1), 1989, 47–62.

如今回顾晚期福柯对新自由主义的判断，其论断近乎预言式的。当前，人们谈到众所周知的新自由主义，总是将其与哈耶克所论述的那种以自有人权为理念、以自由市场为基础、以货币政策为主导的模式相联系起来，也容易将新自由主义理解为那些扶持跨国公司、推动私有化为改革导向的一系列西方现代化模式。而在晚期福柯那里，他不仅论述了思想史意义上的新自由主义①，而且还着重分析了新自由主义的历史崛起过程。按照福柯的看法，新自由主义是西方现代化在20世纪的产物，是当代资本主义为解决自身危机而提出的系统性解决方案。在这一理论意义上，新自由主义是资本逻辑的新阶段。

一 战后试验阶段

从历时性线索来看，新自由主义模式并非一蹴而就。新自由主义的一般模式是在20世纪70年代后才确立起来的，但是其早期的雏形却已经在战后西德和日本出现，而战后因此成为新自由主义发展的试验阶段。按照新自由主义模式的发展脉络来看，共经历了四个发展阶段：即战后试验阶段、20世纪80年代后的危机与扩张阶段、新世纪以来的衰退阶段。

最早的新自由主义国家政策主要包含自由市场、减税降费、货币政策等，而这些政策推行最典型的国家是战后的联邦德国（简称西德），它们对于新自由主义的倡导和实施与自由主义仍然保持有很多的直接联系。但是与此同时，西德的新自由主义在推行之初，就包含着一项重要的历史内容，那就是对于纳粹主义的反思与反正。联邦德国的新自由主义经济模式的成功与战后的特殊经济历史背景有很大的关系，因此西德的新自由主义模式处于一种有待检验的试验阶段。考察西德新自由主义的具体模式，其是在有"德国经济奇

---

① 参见［法］米歇尔·福柯《生命政治学的诞生：法兰西学院演讲系列1978—1979》，莫伟民、赵伟译，上海人民出版社2010年版。

迹之父"之称的西德总理康拉德·阿登纳和经济劳动部长路德维希·艾哈德支持下成型的。尤其是在艾哈德的主导下，减少政府管理、推进自由市场化的新自由主义模式被付诸西德的战后重建工作①。与当时大行其道的凯恩斯主义相左，战后西德重建所推行的是有限的福利国家政策，并导向阿尔马克所提出的"社会市场经济"（social market economy）主张②。这一主张力主市场的自主性，并且强调效率优先。在阿尔马克的政策引导下，西德经济实现了迅速增长的"德国经济奇迹"（Wirtschaftswunder）。值得注意的是，尽管如艾哈德等西德经济复苏的主导者在经济思想上与"朝圣山学社"颇有渊源，但是无法忽视的是，西德新自由主义模式背后有美国"马歇尔计划"的强力经济支援。只不过不同于奉行凯恩斯主义的其他资本主义国家，战后西德重建将美国的经济援助付诸货币政策，而并不是像那些实施凯恩斯主义的国家那样使用财政政策去振兴经济。

诚然，西德诞生了最早的新自由主义模式，也因此被晚期福柯视为新自由主义的历史典范。在福柯看来，西德的新自由主义模式对于市场自由机制的构建，是西德新自由主义政策得以推行的社会合法性基础：

> 而再次以正统的马克思观点来看，这些只是假仁假义。但对于用另一只耳朵来听同样这些句子或者从另一种理论"背景"出发的人来说，这些词——"公平的社会秩序"、"一种真正的经济竞争的条件"，——意思是不一样的，因为它们表明了依附于（这是下次我要对你们解释的）一种具有理论性和规划性的整体，而这个整体不仅仅指一种关于市场自由的效率和效用的

---

① Oliver Marc Hartwich, *Neoliberalism: The Genesis of a Political Swearword*, Centre for Independent Studies, 2009, p. 22.
② Taylor C. Boas, Jordan Gans-Morse, "Neoliberalism: From New Liberal Philosophy to Anti-Liberal Slogan", *Studies in Comparative International Development*, 44 (2): 137 - 161, June 2009.

经济理论。它们还表明了依附于某种类型的治理技术,也正是通过它,德国经济才充当了正当国家的基础。①

福柯实际上看穿了西德新自由主义的实质:即在经济政策推行的方式和举措上从财政政策模式转向货币政策。值得注意的是,西德的新自由主义与其所未能够实施的凯恩斯主义截然相反,后者依托的是由高度集中的中央行政权力支撑起来的财政政策。也正因如此,如果西德为了推行凯恩斯主义,而进行高度集中的中央行政权力调整,就不能为资本主义世界所接受。这是因为,西德曾是纳粹国家,高度集中的中央行政权力调整会使得西德有向纳粹复辟的风险,这是不能够为西方所接受的,并且也为英美所构建的战后国际秩序高度防范。因此,选择市场自由化、效率至上的新自由主义道路,对于战后西德来说具有十分重要的政治合法性与社会治安的意义。由此可见,最早的新自由主义模式,是产生在受到美国经济援助的西德的,直接的美元货币资本的支持是新自由主义得以推行的前提条件。而在此前提下,客观的政治环境与去纳粹化的政治需要也在客观上导致了新自由主义模式的推行。可以说,新自由主义的西德模式之所以确立,与特殊的国家治理要求密不可分,这也是晚期福柯所着重强调的历史视角。

二 危机与扩张阶段

尽管战后西德新自由主义模式很快就取得成功,但是新自由主义模式并没有因此迅速扩张开来。直到 20 世纪 70 年代,由于中东石油危机、越南战争等一系列事件,导致战后居于主导地位的世界金融制度——布雷顿森林体系(Bretton Woods Agreement)——走向崩溃,西方现代化进程也因此陷入经济增长停滞、通货膨胀(Infla-

---

① [法]米歇尔·福柯:《生命政治学的诞生:法兰西学院演讲系列 1978—1979》,莫伟民、赵伟译,上海人民出版社 2010 年版,第 74 页。

tion woes）同时失业率不断扩大的困境。在这种经济挫折下，以政府财政为主导的福利国家模式难以为继，增加了工人阶级的失望情绪，激起了大规模的工人、学生与知识分子的反战运动[1]。一大批自由主义立场的西方右翼趁机发起反扑，将矛头指向凯恩斯主义，并开始大力鼓吹新自由主义。也正是在这一时期，哈耶克的信徒们卷土重来，芝加哥学派和供给侧经济学派也相继粉墨登场，开始向发达资本主义国家渗透，并且迅速引导了战后英国与美国的资本主义经济改革，他们直接推动了"撒切尔主义"（Thatcherism）、"里根经济学"（Reaganomics）与欧元制度等新自由主义模式的崛起。从经济危机走向新自由主义扩张，成为这一阶段新自由主义的主旋律。

战后西方为何产生经济危机？在萨缪尔森等经济学家看来，缺乏技术进步是造成这一问题的重要原因。事实上，不仅是主流经济学，而且在马克思主义经济学家斯拉法、多布那里，技术进步与经济增长的关系也备受重视，后者甚至成为他们分析苏联经济问题的一个视角[2]。这种技术进步所表现出来的更高的生产力体现在制造业工厂车间的系统化生产，而这种系统化生产并非简单流水线式的福特制生产，而是通过数字芯片驱动的一整套数控系统，后者通过直接管理运营一整套生产体系，不仅替代了传统的工厂管理者，也替代了原有工厂对于大规模劳动力人口的需求。简而言之，电脑替代了人脑组织生产，工人从生产车间走到控制台和办公室，这就是后福特制生产所带来的革命性影响。从归根结底的意义上来说，资本主义生产方式的转变促使既有经济基础的结构发生了改变。旧有的产业模式走向衰落，新兴产业正在兴起。在20世纪80年代以后，正是半导体、计算机、信息网络等产业带动资本主义国家走向经济繁荣，美国、欧盟因此成为全球化过程中的引领者。在这种情况下，

---

[1] Smith, Charles D., *Palestine and the Arab-Israeli Conflict*, New York: Bedford, 2006, p.329.

[2] 在多布看来，苏联的经济增长缓慢、效率低下的问题与当时奉行凯恩斯主义的资本主义国家有一定相似性。

新自由主义模式迎来了发展的良机，并替代凯恩斯主义而得到大力推行。

作为新自由主义的典范，声名大噪的"里根经济学"在其推行过程中，为供给侧学派的货币政策主张与芝加哥学派的"涓滴经济学"（trickle-down economics）构想得以付诸实践创造了客观的历史条件[1]，时任美联储主席保罗·沃尔克也才能大力地推行"里根经济学"，并围绕着减税降费实施一系列管制财政与量化货币供应的措施。而这些举措具有三个典型的特征：

（1）整个"里根经济学"的推广建立在联邦政府的超负债的基础上，这是"里根经济学"所以能实施新自由主义的基本前提。减税降费实际上是为了减轻联邦政府的既有财政负担，但是为了推行货币政策，联邦政府依然在短期之内扩大了债务。因此在里根1981年执政的最初几年，政府负债率猛增，这对于推行新自由主义模式的同时维系既有经济稳定有重要作用。不仅如此，美国自身强大的经济基础也是新自由主义推行成功的重要前提。

（2）美国新自由主义模式强调的自由化市场，是建立在效率至上的竞争机制原则上，这与通过协作与交换以扩大市场空间的自由主义截然不同。可以看到，由于美联储主导的货币量化管控政策，在一段时间内提高了商业贷款的基本利息，使得资本得以转移流通到新兴产业中。早在《资本论》第二卷中第二章"生产资本的循环"第四节"准备金"中，马克思就已经阐述了通过准备金来调节资本再生产的重要手段[2]。准备金释放，资本再生产就活跃并扩大；准备金收缩，资本再生产就相应萎缩。从政治经济学批判的角度来看，新自由主义模式尽管强调市场自由化、个体自由化，其实质上仍然是资本的自由化。新自由主义的原则是效率与竞争，而非无条

---

[1] Joe Holley, "Broadcaster Delivered 'The Rest of the Story'", *The Washington Post*, Retrieved March 1, 2009.

[2] 参见《马克思恩格斯全集》第45卷，人民出版社2003年版，第98—100页。

件的自由。新自由主义的这一特征也为晚期福柯所把捉，他因此直接区分了自由主义与新自由主义：即古典自由主义是以自由交换、协作生产为原则，其模式是自由放任式，这一模式仍然达不到基于社会总体性的治理机制①；而新自由主义则不同，是以竞争和效率为原则，它必须基于市场总体层面施行管理为前提。回到"里根经济学"，以沃尔克为首的美联储所推行的，正是侧重于企业收益和效率的货币政策倾向，对过剩产能的产业"节流"资本，而对新兴产业"放水"资本。这样一来，整个市场的就业率就出现了先下跌、后增长的趋势。

（3）在名声大噪的"里根经济学"、欧元区模式的背后还有一个支配性的总体性线索，那就是由于货币金融体系改革所引发的资本流通层面的巨变。20世纪70年代，中东石油危机，导致了既有"美元与黄金直接挂钩"的布雷顿森林金融体系的崩溃。在布雷顿森林体系下，美元与黄金挂钩是基于这样一个原理：即美元作为货币资本的价值有其对应大宗交易的价值所决定和匹配，黄金作为战争时期较大价值的金属货币，保证了美元资本的总价值以及美元体系的稳定。美元与黄金挂钩的机制就像一个跷跷板，一边是黄金，另一边是整个市场的资本总价值。当美国所持有的黄金达到一定的量，就意味着美国所持有的黄金价值量足以撬动整个大宗商品市场，进而通过黄金撬起整个资本市场，因而也确保了和黄金挂钩的美元的

---

① 福柯在1979年的"生命政治学的诞生"讲座中指出："新体制下的治理，从根本上看，它不再实施于臣民以及通过这些臣民而被征服的东西。现在，治理将实施于我们所称的利益之现象共同体（république phénoménal des intérêt）。自由主义的根本问题是：在一个由交换决定了物品的真实价值的社会中，治理及其所有的治理行为，它们的效用价值是什么？我认为正是在这里产生出自由主义的一些根本问题。正是在这里，自由主义提出了治理的根本问题，这个问题就是要弄明白所有人们想用来与自由主义相对立的政治样式和经济样式等，在一个交换决定了物品价值的制度中，是否能够确实地逃脱治理的效用这个问题以及对这个问题的阐发。"（［法］米歇尔·福柯：《生命政治学的诞生：法兰西学院演讲系列1978—1979》，莫伟民、赵伟译，上海人民出版社2010年版，第39页。）

地位。一方面，这与当时战后全球经济进入冷战格局的特殊时代背景和国际市场战略性的考虑因素有关；另一方面，美元资本是以凯恩斯主义政策支撑而推行的贸易和投资手段进行运作。在资本主义市场中，美元一家独大。而在其他消费、借贷等部分，并没有能够与贸易和投资相互平衡的经济模式，因此布雷顿森林体系实际上是一种单边的、层级制的货币金融体系。而在石油危机之后，国际油价的大幅上涨打破了国际大宗期货的价值结构。人们更倾向于储存石油必需品，黄金逐渐不再是最具价值的期货标的物，并因此受到石油价格的极大影响。而由于美国持有过多的黄金，黄金价格的波动也直接影响到美国经济，进而导致了美国经济陷入"滞胀"。

不仅如此，石油商品作为另一种实际上具有较大经济价值的大宗贸易出口商品，已经严重冲击了既有依靠黄金左右市场的单边货币体系，黄金已经无法独自撬起"翘板"。此后，美元单边货币体系再次进行了巨大的结构性改革，取消了与黄金直接挂钩的国际汇率规定，并采取了浮动汇率。但是这并不一定意味着整个美元货币体系的崩溃，在"后布雷顿森林体系"时代，美元实际上走上了与包括石油、钢铁等多种大宗商品挂钩的方向。这一转变使得美元从单一货币金融体系转向多元金融体系，从投资主导的货币资本模式走向信贷和债务主导的货币金融模式。这一转变为新自由主义的推行提供了源源不断的货币资本基础，这是新自由主义模式推行社会治理的血液与直接动力。可以确定的是，不论新自由主义在全世界范围内进行普世价值输出、政治制度输出、文化商品输出，其本质上都是在输出其货币资本的信贷模式，其结果是为跨国企业走向全球铺平了道路。

三 新世纪衰退阶段

由上可见，新自由主义模式及其扩张并非是对资本主义症结与矛盾的克服，而是将自身的危机与困境扩散出去。在国内是通过转移作为社会福利的那一部分剩余价值，投入资本再生产。在国外，是通过转移全世界的剩余价值，来积累和维持资本主义的价值与财富。新自由主义模式扩张的同时，也加剧了第三世界国家的贫困与动荡。强调效率至上，也必然会导致"杀贫济富"、贫富分化，并最终导致新自由主义陷入衰退。

新自由主义模式实质上是依靠资本信贷支撑起经济基础，但也最终导致了其衰退与危机。其一，新自由主义的效率原则与竞争机制，导致资本周转过程中的过度剥削。在20世纪七八十年代，新自由主义的效率原则与减税降费举措，导致资本从低回报率产业流出并流向高利润产业，这种以信贷支撑起来的经济模式也起到缓解债务、消减通胀的作用。但是到了21世纪之初，全球化大量转移了来自第三世界的剩余价值，这进一步刺激了更高水平的信贷增长。这就造成了一种"接力棒"效应：即随着经济的增长与扩展，获得成功的信贷模式也不断扩展。在这种情况下，新自由主义模式的扩张，与资本信贷的扩张亦步亦趋。由于新自由主义所建构的剩余价值全球转移，资本信贷的扩张在资本主义国家始终可以获得第三世界剩余价值转移的补偿，因而并没有立即走向资本的过度积累。但是在全球资本市场中，随着资本规模愈发庞大，既有的消费市场也愈发地趋于完全饱和，资本市场回报率也趋于明显下降，信贷资本的超额剥削问题就凸显出来，并威胁到资本周转过程。

具体来看，全球的资本信贷的扩张所依托的正是美元资本建构的货币化金融体系，其实质上以美元为载体的货币化信用输出：即以美元债务与美元信贷为主导的经济增长模式。在这种情况下，拉动全社会资本运作的主要因素是信贷与服务，后者是按照市场预期炒作资本与资产价格，并以此来维系当代西方的经济繁荣。在20世纪末，美元的货币化信用资本输出体系仍然可以依靠全世界范围内的剩余价值转移来支撑。随着在金融领域投机资本越来越多地攫取资本周转中的剩余价值，社会总资本的实际价值与由信用支撑起来的名义价格之间的鸿沟越来越大。于是，在资本全球化过程中，就产生了一种怪象：即一方面是华尔街各种金融交易市场中屡创新高的金融衍生品与房地产资产价格,一方面则是并无显著起色的实体经济,新自由主义模式下的货币金融体系也因此走向虚假繁荣的泡沫经济①。2007年以后,随着全球金融危机的爆发,新自由主义模式走向衰退,既有的多元化的美元金融体系在动荡的金融市场中被不断削弱。2017年,随着美国对中国发动的贸易战争的爆发,新自由主义所奉行的自由市场、效率与公平竞争的原则被打破,新自由主义体系于是走向崩溃。

---

① See Charles R. Morris, *The Two Trillion Dollar Meltdown: Easy Money, High Rollers, and the Great Credit Crash*, US: The Perseus Books Group, 2009.

第 三 章

从解剖政治到生命政治学：西方现代性重构

  这里应该避免某种程式化——顺便说一下，马克思不会犯这样的错误——即把权力局限于国家机器，把它看成是一个阶级对另一个阶级的主要的、特权的、甚至是唯一的权力工具。在现实中，权力的实施走得要更远，穿越更加细微的管道，而且更雄心勃勃，因为每一个单独的个人都拥有一定的权力，因此也能成为传播更广泛的权力的负载工具。①

  晚期福柯不仅在资本逻辑的历史性中洞察了新自由主义的现代性特征，而且从权力维度揭示了当代资本主义的社会性。不同于资本逻辑所展现的资本结构化具有的历史性特征，当代资本主义还具有历史性不显著的社会性方面。于是在西方现代化中，资本逻辑所赋予的流动性建构历史性，权力维度的固化特征则构筑起社会性。前者推动西方现代化的转型，后者则沿着转型的轨迹不断重构西方现代性。而在权力维度中，不仅有从解剖政治到生命政治学的发展，而且形成了通向名为治安（police）的当代资本主义规范性。规范性

---

  ① Michel Foucault, *Les mailles du pouvoir*, *Dist et Écrits IV*, Paris: Gallimard, 1994, p. 208.

的产生过程，并非仅仅是资本逻辑驱动的历史过程，而且是一系列复杂的社会经济政策施行的结果。在政治经济学批判的视域中、在具体的《资本论》文本中以及在历史唯物主义的主体向度中，"资本逻辑"不仅意味着资本主义生产方式的扩展，而且意味着权力维度的建构性展开，后者相对独立于资本逻辑。而市场正是这样一个实体，它一方面固然是资本逻辑的产物，但同时又是权力维度下的造物，并因此有了从解剖政治到生命政治学的发展。就此而言，晚期福柯沿着权力维度的批判性思索，是对于政治经济学批判的重要补充，丰富了解构西方现代性的哲学视域。

第一节 解剖政治

正是在讨论权力维度的思想论域中，晚期福柯才与马克思的思想语境相融合。纵然马克思所直面的是 19 世纪的资本主义，而晚期福柯所面对的则是 20 世纪的当代资本主义，二者的思想境遇相差百年，其各自的观点本应大相径庭。但是一旦讨论 17、18 世纪的商品经济与自由主义等问题，福柯就会高度认同马克思，并在马克思对工厂制度、监狱制度以及军队的分析中揭示出资本主义生产方式对工人的微观强制，后者也就是解剖政治的内容。

一 生命与权力的谱系

同样是考察资本主义，为何福柯并未如马克思一样去深究资本主义生产方式，转而去考察权力维度？这是因为从早期到晚期的福柯思想，都一直在关注社会性在身体之上的规范性表征。所以福柯理论视角的独到之处所采取的是生命与权力的角度，就在于去阐释当代资本主义中生命与权力的关系，而不是仅仅孤立分析权力技术。

考察晚期福柯对于当代资本主义权力与生命关系的理解，其基本前提是福柯按照谱系学的方法进行对权力维度的考察。福柯的谱系学并非是一种抽象的、纯粹哲学的思辨方法，而是直接地指向具体的社会科学研究，是去考察社会施加于身体的权力效应：

（1）福柯关注压迫、管理、调节等权力技术等施加于身体之上的权力机制（mécanismes de pouvoir/Mechanik der Macht），并考察了这些权力机制实施的权力意图[①]。

（2）福柯关注权力意图背后那些推动西方现代化进程的历史动机。在前资本主义时期，权力意图的形式表现为一种景观的政治：即以示众的方式警示任何企图威胁王权和天主教权威的行为。为实现这种权力的意图，酷刑就是最为典型的权力机制，通过火烧、斩首、车裂等等恐怖的方式施行。表面上看是为了消灭反抗者，实际上是为了警示被统治者。在前资本主义时代，不仅有酷刑的权力机制，还有惩罚（punishment）的权力机制。而惩罚的权力机制所针对的并非是反抗者，而是行为轻微的普遍大众。惩罚所诉求的仅仅是令受惩罚的对象认识到自己所犯的错误，并引以为戒，从而达到驯服的目的。所以在惩罚背后的权力意图是司法政治，是依据约定俗成的法律基础来运行惩罚的权力机制。

而到了资本主义时代，随着宗教改革、启蒙运动与大革命对西方现代化进程的推进，酷刑式的政治模式被淘汰，司法政治则被资产阶级重新建构。但是司法政治仅仅能够约束资本主义社会中的常态，却无法解决资本主义社会中的非常态。不仅如此，随着资本的扩张，资本诉诸剩余价值的剥削与积累要求对于劳动者的训练和管理。因此，在资本主义社会产生了规训（principle）的权力机制。这种权力机制以监狱中的监视、军队中的纪律以及工厂中的制度等为典范，通过对人的身体的强制与压迫来达到驯服的目的。规训背后的权力意图是一种对人体的解剖政治（anatomo-politics），是通过对人的动作、行为、思想的细节控制和强制来达到规训的权力效果。

[①] See Michel Foucault, *Discipline and Punish*, translated by Alan Sheridan, New York: Pantheon, 1977.

因而规训的性质是一种生命权力（biopouvoir），而解剖政治则是一种微观政治学（micropolitics），是资本主义的"无声的强制"。当资本主义社会产生出规训的权力机制之时，就已经意味着当代资本主义对于人的控制深入到身体的层面。规训不同于惩罚的权力机制，惩罚仍然属于司法政治的范畴，是以法学意义上的法人为对象。法学意义上的人实质是人的社会属性，而不是人的身体。而作为生命权力的规训则不同，它的对象是人的生物学意义上的身体。因此，解剖政治与司法政治已经属于不同的两条路径。在这两条路径中，尽管在资本主义社会同时存在着规训与惩罚的权力机制，但是二者完全是属于两个线索下的权力机制。由此可见，福柯正是用谱系学的方法区分了惩罚与规训的不同。

同时，晚期福柯用谱系学区分了规训与治理技术。治理技术的权力机制虽然也是出现在资本主义社会，但是却不同于规训的权力。18世纪以来所出现的治理技术（gouvernementalité），其权力意图在于缓解资本积累与扩张过程中的矛盾与危机。彼时，资本主义治理从工厂扩展到消费、教育、医疗等领域，最终形成庞大的市场系统。正是由于20世纪资本主义危机的爆发，新自由主义才会一步步扩展到整个世界范围。对于治理技术来讲，西方现代化的对象从工人阶级扩大到全社会的成员，是以全社会成员的治安为意图，即为生命政治学（biopolitics）。生命政治学实质上是后福特制以来的西方现代化意图之载体，其形式是人口学、统计学、管理学、安全与医疗等公共管理科学。通过生命政治学，当代资本主义直接对全社会个体之身体的基本社会生存条件进行统筹与调节。在这些不同知识形式所支撑的那些具体的、实施着的方式方法、规范政策等，也就成为当代资本主义实施治理的权力机制——治理技术。生命政治学与治理技术的作用机制，是近乎宗教信仰的认知常识，直接地在每一个体上发生作用。也就是说，在每个社会个体认知层面所认可的，关于资本主义社会治安内容：如保险、医疗保障、社群等观念以及配套的在国家与社会层面管理的一系列知识，这就是生命政治学以及治理技术发生作用之处。所以,个体是主动接受生命政治学与治理技术,这一权力机制就表现为非强制的,而非强制的、压迫的。不论是生命政治学还是治理技术,都是资本主义社会的权力意图与权力机制。可以说,生命政治学是当代资本主义无主体的总体性。在这一理论意义上,治理技术同样属于生命权力的范畴,但生命政治学却与解剖政治属于不同的权力意图。

(3) 因此,尽管福柯系统解析了规训、治理技术、生命权力、生命政治学等范畴,但他的解读也存在诸多误读,并且这些误读最大的问题就是非历史的诠释倾向。一种误读容易把这些范畴作孤立的理解,即认为规训、生命权力等权力机制各自不同、泾渭分明。另一种误读则认为,从惩罚、规训到治理技术的发展背后存在一条线性特征的历史线索,在各个权力机制之间存在渐次的线性关系与替代关系。而这两种误读几乎都是忽视了福柯的谱系学,而仅仅基于特定形式和范式出发去理解晚期福柯对于权力与生命关系的解读。而事实上,福柯所看到的是一个完整的西方现代化的权力谱系:即有的权力机制在资本主义社会中退场(如酷刑的权力机制),而有些权力机制以及权力意图,则从前资本主义社会中得以保存下来(司法政治与惩罚);并且随着资本主义的扩张,资本的剩余价值的剥削与积累中的矛盾不断扩大,西方现代化的需要不再满足于法权意义上的人格对象,而是直接地指向人的身体与日常生活。在这一背景下,生命权力与微观政治学才得以诞生,并且成为西方现代化的基础。而在生命权力与微观政治学中,从解剖政治到生命政治学的推进,意味着资本主义对于身体的治理深化了。在这一意义上,必须厘清福柯是如何理解西方现代化的,才能理解晚期福柯关于生命与权力的各种范畴。

相反,如果不理解福柯的谱系学,则必然会误解福柯对生命与权力关系的剖析。这是因为,晚期福柯为区别于宏大叙事与历史决定论的线性模式,才采取了谱系学,进而展现出资本主义演变进程中的多线索状态。简言之,资本主义的发展不是单线程(single-threaded），而是多线程（multi-threaded）。尽管治理技术与生命政治学的出现有一个历时性的过程，但是伴随着这个历时性的过程，司法化、规范化这两个不同进程在推进，而这些多线程的总和所形成的合力才推动着西方现代化。正因如此，福柯才会强调从一种管治理性的历史出发的现代国家及其不同机制的谱系学，而不是将规范性的重要概念拿出来单独阐释。

在此意义上，理解福柯对当代西方权力维度的剖析，需要避免三个误区：（1）当代西方的权力维度不等于异化的逻辑。无论是黑格尔的精神内在矛盾运动外化为历史辩证法的环节，还是青年马克思所论述的劳动异化批判理论，抑或是尼采的末人政治，再或者是海德格尔所批判的历史异化过程对人之本真状态的遮蔽，都指向对于西方现代化以来文明危机的揭示，也都对这一重大命题做出了深刻的反思。因此，这些思想源流在不同程度上也都可以说是对异化逻辑的批判，也都看到了异化逻辑对自由的消解，后者也造成了虚无主义的文明深渊。而权力维度相反，它强调当代资本主义对人的生活的规范化，强调社会管理本身满足人的基本生存和生活需要。因此，尽管权力维度从解剖政治到生命政治学的发展使得自由趋于消解，但是其本身也保有和重建了资本主义，并因此成为西方现代化进程中的内在环节。

（2）权力技术在当代西方的施行也并不能与物化逻辑画等号。物化逻辑是在政治经济学思想中所揭示的资本逻辑环节，是马克思所揭示的商品拜物教及其现实化过程。物化逻辑的现实前提是资本主义商品经济，后者在战后发达资本主义国家中表现为庞大的消费社会现象。从卢卡奇到法兰克福学派对物化逻辑的批判，揭示了这样一种历史现实：随着福特制资本主义的发展与转向，西方商品经济升级为消费社会与福利国家。物化通过对工人阶级的消费欲望的建构，使得工人阶级的阶级意识被商品化，从而将自身的日常生活无意识镶嵌到资本周转的消费部类环节中，并将工人阶级的主体性遮蔽于资本的同一性中。而权力技术施行则是另外一回事，它尽管可以实现欲望，但却不是欲望本身，更不是欲望的生产过程，而是理性的建构过程。在后福特制资本主义，工人阶级在工厂中逐渐地边缘化，工人阶级的生活依附于资本自身的实现过程。因而，资本主义社会所面对的不再是不同阶级的对立，而是原子化的个体，是在资本"上帝"面前没有差别的"信徒"。所以，权力技术施行这件事情，是通过理性达到对人的认知的建构和塑造，以实现对人的管理。在这一历史意义上，生命政治学发生在认知层面，使得工人阶级主动地融入西方国家治理体系中，阶级主体性也就此被逐渐消解。

（3）权力机制并不都是强制性的，如治理技术就不同于意识形态国家机器的强制，而是来自非强制的生命政治学。如果说意识形态国家机器意味着建构国家主体，结构的存在否定了国家作为主体的实在性。那么生命政治学则意味着否定意识形态国家机器的实在性，认为权力技术制造了国家权力的功能效应。这意味着对结构本身的否定，是对客体的否定，这也就是解构在社会实在层面的表现。如此看来，生命政治学的基本形态不是建构一种自觉的政治性意识，比如阶级意识、民族意识之类的结构性意识，而是界限比政治意识更为基本的常识的建构，包括对日常生活、自然与社会、个性与偏好，这些是非结构的、非主体的、个体的。这种囊括生命政治学内容的常识，大都是关乎于个体日常生活的经济学部分。因此，生命政治学的范畴并不局限在国家意义，而是有明确的社会向度，只是福柯是将资本主义理解为主导这一西方现代化转型的"主导者"。如果说意识形态国家机器所要达成的，是通过国家宣传机器把大众意识与国家意志融合在一起，其形式是灌输的、传播式的。而生命政治学则不同，这种意图是基于社会大众基本生活需要的健康、安全、教育等。其形式是由政策的出台，引导、诱导大众进入规范性之中。另一个显著的不同就是，作为意识形态国家机器的对象，阶级是有意识的社会人格化存在。而在生命政治学的管理体系中，大众则表现为非人格化，而只是作为总体管理中的人口状态去存在。由此可见，生命政治学管理下的大众实际上处于完全的"驯服"状态，他们不是失去意识，而是有意识地融入西方现代化。

二 规训：微观强制

在《规训与惩罚》中，福柯从权力技术的线索考察了资本主义社会中的权力效应，通过发现作为现代权力技术的规训，并揭示了其背后的意图：即控制人的身体的解剖政治。也是由于对规训的发现，福柯进入到当代资本主义的神经末梢，从而揭示出微观层面的权力的强制。

规训是控制人身体的微观权力模式，是 17、18 世纪以来，出现在工厂、军队等场所的典型权力技术，是对于人活动、生活等细微之处的身体驯服。在晚期福柯的语境中，规训所以被发现，是因为福柯基于谱系学方法去考察西方现代化，他将体现在人身体上的规范化过程梳理出来，揭示了权力技术产生、分化与演进的谱系。在此前提下，福柯把握到西方现代化与规范化的同一性，后者的构建不仅来自于资本逻辑的矛盾运动，而且还来自于权力维度的结构化发展。而这种规范化发展的结果，是前现代的酷刑技术走向枯萎、惩罚技术得以延续，现代性的规训与治理技术发展出来，并构成当代资本主义结构化的基础性的权力技术。

在晚期福柯的语境中，规训的出现是现代性诞生的一个标志。规训作为权力技术是"史无前例的"，是现代性对前现代性"间断"的表现。规训在其历史规定性上有三重性质：其一，规训的权力技术是直接作用于人的身体，而不是作用于法人、自然人、经济人与理性人等（如惩罚就是作用于法人），后者是人在社会中的抽象人格、人的身份与人的社会关系。规训的对象是人的身体，而不是抽象人格，因此规训的权力效应也是在人的身体上展开，体现为对人的活动、生活等方面的控制。正如福柯所说："它们不是把人体当作似乎不可分割的整体来对待，而是'零敲碎打'地分别处理，对它施加微妙的强制，从机制上——运动、姿势、态度、速度——来掌握它。"① 因此，规训发生作用之处不在于宏观权力模式下的场域（如建立在司法、权威或者军队等基础上），规训是以一种微观权力技术——"微分权力"（infinite small power）——去发挥作用。其二，规训发生作用的方式，是在人身体上做文章。直白地说，是对人的"驯化"。因此，规训的潜台词是：不把人当作人看，而是作为机器去看，后者则是遵循生物学意义上的解剖机理。所谓"庖丁解牛，目无全牛"，恰好可以形容规训的权力机制。当规训的方式实施下去，就意味着使得人的活动方式完全对应着机器发生作用。规训的典型方式，是纪律，其典型的场所是在工厂、军队等。因此，服从纪律、遵守规则，这就是规训。其三，所以规训必须是持续不断地对人施加，才能够达到驯化的状态。因此，规训一个必要条件是对人的监控。也就是说，在工厂、军队等场所，往往都是把人进行集中化的工作、生活安排，这都是客观上满足监督工作、军事训练等的需要。也因为如此，规训的方式是一种无声的强制、无孔不入的压迫。因此，规训通过对人的微观强制，实际上是提高了工厂生产力、军队战斗力等，规训所制造的规范化的过程，也客观上提高了人在这些场所中的力量，譬如更高效的工作能力、更强大的作战能力等。规训在这一意义上，本身就是被精心谋划好的。

三 所谓解剖政治

规训是资本主义规范性建立的权力要素，所以规训本身体现了这样一种规范化的意图，这种意图被福柯描述为"解剖政治"（或作"政治解剖学"，anatomo-politics）。直接来说，福柯所说的解剖政治，就是指：以碎片化的形式去控制人的身体的一整套策略。按照福柯的理解，规训的原型来自于监狱管理中的技术，而这也是解剖政治诞生之处。但是细究起来，解剖政治的诞生背后有深刻社会变革的动因，直接地来说，就是西方现代化进程中的权力重建过程：

---

① ［法］米歇尔·福柯：《词与物》，上海三联书店2016年版，第155页。

其一，解剖政治是现代性的产物，是规范化过程中的一个环节。解剖政治是规训的微观意图所在，解剖政治就意味着从解剖学的角度去看人，把人作为一个解剖对象去理解，进而去管理，所谓"庖丁解牛，目无全牛"大抵也是这个道理。而如果把解剖政治放到社会场域中，最典型的例子就是监狱中的全景监狱构造。以惩罚为手段的那部分监狱构造，更多的是为了制造令囚徒们痛苦和警戒的场景，因此惩罚就意味着禁止的界限。但是全景监狱的构造则不同于为了惩罚建立的监狱，其目的就在于能够将犯人的活动、行为与动作等尽收眼底，如此一来，就方便于从方方面面去控制犯人。从广义来看，解剖政治尽管也是强制性的，但是并不是简单为了设定禁止的部分，而是要通过微观强制去"教育"犯人，以达到驯服的目的和效果。换言之，解剖政治既不想去实质上伤害人，更不想要完全消灭人，或者是把人彻底推向权力的对立面。相反，解剖政治想要改造人，使之重新成为能够为社会创造价值的力量。

其二，从解剖政治展开的空间来看，不仅要求在身体上达到驯服，而且要求驯服的人能够进入社会中，成为社会规范化的一部分。所以，解剖政治在空间上具有双重性：即体现在身体之上的规范性，以及已经被规范好了的身体进入社会之中进一步改造社会——规范的过程（规范化）。比如在工厂中，生产过程对于工人的训练本身使得工人的专业素质得到极大的提高，这种提高转化为工厂的效能的提高，就是生产力。而在福柯的语境中，规训的出现实际上是在机器化大生产的时代，工厂中的规训的直接目的是令工人的劳动能够按照机器运转的方式进行标准化。在这一意义上，工人的劳动从属于机器，工人从直接的生产者变成通过机器中介的生产者。而被规训、被机器化的工人回归社会生活，其思维、生活与行动的改变也会改变社会的样貌。如此一来，也会需要一个与之相适应的纪律、监控等模式的社会，规训就因此而扩张开来。

其三，解剖政治实质上是西方现代性的结构性部件，是当代资本主义规范化的必要环节。具体来说，规训尽管是在生产空间中发生作用，但是其社会化趋势确实随着生产的扩大而成为资本扩张的客观需要。按照政治经济学批判的视角来理解，资本主义生产方式的扩张是资本增值的内在必然要求——资本逻辑的要求，也就必然导致生产空间制造了生产的社会化，即全社会的机器化大生产及其对于社会生活的改造。而从解剖政治的角度来看，生产的社会化也必然导致另一个结果，就是社会的生产化。换言之，正是由于资本主义生产方式的普遍化，进而产生了社会空间改造的客观需要，而这种客观需要的具象化形式就是解剖政治。在这种情况下，规训的技术也就蔓延在社会空间的各个角落。在这一意义上，规训的权力效应表现为人身体上的规范性，而从那些作为规训背后之意图的解剖政治来看，资本主义就需要这样一个社会化的过程，这也就是规范化的过程。

因此，当福柯把规训与解剖政治揭示出来的时候，实际上就是已经进入了当代资本主义规范化过程的审视，后者也是西方现代化权力维度的显现。我们甚至可以说，早期福柯所一直执着的规范性，实际上是当代资本主义规范化的具体体现，因此从规范性这个角度来讲，福柯早期到晚期的思想也存在着清晰的脉络。个体之上的规范性，在解剖政治的视角来看，就是规训的结果的表现。值得注意的是，尽管解剖政治与规训是在生产空间向外扩展的，但是作为规训背后的意图，解剖政治的普遍化却不完全由生产空间决定。事实上，当代资本主义规范化的问题，是福柯在无意识过程中所触及的。福柯注意到了机器化大生产与解剖政治、规训之间的联系，但是他没深入探讨机器化大生产的产生是由于劳动力商品价格平均化所导致的。也就是说，机器化大生产不是单一生产扩大的结果，而是由于商品价格机制成熟以后所产生的东西，而这样的价格机制从历史来看，是货币资本发达以后才能够建立起来的。换言之，货币化资本重新建构了价格机制，从而变革了工厂生产，进而产生了规训与解剖政治。由此可见，如果仅仅从生产层面理解机器化大生产的扩张，就讲不通价格机制的决定因素，后者只能在资本流通层面的货币资本决定。所以，晚期福柯对于规训等问题的理解，是从货币——资本流通——的层面出发解读的，这与早期福柯从商品——资本生产——层面理解政治经济学的做法，就完全不同了。但是也应当注意到的是，福柯并没有直接地从资本生产与流通的差异性上去解读。因此当福柯理解西方现代化的时候，权力维度是他主要关注的部分，而那些资本逻辑的部分尽管有所涉及，但并没有完全展开，也没有被福柯视作是西方现代化过程中的决定性力量。

第二节 生命政治学

不论我们如何讨论生命政治学，都必须承认福柯理解这一范畴的特殊历史境遇，是新自由主义的历史性崛起。新自由主义与西方现代性的关系构成一种"冰山效应"（Iceberg Effect），新自由主义如同水平面上的冰山，而西方现代性则是藏在水面以下的"冰块"，后者比水面上的"冰山"还要大得多，并且也会制约着水面上冰山的状态。按照这种比喻来讲，西方现代性也历史性地决定了新自由主义的发展。因此，要理解晚期福柯对于新自由主义的理解，就需要从谱系学出发才能逐一理解其对于生命政治学、治理技术等范畴的理解。从新自由主义的历史逻辑来看，晚期福柯仍旧是在西方式现代化的历史视域中理解新自由主义，并揭示出新自由主义实质是20世纪资本主义面对自身危机所提出的解决方案，是资本逻辑的新阶段。不仅如此，晚期福柯并不是从经济学的维度剖析新自由主义的扩张，而是将新自由主义看作是西方现代性的典范。他基于对新自由主义在西方崛起的历史性剖析与判断，分析了战后资本主义国家的新自由主义政策的推行与实施的过程，并且回溯了当代资本主义国家为何采取了新自由主义的形式①，并由此产生了治理技术与生命政治学的历史。

一 治理技术：非强制权力

治理技术（gouvernementality）是在经济层面发挥作用的、具有调节性质的权力，按照福柯的看法，治理技术是"权力中一切可能带来有效的生产、丰富的战略和肯定性的东西"②，它构成了当代资本主义的权力基础。因而，生命权力作为经济性的权力，是生命政治学作为一种意图去实现的中介。换言之，生命权力也是当代资本主义在经济层面进行干预和调节的具体效应，同时也是新自由主义实施的一个前提。

治理技术作为非强制的权力，是权力经济学的最直接表现。不同于马克思基于资本逻辑讨论资本的生产与再生产，权力技术是福柯在权力维度中的发现。两种看似迥然不同的理论视野之间，实则面对共同的论域：即西方现代化的历史进程。就此而论，马克思与福柯的歧见实则是"视差之见"。所谓"视差之见"（parallax view）③，是指在不同位置观察同一事物的时候，所产生的差异或裂口。这就面临一个问题转化：不是哪个视角"正确"或接近"真相"，而是由于观察位置改变造成的"视差之见"不可避免。这一

---

① 参见［法］米歇尔·福柯《生命政治学的诞生：法兰西学院演讲系列1978—1979》，莫伟民、赵伟译，上海人民出版社2010年版。

② Histoire de la sexualité: Vol. 1, "*La volonté du savoir*", Gallimard, 1976, p. 114.

③ "视差之见"直接来自于柄谷行人"视差"（parallax）概念。在《跨越性批判——康德与马克思》中，柄谷行人反思了当代哲学政治学的"元叙事"，他指出他们的症结源自于对康德"二律背反"的错误处理，对"二律背反"进行化约（包括辩证的综合）的处理，这样就产生了基于不同形而上学化约后的对于同一事物的"视差"——"二律背反"的不可消解。柄谷行人基于对于"物自体"的理解，指出这并不是一个超出我们理解的先验实体，而是只有凭借现实经验不可消解的"二律背反"特征才能辨认之物。因而，柄谷行人强调要基于这种"二律背反"的不可消解出发建构一个基本的批判立场。参见［日］柄谷行人《跨越性批判——康德与马克思》，赵京华译，中央编译出版社2011年版。

在"看"中浮现的差异,源于事物本身。因而,齐泽克指出:"主体与对象内在地'缠绕',使得主体之视点中的'认识论'的转换始终反映出对象自身的'本体论'转换。"① 这实际上意味着"视差之见"不是主观的认识论层面问题,而是客观实在的现实状况,而马克思与福柯之间就是一种"视差之见",是对于西方现代化的不同观察。

但是,福柯与马克思之间的"视差之见",并不意味着二者是没有交集的。事实上,在马克思对资本逻辑的剖析中,也包含着对权力维度的分析,也有对权力技术进行的讨论。在资本逻辑的视域中,资本主义生产方式的历史性布展也包含着权力构建的过程。在《资本论》中,马克思资本主义生产方式的历史性论述,并未区分出工业与日常生活的领域。马克思看到了工业对日常生活的影响,但并没有对此展开全面的论述。首先,资本是通过暴力的方式——"征服、奴役、劫掠、杀戮,总之,暴力"——进行资本的原始积累,并以血腥的立法,以酷刑的方式惩罚被剥夺者、劳动者的反抗行为②。在这一阶段是对劳动力的掠夺;而到了工场工业阶段,生产力的提高以对劳动力使用效率的提高为手段:即以工场中的法律、纪律的微观的规训的方式,"增加了一定时间内劳动力的支出,也就是提高了劳动强度"或者是"减少了劳动力的非生产耗费。"③ 这里的劳动者由于被规训,而成为在工场中的彻底的劳动力,无疑是深化了资本主义生产方式的统治;在机器大生产阶段,则是出现了以对劳动力的调节方式,将整个社会人口纳入资本主义的生产系统,这是一步极大的扩张。这体现在相对过剩人口、产业后备军的出现,他们虽然没有工作的群体,但是依然是作为已经就业的劳动者的"替补队员"——包括作为劳动力和后备劳动力的妇女、儿童——的

---

① Slavoj Zizek, *The Parallax View*, Cambridge, MA: MIT Press, 2006, p.17.
② 《马克思恩格斯全集》第44卷,人民出版社2001年版,第820—851页。
③ 《马克思恩格斯全集》第44卷,人民出版社2001年版,第390—426页。

存在。这种调节不是以强制的方式，也不是以微观的规训，而是以教育、健康、福利的方式把整个社会的人口以劳动力的方式管理起来，从而形成了劳动力的内在的竞争机制①。在这一阶段，完成了劳动力对资本的实质从属（real subsumption）。而所谓的过剩人口的相对性，就在于这是资本主义生产方式调节的结果、是治理的手段——治理技术。马克思实际上看到了福柯发现的资本主义在经济层面对于人的统治，是以对身体的治理的形式出现的。在此意义上在《资本论》中就有很多资本主义对于工人阶级的管理模式的论述，而在这些管理模式中都可以找得到对于工人身体的直接管理，这些手段无疑就是福柯所发现的治理技术。

总的来说，治理技术作为一种权力的社会实在，具有三重历史意涵：（1）大量的相对过剩人口、产业后备军的出现成为当代资本主义的权力的基础；（2）大批的过剩人口形成了劳动力的竞争机制，使得劳动者不自觉地接受机器化工场对于身体的规训；（3）随着资本主义生产与再生产的扩张，妇女和儿童——以教育、家庭等形式——被纳入到生命政治学所注视的范围之中。正如斯塔罗斯塔所指出的，受教育的义务和妇女在婚姻中承担对家庭的无偿劳动等无不是服务于整个当代资本主义的治理体系②。因而，福柯对生命政治学的反思不但不是对政治经济学批判的替代，而且是以福柯对政治经济学的理解为基础，以对资本主义的整体性考察为内容而展开的。在这一历史意义上，生命政治学是对政治经济学批判、资本逻辑的补充。在马克思那个时代，资本主义生产方式依旧是以体力劳动（manual labour）为支撑的机器化大工业阶段。而福柯所身处的20世纪70年代以后，资本主义生产方式发生了巨大的变化。在工厂中，出现了体力劳动完全让位给全自动体系的机器作业的状况。脑力劳

---

① 《马克思恩格斯全集》第44卷，人民出版社2001年版，第427—580页。
② In *Marx's Laboratory: Critical Interpretations of the Grundrisse*, edited by Riccardo Bellofiore, Guido Starosta, and Peter D. Thomas, Leiden: Brill, 2013, pp. 233 – 264.

动成为工厂体系的支配者,这使得劳动者的生活与直接的资本主义生产体系发生分离,工人被驱赶到日常生活之中,并直接面对当代资本主义的治理体系。这恰恰是福柯所看到的,并为后来的奈格里、哈特、阿甘本等人紧紧抓住,构成他们政治哲学理论的内在前提和论点①。

尽管福柯区分了生命权力与规训、惩罚的权力的不同,但他也意识到治理技术所具有的总体性是更深层的社会性构成。福柯直接地把治理理解为:"从对人进行治理的新的整体技术(nouvelle technologie générale)开始,国家才具备了我们今天所认识的国家的形式"②。治理技术并不能被规训替代,而是与之合谋,甚至在不同的层面重构与发挥作用,他们源自于并服务于自由主义管治的自发的、整体性的机制。而生命政治学则是治理技术之为总体性其背后的意图,在福柯看来,这体现在三个方面:其一,以政治经济学为形式,以人口为对象,以治安、安全机制等对人的身体的调节为权力。其二,是这种调节的权力以治理技术的方式扩展开来,从而在惩罚、规训的权力形式中占据主导的位置。尽管三者是共存的,但是治理技术成为主要方式,成为主导。其三,则是这样的结果是传统的以司法为主要手段的国家治理模式,转向了以治理技术为主导的行政国家③。对此,阿甘本做出总结,认为福柯在呈现出现代治理技术下的权力的谱系:

> 福柯区分了权力关系史上的三种不同的模式:法律体系对

---

① 在奈格里、哈特那里,脑力劳动(intellectual labour)、认知劳动(cognitive labour)被寄予厚望,存在超越资本的潜在性;而在阿甘本那里则隐而不发,转向到对于政治学元理论的形而上学建构。而无不成为他们理解当代的前提。
② [法]米歇尔·福柯:《安全、领土与人口:法兰西学院演讲系列:1977—1978》,钱翰、陈晓径译,上海人民出版社 2010 年版,第 104 页。
③ [法]米歇尔·福柯:《安全、领土与人口:法兰西学院演讲系列:1977—1978》,钱翰、陈晓径译,上海人民出版社 2010 年版,第 64 页。

应于领土主权国家的制度模式，而这个体系通过一个界定了什么允许，什么禁止的标准码来进行自我定义，最终这种体系建立起惩罚体系；规训设置对应于规训性的现代社会，其按照法律要求，将一系列的监控、医学和监狱技术付诸实践，其旨在规制、纠正和塑造主体的身体；最后，安全机制对应于当代的人口国家及其新型实践，这种实践，福柯称之为"人的治理"。福柯小心翼翼地强调说，三种模式并不是在年代上的承接关系，或者在一个时代中彼此相互排斥，而是共存的，它们以某种方式彼此铰接在一起，不过，在每一个阶段上，其中一个构成在该阶段上的支配性政治技术。①

阿甘本的判断揭示了三种权力谱系的共时性，他们并不互相排斥，相反在经济性的生命权力的基础上，在治理技术的主导下，其他的权力被建构起来了。由此，生命政治学在当代的三条路径也形成了：即人口、主权与安全，这也成为后来奈格里、阿甘本与埃斯波西托等理解、批判和阐释生命政治学的锚点。

二　生命政治学的诞生

生命政治学从构想到提出的研究历程，始终坐标于福柯的晚期②。

可以确定的是，尽管福柯在 1979 年才讲授"生命政治学的诞生"课程，但是福柯早在 1974 年就提出了生命政治学的相关概念。有证据表明，福柯最早对于生命政治学的阐发来自于他对于资本主

---

①　Giorgio Agamben, *The Kingdom and the Glory*, Stanford University Press, 2011, pp. 109 – 139.

②　晚期福柯这一定义来自于张一兵的《回到福柯》，其中他基于对福柯在 20 世纪 70 年代的思想"断裂"，象征性地定义福柯学术生涯的最后十年。张一兵：《回到福柯：暴力性构序与生命治安的话语构境》，上海人民出版社 2016 年版，第 431—433 页。

义社会医疗系统的批判。在 1974 年，福柯在巴西圣保罗大学"社会医疗的诞生"的讲座中最早论及了生命政治学的议题①。福柯通过对 18 世纪以来的生物学史、医疗体系变迁历史的梳理，揭示了西方现代化中权力维度的线索，这为福柯提出生命政治学起到了重要铺垫。事实上，福柯对于生物学史、医疗体系变迁历史的探讨，与他当年申请法兰西公学院教职的研究计划是吻合的。而福柯所以研究生物学与医疗体系的历史，并不是说他要做专业的医学研究，而是为了推进其对规范化的研究。值得注意的是，在福柯对于医疗体系的研究中，他所关注的是国家力量在何种意义上参与医疗体系的构建，以及这种医疗体系的构建采取了什么样的具体形式②。在这些研究中，福柯看到了当代资本主义对于个体身体的管理意图。福柯甚至找到了那些管理个体的具体的例子：如战后德国的医疗体系的建立，就迎合了国家将社会大众纳入其管理的意图。在这点意义上，福柯将这种介入全社会人口健康的政策意图，称为生命政治学（biopolitique），并且直接指出："医疗就是生命政治学的策略"③。

一方面，在晚期福柯的语境中，生命政治学在含义上的变化自始至终都不大。从福柯在 1976 年"必须保卫社会"中探讨资本主义社会的权力部署，到 1977 年"安全、领土与人口"中提出"生命权力"，到 1979 年"生命政治学的诞生"的讲座上提出自由主义管治下的生命政治学，福柯对生命政治学的阐释都是在当代资本主义——新自由主义——管治的背景。在福柯看来，生命政治学是对人的生命的无孔不入的调节控制（controles regulateurs），而这种调节是以治理技术——知识的经验化——的方式展开的。他如是定义

---

① 参见丹尼尔·德菲尔的讲座《1974—1979 年间福柯作品中生命权力的突显》[*Emergence du biopouvoir* (1974 – 1979) *dans les écrits de Foucault*]。
② See Michel Foucault, *Dits et écrits II* 1976 – 1988, Paris: Gallimard, 2001, p. 208.
③ Michel Foucault, *Dits et écrits II* 1976 – 1988, Paris: Gallimard, 2001, pp. 209 – 210.

生命政治学：“我把它理解为从 18 世纪起，人们以某种方式试图使那些由健康、卫生、出生率、寿命、人种等这些在人口中构成的活人总体之特有现象向治理实践所提出的各种问题合理化。”[1]

另一方面，生命政治学在福柯思想那里的出场又是"断裂"的。而福柯思想中的这种断裂有两个方面：其一，福柯在"五月风暴"以后，察觉到了西方现代化进程的历史性转变：即当代资本主义从国家机器层面的宏观权力运转，下沉到个体认知层面的、隐形的、微观的权力部署（dispositifs），以实现生命政治学的对身体的全民管理[2]。简而言之，福柯看到了从福利国家转向新自由主义过程中的权力维度发展。1929 年的大萧条（The Great Depression）对遵奉自由市场的资本主义世界造成了近乎毁灭性的打击。在经济危机的重创之下，西方发达资本主义陆续选择了国家干预式的发展道路。二战后，凯恩斯主义的发展道路为西方带来了高速发展的黄金十年。但是进入 20 世纪 70 年代后，随着发达资本主义福利国家治理模式的内在经济危机的出现，凯恩斯主义失灵。在发达资本主义国家内部，打着"自由主义"大旗借尸还魂的政治力量卷土重来，新自由主义也顺势崛起[3]。

---

[1] See Michel Foucault, *La naissance de la biopolitique：1978 - 1979：Cours au Collége de France* 1978 - 1979, Paris：Seuil. 2004；［法］米歇尔·福柯：《生命政治学的诞生》，莫伟民、赵伟译，上海人民出版社 2011 年版。值得注意的是，在"生命政治学的诞生"中所使用的"生命政治学"（biopolitique）与"必须保卫社会"讲座中首次正式提出的"生命政治学"是一致的，在 1976 年的这一讲座中，大约 18 次使用 biopolitique。不仅如此，福柯对 biopolitique 这一概念的使用在 1977 年到 1978 年讲座"安全、领土与人口"（18 次使用）、出版物《性经验史》第一卷中也是始终如一、连绵不断的。参见［法］米歇尔·福柯《安全、领土与人口：法兰西学院演讲系列：1977—1978》，钱翰、陈晓径译，上海人民出版社 2010 年版，第 65 页；［法］米歇尔·福柯：《性经验史》，佘碧平译，上海人民出版社 2002 年版，第 94 页。

[2] 张一兵：《回到马克思：经济学语境中的哲学话语》，江苏人民出版社 2014 年版，第 442 页。

[3] 在 1978 年左右，美国、德国、法国等西方资本主义国家所采取的一系列新自由主义政策，直接成为福柯讨论生命政治学的现实背景。See Stuart Elden, *Foucault's last decade*, Polity Press, 2016.

第三章　从解剖政治到生命政治学：西方现代性重构　　115

其二，正如莱姆克所明确指出的，福柯在反思《规训与惩罚》中阐释了古典自由主义的"不太经济""无治理"的权力①，这一进展也使得福柯推进了对于新自由主义权力部署机制的理解：即关注到在权力规范化机制的背后，是康吉莱姆意义上的"规范是权力意图（prétention de pouvoir）的载体"②。换言之，部署作为一种规范化的机制，是相对于发达资本主义国家使用暴力的机器来说的，非暴力的、去中心的、积极的制造规范性的形式。这不仅不同于马克思对上层建筑的理解，而且不同于阿尔都塞给予"意识形态国家机器"（Ideological State Apparatuses）的解释。

事实上，福柯所以提出生命政治学与其对马克思的重新阅读密不可分。诚如福柯所说："我引用马克思，但我不说明，不加引号，并且因为别人无法辨别是否是马克思的文章，因此我被认为是不引用马克思的人。"③ 其实，晚期福柯经历了一次向马克思的转向（tum）。这被巴利巴尔指认为福柯对马克思"从决裂到战略联盟"的转变④。福柯所以转向马克思，是其在20世纪70年代反思"六八运动"（68er-Bewegung）、考察福利国家危机中进行政治学、经济学的视域融合（Fusion of horizons）⑤ 的结果。也正是在对于个体身上的规范性何以被生产的追问，使得福柯能够在对生命政治学的理解上附释以个体社会生存的客观物质条件。在法文中，Bio-politique"生命政治学"这个词，更确切的含义是"生物政治学"，它指的是

---

① ［英］莱姆克：《马克思与福柯》，陈元等译，华东师范大学出版社2007年版，第6—7页。
② Michel Foucault, *Les anormaux*, *Cours au College de france*, 1974 – 1975, Paris, Gallimard, 1997, p. 46.
③ Michel Foucault, Entretien sur la prison: le livre et sa méthode, *Magazine littéraire*, no 101, 1975, pp. 27 – 33.
④ 巴利巴尔指出，在晚期福柯的研究中，"从马克思那里获得的分析方法和概念也用得越来越突出"。参见《福柯的面孔》，文化艺术出版社2001年版，第459页。
⑤ 视域融合是伽达默尔提出的一个概念。See Hans-Georg Gadamer, *Truth and Method*, Continuum Press, 2004.

维持人在生物意义上的生命状态的管理。简言之，生命政治学就是"让人活"的管理学、统计学与人口学。而"生物政治学"所强调的"生物"，并非是指人的生理问题，而是一种对人的社会生活状态的类比：即生物的基本需要在于满足其生存所需的食物、环境等需要，而人的社会生活也如同生物一样有基本的需要，在资本主义社会中就表现为工作、医疗、安全、福利等。在此意义上，福柯对生命政治学的阐释是比喻式的，他引用中世纪神权下牧权政治的例子，暗示生命政治学对于人的管理就像牧羊人饲养羊群的逻辑。因此生物政治学所强调的"生物"指的是人的社会生活的基本需要如同生物生存所需要满足的基本条件，生命政治学服务于社会管理，就如同农学之于畜牧。从这里不难看出，福柯给予生命政治学以解释的方式，恰恰蕴含一种从个体社会生存、生活与发展之客观条件出发的论证思路，这与马克思的政治经济学批判所强调的生产维度不谋而合，也构成了一种特殊的"唯物主义"。

因此，当代资本主义采取生命政治学展开在社会与国家层面的管理时，生命政治学就体现为一种行动的意图。具体地来看，生命政治学的实施模式、手段与路径都指向对于人的社会生活的满足与保障，是为治理技术[①]。而由于生命政治学实现的中介本身具有"让人活"的基本属性，因此治理技术作为一种权力机制，就体现为经济性的权力效应，而生命政治学正是这一权力机制背后的权力意图。但是应当看到，生命政治学的本质仍然是将处于社会关系中的人从普遍交往的状态降格为互相孤立的碎片化状态。如此一来，个体向主体的凝聚就不复可能，剩下的只有丧失主体性的个体及其在生命政治学意义上被建构起来的个性。而在这样的生命政治学驱使下，人自愿地捆绑在维持生计的理性链条之上，进而在治理技术的驱使下主动取消了自己能够追寻个人全面自由发展的愿景。

---

① ［法］米歇尔·福柯：《安全、领土与人口：法兰西学院演讲系列：1977—1978》，钱翰、陈晓径译，上海人民出版社2010年版，第91页。

三 生命政治学与资本逻辑

由上可知,福柯对于生命政治学的剖析来自于他对西方现代化之权力维度的关注,这可以说是揭示了异质于马克思所揭示的资本逻辑的新视野。那么,我们能否就认为生命政治学与资本逻辑是没有交集的?更进一步地说,在构建当代资本主义的批判视野的意义上,能否用生命政治学批判取代政治经济学批判?这两个问题都是值得审慎商榷的。

一方面,生命政治学的批判视角之所以成立,恰好是因为福柯对于生命政治学的剖析,是以他对于政治经济学批判的深度理解、部分吸收与创造性发展为理论支撑的。晚年福柯就曾如是强调生命政治学与资本主义的历史性联系:"这一生命权力无疑是资本主义发展的一个必不可少的要素。如果不把肉体有控制的纳入生产机器之中,如果不对经济过程中的人口现象进行调整,那么资本主义的发展就得不到保证。"[1] 我们甚至可以说,福柯是将生命政治学视作当代资本主义结构之历史性发展的必要组成部分。具体来讲,福柯其实是意识到了生命政治学内化于资本主义生产之中。或者更恰当地说,生命政治学在资本的再生产过程中发挥作用,并以权力生产的姿态不断建构资本主义的当代形式,后者恰好是在政治经济学批判的论域之中的命题。正是在资本的再生产这个层面,福柯进一步指出:"它(资本主义)还要求增强各种力量、能力和一般生命的权力手段,而不至于使得它们变得更加难以驯服"[2]。正是在这一历史意义上,福柯与马克思实际上都是针对同一社会形态与生产方式所做的批判。如此看来,那些在一般意义上对待生命政治学的误区在于,他们虽然区分马克思与福柯所面对的批判对象不同:一个是对资本逻辑的剖析、一个是对权力维度的辨析,但是却武断地将马克

---

[1] [法]福柯:《性经验史》,佘碧平译,上海人民出版社2005年版,第91页。
[2] [法]福柯:《性经验史》,佘碧平译,上海人民出版社2005年版,第91页。

思视为宏观意义上的社会决定论，而仅仅把福柯视为微观层面的权力谱系学，所以才忽视了生命政治学与资本逻辑的隐微而重要的联系。

另一方面，生命政治学还反映出资本的历史维度。总的来说，生命政治学是福柯从1976年到1979年前后的科研主题。福柯第一次正式提出生命政治学是在1976年的"必须保卫社会"讲座中，他将生命政治学定义为"在18世纪下半叶，出生率、死亡率、寿命这些过程，与所有经济和政治问题相联系，构成了知识的首要对象和生命政治学控制的首要目标。"① 而在资本逻辑的历史展开过程中，也存在生命政治学。在劳动力再生产过程中，资本现实展开的过程是矛盾的。在资本矛盾过程中，劳动者的生活与生命是随着资本的生产与再生产扩大而愈发被吸纳、被支配、被操控。具体来说，马克思就是在考察资本主义产生的过程中，发现了资本主义生产方式确立的同时也在不断吸纳劳动者，并将具体的、充满差异的与属人的活劳动转换为抽象劳动力②。在这一过程中，资本主义不仅是不择手段的逐利者，还是步步紧逼的控制者，并最终产生生命政治学，这体现为三个方面：

其一，在资本的原始积累过程中，是以暴力的方式对生产资料进行掠夺，一方面获取了直接的剩余价值，另一方面制造了大量失去财产的、可以出卖劳动力的自由劳动者。马克思指出："所谓原始积累只不过是生产者和生产资料分离的历史过程。"③ 这一过程的直接结果是在前资本主义经济中的劳动者大量地成为资本主义生产链条中的产业工人，而这一过程资本不仅掠夺，而且使得劳动者迫于生计而成为工人。"在原始积累的历史中……首要的因素是：大量的

---

① [法]米歇尔·福柯：《必须保卫社会》，上海人民出版社2010年版，第229—230页。
② In *Marx's Laboratory: Critical Interpretations of the Grundrisse*, edited by Riccardo Bellofiore, Guido Starosta, and Peter D. Thomas, Leiden: Brill, 2013, pp. 233–264.
③ 《马克思恩格斯全集》第44卷，人民出版社2001年版，第822页。

人突然被强制地同自己的生存资料分离,被当作不受法律保护的无产者抛向劳动市场。"① 马克思回溯16到18世纪英国资本主义剥离劳动者的方式,认为其典型的特征是暴力的方式,他断言:"剥夺的历史是用血和火的文字载入人类编年史的"②。这种暴力的结果则是奠基了雇佣劳动、货币等资本主义生产方式的要件③,"暴力是每一个孕育着新社会的旧社会的助产婆。暴力本身就是一种经济力。"④

其二,到了资本主义扩张时期,资本统治的主要方式逐渐向"经济关系的无声的强制"过渡⑤。大部分的前资本主义时代的生产资料、劳动者均已被纳入资本主义生产之内,劳动者在其社会规定性上提供着生产力及其再生产。因此劳动力再生产成为剩余价值生产的基础,"经济关系的无声的强制保证资本家对工人的统治……可以让工人由'生产的自然规律'去支配,即由他对资本的从属性去支配,这种从属性由生产条件本身产生,得到这些条件的保证并由它们永久维持下去。"⑥ 这种资本的统治形式的典型特征是非暴力的强制,是以纪律、规范或高负荷的工作模式等为形式,将工场中的工人紧紧地吸附在资本生产的链条上。一方面,劳动者在生产力生产的过程中表现为异化的现象。不仅劳动商品异化为商品与劳动者相对立,工人被镶嵌在雇佣劳动关系中。而劳动者通过雇佣劳动生活、生育,其本身作为劳动力也被资本主义再生产出来,在劳动力再生产过程中工人越贫困资本越强大⑦;另一方面,产业后备军的出现使得劳动力的再生产成为资本主义统治的策略。资本的积累与生产力的提高伴随着资本家之间的竞争,导致资本有机构成提高并制

---

① 《马克思恩格斯全集》第44卷,人民出版社2001年版,第823页。
② 《马克思恩格斯全集》第44卷,人民出版社2001年版,第822页。
③ 《马克思恩格斯全集》第44卷,人民出版社2001年版,第860—861页。
④ 《马克思恩格斯全集》第44卷,人民出版社2001年版,第861页。
⑤ 《马克思恩格斯全集》第44卷,人民出版社2001年版,第846页。
⑥ 《马克思恩格斯全集》第44卷,人民出版社2001年版,第846页。
⑦ 《马克思恩格斯全集》第44卷,人民出版社2001年版,第665—666页。

造了相对过剩人口出现,并形成了庞大产业后备军与雇佣工人的竞争,使之成为资本再生产的环节①。

其三,在更为发达的资本主义形态中,资本主义所带来的消费观念与利己主义成为一种商品化的意识形态观念,乃至凝固为商业化的、专业化的、管理学的知识形式被装置在资本家与劳动者的日常生活中。值得注意的是,马克思在《资本论》中批判了拜物教与资本家的资本代言人的实质,资本主义生产过程中伴随着资本化的意识形态的生产。正如萨米尔·阿明指出的,意识形态构成了资本主义生产方式不可缺少的因素。② 而在更为发达的资本主义社会中,资产阶级的意识形态在 20 世纪的消费社会与福利国家时代,借助国家力量成为特定的社会内在的结构性存在。这一思路承接自葛兰西到阿尔都塞对资本主义的批判传统,形成了"意识形态国家机器"理论。在《意识形态和意识形态国家机器》中,阿尔都塞强调意识形态国家机器通过意识形态的领导权从观念上将劳动者进一步固定在劳动力生产中③。其结果是,工人阶级在日常观念上就已经成为劳动力再生产的一部分,无产阶级的阶级意识瓦解并从身份认同上退化为碎片化的大众④。值得注意的是,阿尔都塞的意识形态国家机器更多的是从二战后西欧资本主义国家的社会结构来理解其社会统治形式,而较少地关注工人阶级自身的日常意识是具体如何接受和变化的,这与福柯后来所提出的生命政治学也就完全不同了。

---

① 《马克思恩格斯全集》第 44 卷,人民出版社 2001 年版,第 716 页。
② Samir Amin, *Ending the Crisis of Capitalism or Ending Capitalism?* Oxford: Pambazuka Press, 2010.
③ [法]阿尔都塞:《哲学与政治》,陈越编,吉林人民出版社 2003 年版,第 352 页。
④ [法]阿尔都塞:《哲学与政治》,陈越编,吉林人民出版社 2003 年版,第 336 页。

第三节　重构规范性：人口、治安与市场

生命政治学及其批判理论，是晚期福柯思想发展的一个高峰。对生命政治学的发现，揭示了自18世纪以来，资产阶级发明出了一种不同于规训的权力机制，而这种新的生命权力技术就是治理技术。在西方现代化的历史进程中，生命政治学产生、发展与延伸，就意味着治理技术不断普遍化的进程，并最终发展为对于人口的全面调节。在此意义上，生命政治学包含着深刻的人口学意涵，它从总体层面调控和优化人口的生命状况，并旨在通过"使人活"的方式实现当代资本主义对市场之治安状态的维护，这也就是我们所熟悉的福柯对于生命政治学定义的当代性内容的由来。

一　人口：规范性的对象

人口在何种意义上是生命政治学的核心概念？

福柯对于生命政治学概念的最初理解，并非是强调其所具有的直接的权力效应，而是首先作为政府、公共政策中所体现的知识形式。福柯所揭示的是，18世纪以来资本主义政府所颁布的诸如健康卫生、生理学等相关的政策，其对象直接就是身体。也就是说，资本主义在国家与社会层面所关心的人口，就是围绕着社会大众的身体状况去做研究。对于个体来说，健康完全是属于个人的事情。但是这个问题在资本主义的国家与社会层面来看，个体的身体不仅是肉体，而且是一种社会身体，是对于资本主义在国家与社会层面具有深刻意义的身体[①]。归根到底来说，身体之于资本主义的意义与身体之于个体是完全不同的，其不同之处就在于身体是资本主义社会再生产的重要环节与条件。就这一论点而言，马克思所强调的资本

---

① Michel Foucault, *Dits et écrits II 1976–1988*, Paris: Gallimard, 2001, p. 210.

的生产与再生产维度，也内在于晚期福柯对生命政治学的理解中。

可以说，当晚期福柯展开包括健康、安全、管理、统计等生命政治学的丰富内容时，就意味着他将人口视作是生命政治学最核心的内容。在此意义上，生命政治学在福柯那里已经有十分清晰的划界：即所谓生命政治学，简单来说就是一种广义的人口学。生命政治学与解剖政治同属于当代资本主义规范化的范畴，这意味着此二者生效的机制完全不同于西方现代化中的民主政治。而在民主政治的传统中，司法政治是其关键，后者就是奠基于契约精神与司法体系的政治模式，人是以法人这种人格化的形式出现的。因而不论是法人、理性人还是经济人，这种抽象的人格化本身都构成一种社会与个体的主客体关系。但是在生命政治学中，西方国家治理的对象是人口，是经过统计学、管理学、健康学等社会管理知识处理之后的社会大众的基本状况。在人口这个对象中，是无所谓人格化的。也就是说，生命政治学意味着人是丧失主客体关系的，而只是成为与人口相关的数据符号。在这一理论意义上，生命政治学以人口为对象，意味着人被人口这种抽象的概念所支配，而作为数据与符号的人口也就支配了人。而当代资本主义以生命政治学的方式实施管理，也就意味着生命权力附着于人的身体之上了，从这一点来讲，很多流行的公众健康的观念也就在无声无息中与生命政治学混为一谈了。在这一理论意义上，生命政治学并非是外在于人发生作用，而是通过个体的需求自发去选择和推动，所以生命政治学也就深深地植入大众的认知之中。

到了1978年，在福柯的名为"对人口的治理"的讲座中，他从思想史意义上回溯了人口学进入当代资本主义管理的不同语境。福柯找到了马尔萨斯关于人口的论述，他认为马尔萨斯是首个从西方国家治理去理解人口的经济学家。在这点意义上，福柯认为，马克思对于马尔萨斯人口理论所提出的激烈批评，并没有把握到其在社会治理层面上的理论旨趣。按照福柯的看法，马克思的政治经济学批判仍然未能摆脱资本与劳动关系的主客体辩证法视角，因而也就被局限在经济学话语的人口范式中。仔细地考察福柯对于资产阶级经济学人口范式的理解，他实际上基本认同马克思对于资产阶级经济学中形而上学的批判。在马克思那里，他之所以严肃地批判人口这一概念，是因为马尔萨斯遮蔽了人口概念背后的对劳动的历史规定性。而福柯也是观察到了这样一个历史性的事实：即当资本主义面对逐渐成为劳动主体的工人阶级的时候，提出了按照资产阶级经济学中的人口学的角度和方法去研究和管理工人阶级，从而彻底压制和取缔其劳动主体性，这种意图就表现为魁奈与马尔萨斯在关于人口问题上的主张。而如果说马克思批判马尔萨斯的人口概念，并且以劳动为基础和前提去理解和解构资产阶级的政治经济学，去揭示其背后的意识形态性。那么福柯则是更进一步地揭示了，在从政治经济学衍生出来的人口学背后，隐含着西方国家治理的意图，而当这种意图被真实地执行下去的时候，也就改变了20世纪资本主义社会的面貌。就此而言，福柯基于对人口学的揭示走向的生命政治学批判，恰好是对政治经济学批判的补充与当代发展。

二 治安：规范性的目的

当代资本主义规范化的最终意图是治安，后者也是规范性的直接表现。资本主义社会需要治安，是基于安全的需要、消解阶级斗争的需要、国家机器发生作用的需要，因此治安可以说是维护资本主义的管理机制。治安的意图体现了规范化过程的权力技术延展的谱系：即治安以人口、生命为中心，对人口进行调节、干预和管理。因此，当资本主义为了实现治安而以生命政治学的形式关注人的身体与生命，后者并不是体现在人之身体上面的生命表征，而是表现在人口之上的生命表征，是宏观意义上的、人口统计学意义上的生命。因此，当生命政治学关注生育、出生率、死亡率、健康、人口的寿命和质量，也就意味着资本主义对于劳动力的需要，就意味着对于更多劳动力、更好的劳动力的客观需要。也是在此意义上，只要生命政治学全面地推行，就必然会相应地维持治安状态。就此而言，当人口、生命开始受到权力的积极干预，这是一个晚近的发明，也是现代性的一种新现象。

第一，在福柯看来，治安（police）是自由主义治理技术发生作用产生的治安化状态，就是市场的"自然性"、是"看不见的手"的另一个表达方式，它意味着生命权力的施行。那么这种生命权力是怎么来的？福柯认为：（1）生命权力是通过治理技术部署权力关系，治理技术的典型特点是以"调节"的方式展开生命权力。这种权力关系建构了自由主义的原则，其本质上就是市场（经济的）运行的"自然主义"（naturalisme）[①]，就是亚当·斯密阐释的"看不见的手"。（2）基于市场的"自然性"，权力是一种无处不在的关系，而这种关系是个体自发的，但不是天然的，而是治理技术的产物。因而自由所以是"人权"，恰恰在于个体对自身自由的捍卫就意味着维护自由主义，权力关系从个体开始在社会治安体系中确立[②]。（3）因为权力本身是非自然的、是内在矛盾的，所以需要被不断地生产与部署，这就是生命政治学生产。这是福柯分析自由主义治安谱系的"前见"（Vorurteile）。

第二，生命权力的内在矛盾来自于治理技术运转过程中所衍生的问题，并且来自于当代资本主义推行社会化管理的危机。而由于治理技术的调节（regulation）形式实质是干预的、反自由的，因此治理技术与自由主义本身相矛盾，这一矛盾促使自由主义自我调节，也促使生命权力的不断生产，后者也成为自由主义治安体系的基础。于是，生命权力的生产与扩张实质上是在转移和缓解治理技术所制造的管理危机，这是当代资本主义追求治安的根本原因。不仅如此，福柯不仅仅看到了治安在时间意义上对资本主义管理的深化，而且看到了治安在空间上对资本主义管理的扩张：（1）自由主义在强调

[①] See Michel Foucault, *Naissance de la biopolitique*, 1978–1979, Paris: Gallimard, 2004.

[②] ［法］米歇尔·福柯：《福柯读本》，严泽胜等译，北京大学出版社2010年版，第223页。

个体自由的同时，也默许了存在于市场经济活动中的风险①，这是市场自由的经济活动所带来的必然结果，也是资产阶级经济学——生命政治学的调节逻辑——的起点和问题。（2）由于自由主义必然面对风险，那么为了应对这种风险，市场就必须在一定程度上以规范的形式追求治安，以此来消解风险。如此一来，自由主义的悖论也就形成了：即自由主义越是追求自由，就越是需要通过维持市场治安去保证最基本的规范性，后者就会导致规训（techniques disciplinaires）等权力技术的生效，从而实现在微观层面对人身自由的控制与强制②。（3）因为第二个后果造成了自由的矛盾，自由主义因而得以走向扩张，后者因此也就需要更多的干预来保障自由。在此意义上，福柯认为这种扩大的干预就体现了20世纪20年代以来发达资本主义国家应对经济危机的政策。"罗斯福新政"（The Roosevelt New Deal）就是这种为了保障资本的自由而采取的变本加厉的一系列"干预"（intervention）。（4）而"罗斯福新政"式的这种干预实则是为了捍卫自由主义，并且使之在化解危机的新社会基础上重塑自由主义。由上可知，治理技术的矛盾逻辑是自由主义治安的自我调节，并必然在市场自我调节的过程中不断地转移危机与矛盾。

第三，因此福柯的生命政治学具有一种对自由主义治安的历史必然性观察。在这一点上，马克思与福柯构成了视差之见，也反映了不同时代社会历史境遇的代际问题。（1）生命权力作为经济性的权力③，成为现代社会权力的基础。因此，福柯的生命政治学不但不是对资本逻辑、政治经济学批判的替代，相反是以对政治经济学的解构为基础的、以对资本主义的整体性考察为内容的，是对政治经

---

① ［法］米歇尔·福柯：《生命政治学的诞生》，莫伟民、赵伟译，上海人民出版社2011年版，第55页。

② ［法］米歇尔·福柯：《生命政治学的诞生》，莫伟民、赵伟译，上海人民出版社2011年版，第54页。

③ Histoire de la sexualité：Vol. 1, "*La volonté du savoir*", Gallimard, 1976, p.114.

济学批判的补充。在这一意义上,福柯与马克思产生了"视差之见"(parallax view)。(2)在《资本论》中也有对18世纪、19世纪自由主义治安的权力分析。马克思看到了资本主义生产方式的历史进程对日常生活的影响,但并没有单独地展开、没有区分工业与日常生活的领域。(3)调节是微观的权力,它不同于规训,而是以教育、健康、福利的非强制方式管理整个社会的人口,从而形成了劳动力的内在依附性竞争①。而所谓的过剩人口是相对的,是资本主义生产方式调节的结果,也是治理的手段。

因此,治安的深入,意味着资本主义统治的扩张和深化,意味着在社会整体层面的矛盾要比生产领域中的矛盾更加复杂。治安的实质,是资本主义为了调节在流通层面的矛盾而追求的状态。在治理技术以及生命政治学背后,其根本逻辑是为满足生命需要而对社会生活的理性规划。因此,西方现代性的治安意图,一方面实现了资本主义的总体性。治安必然要求整个社会的状态,能够满足资本循环对于安定社会场域的需要。这种总体性因此绝不仅仅是为了满足资本主义在生产领域的诉求,而是为了维护资本在流通中的充分自由。具体来说,资本的社会总流通在总的交换、分配与消费意义上产生的社会规定性就是这种总体性,并且这种总体性所赋予在治安上的意图,就在于它需要维护资本实现的基本盘,要捍卫资本主义制度;另一方面,治安表现为一种建构性。换言之,治安也在建构理性,即建构观念、认知与话语,使得这种观念能够被普遍接受,并且本身是维护和推进资本循环与实现的。资产阶级意识形态的建构,实际上就包含着资本主义社会治安的意图。只不过,在这种资本主义客观需要的理性中,有着很复杂的结构,如国家理性、交往理性、工具理性等等。而在其中最核心的就是市场理性,而市场理性直接对应着市场,也对应着资本主义实现的实体,它实现了治安的意图,也实现了资本主义规范性。在此意义上,市场就不仅

---

① 《马克思恩格斯全集》第44卷,人民出版社2001年版,第427—580页。

是治安的直接对象，而且也是西方现代性的主体。

三　市场：规范性的结构

福柯在1976年前后一直致力于回答生命权力何以被部署这一问题，即管理生命的权力如何被部署生产出来。然而正是在福柯对权力部署之规范化的深入考察中，福柯所关注的是权力如何通过与经济关系形式的融合而直接进入权力生产。因而，尽管福柯反对传统马克思主义的"经济基础决定上层建筑"式的"经济主义"（économisme），但实际上福柯通过理解规范化部署机制下的权力的经济功能，将这种对权力的理解转化为"力量关系"（rapport de force），后者也就是对于市场的非实体性关系的表达[①]。在此意义上，市场就是自早期福柯就开始追问的规范性的建构，也是个体身上的规范性所以被不断生产出来的原因。

福柯对于市场之为规定性结构的把握分为三个层次：第一，福柯揭示了市场的自然性特征，后者来自于自由主义对于资本主义生产关系的构建。值得注意的是，在福柯对于市场自然性的理解中，对于生产关系概念的考量是一个关键的观念单元。福柯在"安全、领土与人口"讲座中，就提出权力机制是内在于生产关系（relation de production）、家庭生产关系等之中，并在后者概念所构成的资本主义社会的整体视域中仔细考察权力机制。正因如此，尽管福柯单独地抽离出权力维度思考西方现代化，但是他并未止步于对于权力的技术性分析，而是进一步考察权力技术的效应指向。后者使得福柯发现了权力技术对于规范性的构建，而且这些规范性所以被建构的意图并不来自于权力本身，而是归根结底地受到市场支配。在此意义上，福柯对于经济、市民社会、流通（circulation）的渐进性理解和使用，已经愈发直接地过渡到马克思

[①] [法]米歇尔·福柯：《必须保卫社会》，上海人民出版社2010年版，第14页。

基于整体性对于当代资本主义市民社会的认识，并且因此把握到市场、市民社会的内在"自然性"本身就是规范性。因此，市场就是规范性的结构本身。不仅如此，福柯还在市场之自然性的背后，反思了政治经济学诸概念及其背后的形而上学思想所掩盖的规范性之由来。也是在此意义上，福柯区分了古典自由主义和新自由主义，前者强调自由人权理念前提下从政治哲学角度建构规范性，后者则是强调从经济哲学角度重建规范性。所以，福柯实际上是意识到了政治经济理论所指涉的资本主义社会的"自然性"，如作为斯密意义上的"看不见的手"——市场，其本身是非"自然性"的。再比如，福柯在剖析重农主义将"人口"作为财富源泉与生产力的断言中，发现人口本身是被建构的知识化的权力[1]，正是这种调整生命的权力建构和维系着社会的"自然性"。否定资本主义社会的"自然性"、剖析"人口"概念本身的社会历史规定性，福柯对于这两个问题的处理实际上都是将政治经济学的抽象理论建构还原为对市场运行过程的理解，这又与马克思的政治经济学批判对于市场的理解是十分接近的。

第二，福柯揭示了规范性在市场中被不断地生产出来的权力机制。诚然规范性是加之于身体上的权力效应，但是当这种规范性呈现出市场的治安状态时，就意味着规范性成为一个常态，是以不断地生产和部署生命权力的方式构建规范性。首先，生命权力是福柯对于新自由主义管治下权力关系的发现，是以"调节"的方式发生作用的治理技术生产出来的权力关系，这种关系确立了市场、市民社会中的自然性——自由主义本质上就是市场（经济的）运行的"自然主义"（naturalisme）[2]。其次，基于生命权力建构的规范性，也使得权力成为一种无处不在的关系，而这种关系不是自发的，而

---

[1] ［法］米歇尔·福柯：《安全、领土与人口：法兰西学院演讲系列 1977—1978》，钱翰、陈晓径译，上海人民出版社 2010 年版，第 65 页。

[2] See Michel Foucault, *Naissance de la biopolitique*, 1978 – 1979, Paris: Gallimard, 2004.

是治理技术发生作用的产物。就此而言，自由作为一种"人权"，恰恰就是有生命权力在背后支撑，就在于个体对自身自由的捍卫就意味着维护自由主义，这就是自由主义的治理技术。再次，因而权力维度之于福柯来说，就意味着权力是按照理性被不断建构的，并且不论强制还是非强制，权力的效应与影响中隐含着权力被实施的目的，沿着权力的目的，权力才会被不断生产、被部署到社会治安中的[1]。正因如此，权力非自然，并且是矛盾的，这是福柯理解规范性的前提，来自于他对于权力呈谱系性延展的独到见解。

第三，福柯揭示了规范性赋予市场的自然性，其实是非自然的。市场所呈现出的"自然性"其实只是市场运转"貌似自律"的表象，是由治理技术的调节（regulation）才得以实现的，其实质上是干预的、不自由的甚至与自由主义本身相矛盾的，但这却成为自由主义的管治体系的基础。一言以蔽之：自由主义的内在矛盾的发展，与其所标榜的自由理念在市场维护自身秩序的意义上是相互对立的。在此意义上，自由主义恰恰是包含反自由的因素的。因此，福柯看到了资本主义社会对于市场、市民社会的干预不仅在时间上可以线性转换，而且在空间上不断扩展：（1）自由主义在强调保护个人自由，但无法避免个人陷入存在于资本主义市场经济活动过程中的风险[2]，这是市场自由原则实施下所产生和带来的一种必然结果，也是资产阶级经济学、生命政治学与市场调节的逻辑起点和总问题。（2）由于自由主义社会所面对的风险，与之相对应的，资本主义为了有效应对这种经济风险，就必须在一定程度上以市场规范性的形式保障经济实体的自由。自由主义的悖论也就由此产生：即规训（techniques disciplinaires）实现了微观层面上对人身的支配，后者表

---

[1] ［法］米歇尔·福柯：《福柯读本》，严泽胜等译，北京大学出版社2010年版，第223页。

[2] ［法］米歇尔·福柯：《生命政治学的诞生》，莫伟民、赵伟译，上海人民出版社2011年版，第55页。

现为对人控制性的、强制性的权力①。(3) 因为市场运转所造成的自由主义的悖论,当代资本主义在其扩张过程中就不得不转移这种矛盾。于是乎,自由主义就通过进行更多的对经济干预的活动,去保障更多的自由,但是这种做法实际上也限制了自由。福柯认为,这种扩大的干预就体现在从20世纪20年代至今资本主义对经济危机的应对。"罗斯福新政"(The Roosevelt New Deal) 就是这种为了保障资本的自由而采取的变本加厉的"干预"(intervention) 形式,而且,更重要的是这样的干预在当代已然成为自由的基础:即对危机的克服以及在新的基础上重塑自由主义,新自由主义就是这么来的。由此可见,生命政治学的意涵是新自由主义进行的调节的逻辑,这个过程是对自由的扩展,同时也是对自由的控制与调节,规范性也就是在此意义上在市场中被不断建构起来的。而当市场规范性的构建进入到人们的常识层面,生命政治学就开始生效。并且具体来说,生命政治学也就进入话语中,并借助话语形式塑造了今天的西方话语的形态。如此一来,那些生命政治学在构建市场规范性的同时所制造的悖论,也就延伸到西方话语中,甚至产生了更为复杂的矛盾状况。

---

① [法] 米歇尔·福柯:《生命政治学的诞生》,莫伟民、赵伟译,上海人民出版社2011年版,第54页。

第 四 章

西方话语的启蒙悖论：
西方现代性难题

  不过，可以肯定，假如我能早一些了解法兰克福学派，或者能及时了解的话，我就能省却许多工作，不说许多傻话，在我稳步前进时会少走许多弯路，因为道路已经被法兰克福学派打开了。在这里，两种很接近的思想形式未能互相渗透，是一个有趣的情况，有可能正是这种相似性导致了这种情况。没有什么比这两种涉及问题的相近方法更能隐藏问题的一致性了。①

  通过对于生命政治学的深刻探讨，福柯进一步揭开了当代西方话语的启蒙悖论。与从理性叙事解读启蒙的做法不同，福柯从话语实践维度理解启蒙，进而揭示出启蒙的另一面：即启蒙价值从话语滑向权力的嬗变过程。也正是在对于启蒙的反思中，晚期福柯与西方马克思主义传统下的法兰克福学派产生共鸣。众所周知，法兰克福学派所奠定的启蒙批判，立足于政治经济学批判与"哲学与社会科学的联盟"主张，以此将对当代资本主义的反思溯源到启蒙的理性传统中。晚期福柯从法兰克福学派的启蒙批判中，进一步确认他

---

① 《福柯集》，杜小真编选，上海远东出版社 1998 年版，第 493 页。

在西方话语中发现的启蒙悖论,是西方现代性所无法化解的难题。也是在此意义上,晚期福柯与法兰克福学派是实质上的殊途同归,从而在文明层面拓展了反思西方现代性的思想纵深,也探索了马克思主义哲学的更多可能。

第一节　西方话语及其权力维度

福柯所讨论的生命政治学并非是在意识形态层面的问题,而是存在于个体认知层面、大众常识层面的事情,后者也逐渐渗透进大众日常生活,并演变为西方话语的姿态。正是在对生命政治学在西方话语中的形成过程中,福柯揭示出"话语事实"(discursive fact)中的权力维度,西方话语本身也因此成为西方现代化进程中权力建构的环节。在这一历史意义上,当生命政治学进入西方话语中,就背道而驰地走向了其反面:即西方话语中的自由、民主与人权等启蒙理念让位于话语权,以致于启蒙进程的推进却走向了反启蒙、反自由、反解放。

一　西方话语的形成

晚期福柯之所以能够捕捉到西方话语中的嬗变,根本原因在于其基于话语事件及其内在机制去理解话语。西方话语之所以是西方话语,不在于其自己给自己打上"西方"的标签,而是在于它沿着话语建构的一般规律设定了自己的普遍性,认为西方话语具有"真理性"。

对于晚期福柯来说,话语具有语言学以外的社会效应,即按照特定语法规则表达的语言在特定的社会情境中,表征为话语事件。按照福柯的看法,话语的意义就在于其作为话语事件所产生的效应。福柯理解话语之意义的这一主张,不仅区别于结构主义而且区别于传统的思想史观点。按照结构主义语言学的观点,意义是按照语言中的结构——能指与所指的链条——所建构出来的产物。作为这种观点最具有代表性的人物——结构主义语言学家乔姆斯基将结构主义对于语言的看法推向了极致，认为存在具有普遍性的通用语法（Universal grammar），以此来作为理解话语的钥匙①。而福柯则不同，他认为决定意义建构的不仅有语言内部的结构性因素，而且更重要的是语言成为特定话语以后，具有在客体维度的实践效应。语言一旦从主体意识发动，并进入客体向度，其实践效应就会产生话语事件，这使得话语具有某种非理性、任意性的特点。因而话语自身的意义并不能单独产生在语言这个层面，而是会在话语这一意义上最终确定；不仅如此，福柯同样反对按照思想史的方式理解话语。在福柯看来，思想史的话语解读方式，必然面对诠释学困境的问题：即如何面对思想发展过程中的间断、中止以及转向的问题。所以福柯认为，如果能够去除这些主体建构连续性和同一性的东西，那么就可以看到，在一个思想家学术构境中真实存在的东西只会是断断续续的蜂拥而至的事件（irruption d'événement）——话语事件②。

那么，话语事件是如何形成的？在1970年福柯在法兰西公学院的讲座中，福柯做了名为"话语的秩序"（L'ordre du discours）的讲座。福柯对于话语事件之内部机制建构的秘密之阐述，就被囊括在这次讲座中。按照福柯的看法，话语事件的形成遵循话语秩序建构的过程，"话语的秩序"也包含话语秩序建构这一层意思。值得注意的是，福柯在言说话语建构秩序的过程中，阐发了他对于话语剖析的一个独创性的见解：即在话语事件的生成过程中，不仅有话语秩序建构的过程，而且有话语排斥自身表述所不需要的过程，二者是

---

① See Chomsky, Noam, "Approaching UG from Below", in Hans-Martin Gärtner, 2007; Uli Sauerland (eds.), Interfaces + Recursion = Language? Chomsky's Minimalism and the View from Syntax-Semantics, *Studies in Generative Grammar*, Berlin: Mouton de Gruyter.

② Michel Foucault, *The History of Sexuality Volume* 2, Translated from the French by Robert Hurley, New York: Pantheon Books 1990, pp. 11 – 12.

同步展开的①。那么，话语的排斥机制是怎么来的？按照福柯的看法，话语所以存在排斥的机制，是因为话语建构过程中存在一个先天的悖论：即话语是无开端的，但是却存在认为给定的"开端"。对于这个问题，福柯从一种解构主义倾向的思路出发，他认为话语开端本身是没有确定性的。也就是说，当一段话语展开的时候，那些所谓的开端实际上对于整个话语并没有确定的影响作用。这是因为，话语本身的内在矛盾所导致的是纯粹言说和书写的真实状况，后者在复杂的主客体关系中始终存在不确定性的、陷入物性的危险。而这种危险具体地表现为言说和书写为话语控制、奴役以及话语在其实践意义上容易为权力陷阱所捕获。譬如，正在言谈的两人，其各自互相接受的意思是基于不同个体所理解的意思，其中任何一方都无法完全接受另一方的全部的、准确的和高效的含义。不仅如此，即使最开始展开话题的那个人，他也不可能完全把握其话题展开后的状况。因此，按照福柯的看法，一个话语事件展开的这个过程，其本身的建构并非是同一的、确定的、合乎逻辑或语法的状况，而这些事情是无法确定的。因此只要话语展开，任何偶然性的东西都可以使这些对于话语含义的理解被证伪。而唯一可以确定的事情，就是只要一段话语展开，就总是存在一个不断排斥的话语机制。从这一点来讲，排斥机制就是为了让话语事件在其展开过程中，能够继续进行下去的自发过程。因此话语的双方，总是互相通过沟通去排斥掉对方以及自己所不能理解、认同或者接受的内容，从而一方面让话语进行下去，另一方面使得话语对各方都是有意义的而不至于导致话语事件结束，这也可以说是在最低意义上让话语进行下去的排斥机制。

在这种情况下，话语排斥机制的功能实现有三个原则：

其一，权力原则，话语的排斥原则首先是在话语权力意义上的。如果话语本身没有能够避免偶然性、任意性与随机性的强制，那么

---

① 参见许宝强、袁伟编《语言与翻译的政治》，中央编译出版社2001年版。

任何话语都无法进行下去。而在社会层面，会形成在总体层面体现社会权力意图的话语秩序，因此话语也就体现出三种权力原则：（1）禁忌原则——禁止的言语；（2）区别与歧视原则——疯狂的区分；划定合理化的区域，这使得存在识别疯人之语的框架；（3）真理与谬误——真理意志。何者支配求知的意志，是一种面向历史建构的言说，是不同的认知型建构，而认知型所确立的则是不加否认的"真理"。因而，真理意志本身并不是先验地就被设置进去权力、欲望，而是其本身是为了使真理为"真"。所以，对于真理隐匿真理意志，真理的形式虽然脱离权力，但是"真理意志是长期强加于我们身上的，结果它所想要的真理便会成功地将其掩蔽。"[1] 而其最终结果就是：真理无意识。

其二，限定性原则。话语不仅按照权力的强制原则去排斥，从外部去排斥，而且话语秩序的生成也会形成内在的限定性原则。福柯指出，话语的内部程序是对自身控制的分类、排序与分配，这是话语排斥的另一个维度：即话语需要限定那些出现在话语中的事件和偶然性，这是与话语的内容相联系的。因此，话语本身遵循限定性的原则：即当话语由于语法、使用习惯等等可以有一定的用法，但是如果需要把一定的内容用话语表达出来，这就是一个在话语结构之外的东西。在这一历史意义上，话语生产自己。而在社会意义上，一套话语一旦完成之后，其自身又是自洽的。因为它将与其内在话语机制所不吻合的东西都排斥出去了，也因此产生了这些限定性原则：（1）文学与文学评论原则：对文本的扩展的解读，即通过采取重复和相同这种形式的同一性作用来限制话语中的偶然因素。（2）冲淡原则（作者原则）：特定文本与附加诠释相区别，即作者原则限制同样的偶然性因素则是通过采取个性和自我这种形式的同一性作用。（3）科学与科学评价原则：相对于作者原则的扩展，但是这种扩展是为了减少可能性。譬如，福柯认为医学并不是由关于

---

[1] 参见许宝强、袁伟编《语言与翻译的政治》，中央编译出版社2001年版。

疾病的全部正确陈述构成，植物学也不能由有关植物的所有真理来定义。这意味着当一个命题要融入一门知识，必须臣服于那一时代的特定认知型。从文学式描述上升到科学性的严谨逻辑分析与判断，这就是在话语意义上知识型形成的过程。

其三，话语应用原则。话语的应用原则，是在话语的权力原则、内在机制已经形成之后，话语在个体处于具体话语事件中，依然有对语言的限制原则，是为应用原则。这意味着，决定话语的应用条件、对语言主体的冲淡：即不是什么人都可以言说、不是什么言说都可以有效。在这一原则下又分为如下几点：（1）仪规原则：使语言程序化，界定资格。（2）话语社团原则：不同话语在一定范围的流传。这一原则在书本、出版等形式中仍旧延续，在日常生活中成为个体知识交换的过程。（3）信条原则：相同话语的扩散。信条把语言限定在地域、阶级、社会等，这种语言的排斥性不是在排斥异端与疯癫，相反，确立自身是疯癫。从而使得个体服从语言，语言服从语言群体。（4）最后则是社会性占有原则：教育的普遍性，即任何教育制度都是维持或修改话语占有以及其所传递的知识和权力的政治方式。以上这四种原则交错，成为限制话语的主要手段。而制度化了的教育、法律、医疗就在充当这个角色。

在这一历史意义上，话语这种粗糙的、无法把捉的东西就变成了单纯的、理性的、规范的语言，后者具体表现为西方话语的特定形式。而话语事件这种本来应该是多种多样的东西，也就被强烈的话语秩序的建构所介入和统治。正如福柯在这次讲座中所指出的，话语的科学化并且能够言说，内在的是吻合社会的治安（police）的要求的[1]。而这一过程表现为一种现实的运动，它需要能够成为在个体言说的过程中建立对于社会规范化的强烈认同，这种哲学式的学习方式，就是启蒙的过程。因此按照福柯的看法，启蒙实质上是一种话语建构运动。如果说启蒙运动表现为一种哲学与思想解放与发

---

[1] 参见许宝强、袁伟编《语言与翻译的政治》，中央编译出版社2001年版。

展的运动，那么这种运动声称是对另一种思想、制度与社会的解放时，也实际上必然经历着内在合理化、规范化并且最终建立一种话语秩序。话语权也由此而被确立起来，西方话语也由此获得了其一般性的外表，并被认为是可以承载普世价值的话语形式。

二 西方话语的权力构建

西方话语是如何确立其话语权的？具体来说，福柯从三个层面道明了西方话语权力所以能够构建的过程：

第一，福柯对于西方话语的谈论，始于对"知识—权力"问题的追问。福柯挑战的是近代弗兰西斯·培根以来启蒙思潮奠定的根深蒂固的传统："知识就是力量"（"ipsa scientia protestas est"）[①]。在这一无可置疑的断言背后是"知识＝权力"箴言，它隐含了资产阶级意识形态的两个重要基石：其一，是以形而上学体系"科学"地建构知识系统的"自然性"，进而确认"天赋人权"，这实际上是对资产阶级合法性的自证。对此，福柯在《词与物》《知识考古学》等著述中，通过知识考古学的方法已经将这一等式扭转为"权力＝知识"，也就是说知识的自然性、资产阶级的合法性等无不渗透着权力的施行，并建立起资本主义社会的统治。这无疑是一个深刻的洞见，它揭示了这一真理的隐性的权力支点；但同时也引发了另一个问题：即"知识＝权力"这一等式的"＝"是如何成立的？权力如何知识化的——合理化的？对此，福柯与《启蒙辩证法》是同路，他承认了法兰克福学派对"合理化"批判的价值[②]。这背后的秘密则不再是知识论式对权力作为社会关系实在性的承认，而是权力"魔术"背后运行权力技术的机制，是要批判使权力确立的知识的

[①] See Francis Bacon, *Meditations Sacrae and Human Philosophy*, Kessinger Publishing, 1996.

[②] *Remarxs on Marx*, Tanslated by R. James Goldstein and James Cascaito, New York: Semiotext（e）, 1991, pp. 115 – 129.

"启蒙"①。换言之，仅仅强调权力技术如何使得权力实现并不能进一步回答其背后的动力。由此可见，"知识—权力"机制这一主题显然无法满足对这一方面的考察，就更不用说后来的生命政治学的讨论。

第二，为解决权力维度批判所面对的困难，在《性经验史》的第一卷中，福柯重新回到"知识—权力"机制的社会场域——话语（discourses）。福柯发现在话语之中，知识化的权力的结果与经济社会治理（基于政治经济学、人口学、统计学等）之间的相悖。于是乎，福柯提出一个十分尖锐的问题："权力机器，特别是在我们社会中起作用的权力机器真的在本质上是维护压抑秩序的吗？禁止、审查和否定真的是在一切社会中权力一般运作的形式吗？这是一个历史的和理论的问题。"②

话语所以被权力化，是因为理论知识被以权力技术形式投放到话语中："一句话，就是要考虑全部的'话语事实'（discursive fact）以及性被投入'话语'中的方式。"③但是当社会机制以权力施行的方式发生作用，似乎又会影响认知的意志，就像福柯所说的："此外，重要之处还在于权力是在什么形式下，通过什么渠道、顺着什么话语最终渗透到最微妙和最个体化的行为中去……简言之，它们具有'多种形式的权力技术'。"④也就是说，这里的"历史"实际上是一种话语的实践，而所谓的"历史的和理论的问题"实际是一种话语的理论与实践的问题。这种"相互作用"的问题，颇为类似经济基础（base）与上层建筑（superstructure）的经典表述。可见，福柯已经开始区分话语实践、权力技术是在理论、历史两个不同方面。对此，福柯受到尼采—海德格尔式的生命哲学传统的启示，提出要追问权力—话语机制背后的"认知的意志"，而这就是明显的谱

---

① 张一兵：《回到福柯》，上海人民出版社 2016 年版，第 419 页。
② *Histoire de la sexualité*：Vol. 1, "La volonté du savoir", Gallimard, 1976, p. 18.
③ *Histoire de la sexualité*：Vol. 1, "La volonté du savoir", Gallimard, 1976, p. 20.
④ *Histoire de la sexualité*：Vol. 1, "La volonté du savoir", Gallimard, 1976, p. 20.

系学的方法了。因此福柯才会说："最后，重要之处不在于确定这些话语产物和这些权力后果是否揭露了性的真相，或者是掩盖它的谎言，而是要抽取出支持它们并且作为它们的手段的'认知的意志'。"这要求"找出话语生产（当然，它还节制各种沉默）、权力生产（有时，它有禁忌作用）和知识生产（它经常传播各种错误或误解）的要求。"① 并且追问这一"转变"是如何展开的。但是，福柯的这一主张却无法解决话语内在的历史的和理论的悖论问题。因而，尽管福柯在《性经验史》第一卷也会使用"经验"一词，但更多的是考虑到话语的实践的问题。因此，当福柯使用"经验"一词，就不可避免地带有对认知意志的指向。

第三，在经验意义上理解话语，是福柯把握话语权力建构的现实语境。福柯这样定义经验："总之，它指的是，要搞清楚一种'经验'在现代西方社会是怎样构成的……这种经验是向各种迥然不同的知识领域开放的，而且它的表达也有一套规则和约束。"② 话语经验又是在话语实践中的产物，在"生命政治学的诞生"的演讲中，福柯提出了"治理实践"（la pratique gouvernementale）一词。对这一词语的使用，正是福柯为了解决传统政治学，特别是政治经济学概念体系限制，以便提出属于生命政治学的概念——治理技术。如何突破既有理论框架束缚，而直接面对现实？这是福柯在此次讲座中近180次使用实践（pratique）一词的用意。

不仅如此，福柯同时否定将治理技术理解为连续的、自动发生作用的过程，而是将其理解为一种非连续的生成过程，这显然又是对政治经济学批判的深入理解。因而，福柯对治理技术的概念的使用不同于权力技术（technique of power）。其本质的区别就在于，福柯走向了治理技术，也走向了社会历史的具体规定性——自由主义（实际上是新自由主义），并以此为起点理解生命政治学。

---

① *Histoire de la sexualité*：Vol. 1, "La volonté du savoir", Gallimard, 1976, p. 20.
② *Histoire de la sexualité*：Vol. 2, "L'usage des plaisirs", Gallimard, 1984, p. 10.

因而福柯指出："一旦我们知道了称之为自由主义的治理体制是什么，我觉得我们就可以掌握什么是生命政治学了。"① 治理技术的概念意味着福柯否定了从"普遍概念"（universaux）推导"具体现象"（phénomènes concrets），而是转向"从这些具体实践出发并且某种程度上在这些具体实践活动的栅栏（grille de ces pratiques）中检验普遍概念"②；因此，在第二个层面是从市场、市民社会的"非自律"、无主体出发。政治经济学、人口学、统计学等是治理技术，是"自觉"的自由主义管治的方式——建构经济和法权双重意义上的"自然性"——不断生产作为关系的生命权力。在这一理论意义上，启蒙的另一面暴露无遗：即张扬自由解放的启蒙也存在为西方现代化扩张去建构话语的维度，启蒙最后走向了非启蒙，走向了生命政治学。

第二节　启蒙悖论及其历史嬗变

福柯在谈论启蒙的"理性的分岔时刻"时讲道："是的，我不会谈论理性的一次分岔，我谈论的是一种复杂的、没有中断过的分岔，一种丰富的分枝。"③

启蒙是如何最终走向生命权力的？实际上，晚期福柯对于启蒙做了一个历史逻辑式的揭示。只不过，福柯是从康德所强调的实践意义上的启蒙作为一个节点，去理解启蒙的非连续性。一言以蔽之，对于晚期福柯来说，启蒙的逻辑就在于启蒙的非逻辑，启蒙的历史就在于启蒙的非历史。正如上文所论述的，福柯揭示了启蒙逐渐走

---

① ［法］米歇尔·福柯：《生命政治学的诞生》，莫伟民、赵伟译，上海人民出版社 2011 年版，第 19 页。

② Michel Foucault, *Naissance de la biopolitique*, 1978-1979, Paris：Gallimard, 2004, p. 4.

③ 《福柯集》，上海远东出版社 1998 年版，第 494 页。

向生命政治学的另一面：即自由主义管治的必然性逻辑。事实上，福柯对于启蒙走向生命政治学的理解，建立在对当代新自由主义管治效应观察上。按照福柯的看法，当人们肯定作为生命政治学的政治经济学、人口学、统计学的时候，就意味着治理技术开始生效了，意味着西方话语已经先验存在了。生命政治学与自由主义、治理技术与西方话语互为表里，自由主义管治体系的政治现实矛盾，其深层原因是作为历史运动的启蒙的结果。

作为历史运动的启蒙，最突出的原因就是：启蒙不仅有理念向度，而且有实践的向度。在20世纪80年代福柯参加的名为《什么是启蒙》的访谈中，福柯与康德的《什么是启蒙？》一文"隔空对话"，谈论西方话语与启蒙实践的关系，提出了独到的见解。值得注意的是，福柯并非是从启蒙的思想史讨论启蒙，相反是从启蒙的当代语境中重启这一讨论。是从当代推回到历史，而绝不是从历史推到当今、从建构的历史理念与范畴推导其逻辑性发展脉络。因此启蒙所包含的理念与实践的双重向度，在福柯那里是泾渭分明的。福柯指出"启蒙与人道主义之间是一种张力关系，而不是同一关系"[1]。这种张力关系折射了启蒙作为话语所具有的实践性的维度，正如福柯指出："我们必须既把启蒙理解为一个人类集体参与的过程。"[2] 对此，不仅需要考察晚期福柯是如何以一种解构主义的视角去还原启蒙的真实历史过程，而且需要在自文艺复兴500年以来西方启蒙的历程，去理解西方话语在何种历史情境下经历了哪些变迁。事实上，在西方近现代历史上，西方话语发生了三次重要转向。其结果是：因人权、自由与解放理念而勃兴的启蒙最终走向了生命政治学，这使得启蒙走向了蒙昧，西方话语走向自身逻辑的终结。

---

[1] Michel Foucault, *Ethics: Subjectivity and Truth*, edited by Paul Rabinow, The New Press, 1997, pp. 303–319.

[2] Michel Foucault, *Ethics: Subjectivity and Truth*, edited by Paul Rabinow, The New Press, 1997, pp. 303–319.

一 从文艺复兴到第一次启蒙转向

福柯对于启蒙批判的一个基本立足点，在于在话语论的层面揭示了启蒙意味着"历史转向点（moment）"，是"人类集体参与的过程"[①]。因而福柯强调的是，只有在话语这个层面、在知识是如何被接受这一思路下，才能揭示正是启蒙的历史运动最终造就了当今隐匿治理技术的生命政治学。这一发现是晚期福柯经历了两次范式转变才完成的：从《词与物》到《规训与惩罚》，福柯从考古学（archaeology）推进到谱系学（genealogy）。考古学是考察建构知识的知识型（épistémè），其研究进路是线性的、单线程的。而谱系学则是多线程的，它要求在话语实践的意义上，还原生成知识的经验化过程[②]；而要考察这种知识的经验化，就必须从这种经验本身出发，就必须指向实现启蒙的历史运动。在《性经验史》第一卷之后自此出发，重新"综合采用考古学和谱系学的方法"[③]。因此，福柯才落脚到治理技术这一维度，并走向在启蒙历史向度的整体性中，来考察生命政治学是如何在启蒙的历史中出现的。生命政治学作为一种经验性的知识，是在自由主义旗帜之下的话语实践的产物——启蒙的历史产物。这意味着，不是理性先验规定启蒙的路径，而是相反启蒙的过程建构了理性的形式。因此福柯揭示了，近代以来张扬自由与科学的启蒙三次话语转向背后的双重逻辑：即表面上启蒙是"去旧"，是对旧时代的在宗教上、政治上对理性的解放；而实际上则是

[①] Michel Foucault, *Ethics: Subjectivity and Truth*, edited by Paul Rabinow, The New Press, 1997, pp. 303 – 319.

[②] See Michel. Foucault, "Nietzsche, Genealogy, History." In *Language, Counter-Memory, Practice: Selected Essays and Interviews*, edited by D. F. Bouchard. Ithaca: Cornell University Press, 1977.

[③] Michel Foucault, *Ethics: Subjectivity and Truth*, edited by Paul Rabinow, The New Press, 1997, pp. 303 – 319.

"立新",是始终面向当今的理性运用、普遍化的实现过程①。因此,福柯认为启蒙是一场不断历经转折的历史运动。

首先,启蒙的第一个阶段是自文艺复兴到 17 世纪启蒙时代(Age of Enlightenment),这一阶段是西方话语形成的幼稚期。其典型特征,是以各种艺术形式的流行、宗教改革以及启蒙思想传播为主要特征,在这一阶段西方话语传统尚且处于酝酿的时期。西方启蒙兴起于文艺复兴,但是文艺复兴却并非后来一般认为的,作为必然出现的西方近现代文明之曙光而出现的历史必然。一种独特的观点揭示了文艺复兴的偶然性,即文艺复兴源于大瘟疫对中世纪天主教社会的打击与削弱②。中世纪末期的黑死病不仅夺走数千万欧洲人的生命,而且削弱了天主教的权威与统治。既有的封建土地所有制对于欧洲密不透风的统治变得松散,城市工商业与港口贸易逐渐复兴,这使得诉诸人性的阳光、美好以及种种积极向上的素材,融入了艺术与文化运动的潮流。在所有名垂青史的艺术家:达·芬奇、米开朗琪罗、莎士比亚等大师活跃的西欧舞台,艺术繁荣的背后是欧洲商品经济与市民社会的发展。商业的发展产生对知识文化的长足进步的需要,艺术文学走向繁荣。那些举世闻名的艺术巨匠并非服务于教宗与国王,而是走出宫廷走向市井生活,而是服务于以美第奇家族(House of Medici)等为代表的工商业贵族③。可以说,政治由于文艺复兴时期工商业的发展——资本主义的萌芽,直接成为文艺复兴中知识分子的支持者。而这些知识分子又聚集在工商业主周围,形成了特定的欧洲近现代知识分子群体。

自文艺复兴以降的这一阶段,资产阶级发展成为一条伏线。君

---

① Michel Foucault, *Ethics*: *Subjectivity and Truth*, edited by Paul Rabinow, The New Press, 1997, pp. 303-319.

② The End of Europe's Middle Ages: The Black Death, at the Wayback Machine University of Calgary website, Archived March 9, 2013.

③ See Paul Strathern, *The Medici*: *Godfathers of the Renaissance*, London: Vintage Books, 2007.

主制国家仍然是居于统治地位，但是已经开始品尝资产阶级发展的果实。对于财富攫取与争夺演变为越发猛烈的宗教、王权与殖民地战争。这导致了更加沉重的赋税，君主压榨资产阶级，也依赖资产阶级，同时也提升了商业在国民经济中的地位。与此同时，资产阶级发展并崛起，在政治上要求越来越多的权益。在这种条件下，宗教改革成为新兴资产阶级的主战场。在宗教改革的意义上，近代西方资产阶级首先争取的自由就是话语自由权。所以启蒙的第一次转向，是从在艺术文化领域的人性追求，转向对启蒙理性的话语之自由权的追求，也就表现为对于科学精神的诉求。17 世纪的维柯在《新科学》中以一种宗教历史感的方式，预见了人的理性认知能通往新时代的曙光[①]。此后，为了确立西方话语的合法性，近代欧洲西方话语进入了知识与权力的主客体辩证法式的逻辑展开。

　　启蒙理念合法性的奠定，具有主体与客体的双重向度，二者区别明显但也千丝万缕地交融在一起。一方面，不论是笛卡尔的 Cogito, ergo sum（"我思故我在"）对于理性的本体论断言所开启的理性主义[②]，还是弗兰西斯·培根奠定的 ipsa scientia protestas est（"知识就是力量"）确立的实验方法基础上的经验主义[③]，启蒙表达为一种思想解放的主体向度。但是，"知识就是力量"的断言在西方语境中，还意味着"知识就是权力"，就意味着统治、支配与独断的逻辑，也存在于人权、自由与科学的逻辑之下。这意味着，随着人权、自由与科学话语的丰富与强化，"知识就是力量"的逻辑也在同步发展，二者"你中有我，我中有你"；而另一方面，从苏格兰启蒙到法国启蒙运动，启蒙经过经济学和政治学的知识化形成了诉诸财富与合法性的解放话语，从而构成了启蒙的客体向度。启蒙的理念的建

---

　　① ［意］维柯：《新科学》，朱光潜译，商务印书馆1989年版，第594—596 页。
　　② See René Descartes, *A Discourse on the Method*, Translated by Ian Maclean, Oxford University Press, 2006.
　　③ See Francis Bacon, *Meditations Sacrae and Human Philosophy*, Kessinger Publishing, 1996.

立不仅有内在逻辑不断丰富的维度，而且还有对理念主体化、现实化问题的考量。具体来说，就是启蒙理念需要被接受、启蒙理念需要与现实的问题结合以及启蒙理念需要基于丰富的内容。在这一意义上，抽象的启蒙理论被具体化、简明化甚至庸俗化为更为实用的意识形态。其结果是，启蒙成为以理性诉诸人权、自由与科学的意识形态：即以形而上学体系"科学"也建构知识系统的"自然性"。进而确认"天赋人权"，这实际上是对自由主义合法性的自证。

二 复数的启蒙：第二次启蒙转向

在启蒙的第二次转向，是从求真的理性认知转向了理性的现实化：即对前资本主义社会的变革运动，这表现为一系列的经济运动、政治运动以及思想运动。西方话语由此扬弃了主客体辩证逻辑，而走向实践性向度，并诉求理性在行动上的启蒙。

18世纪的康德在"什么是启蒙"（Beantwortung der Frage：Was ist Aufklärung?）中就曾断言：启蒙就是"Sapere aude!（勇敢地运用你自己的理智!）"[1]，是对理性的运用，这种启蒙是实践的。启蒙的任务在于，人通过这种理性实践，摆脱依附外在的"不成熟状态"，走向独立个体的普遍自由。在康德身后200年，福柯进一步剖析这种实践性背后的宏旨："人类要想逃脱自身的不成熟状态，既是精神性的，又是制度性的，兼有伦理意涵和政治意涵。"[2] 福柯认为，康德的启蒙意涵兼具自由与义务的二重性。这意味着启蒙解放人的同时，人也承载着启蒙的历史进程，正如福柯在"权力之网"讲座中所指出的：

> 归根到底，我想要提出的问题是：我们的社会、一般意义

---

[1] See Immanuel Kant, *Practical Philosophy*, Cambridge University Press, translated and edited by Mary J. Gregor, 1996.

[2] Michel Foucault, *Ethics: Subjectivity and Truth*, edited by Paul Rabinow, The New Press, 1997, pp. 303–319.

上的西方社会，是如何可能产生一种既是限制型的也是否定性的？为什么我们总是把权力理解为像是法律、禁止或是特权？显然，我们受到了康德的影响，道德法律，但"你应该"vs"你不应该"的道德律令、说到底是对人类行为进行调节的母体（matrice de toute la regulation）。①

在这一历史意义上，启蒙的实践转向尽管定位于康德，但是不可否认的是那些讨论到启蒙运动实践层面的伦理合法性的思想，为康德的论述奠定了基础。

而在19世纪，启蒙思想家对所有权的讨论过渡到了伦理法领域，而伦理法的构建则是以所有权的普遍性为前提。在这一阶段，资产阶级从理论与经济活动，走向越发大规模的政治实践。如果说英国革命还只是由资产阶级与领主的联合行动组成，那么在而后的一百多年中，资产阶级越发走向普遍运动，并最终引发了美国独立与法国革命。在这种背景下，洛克所说仅仅是从理论上去论证，卢梭则是直接提出从所有权过渡到伦理法的方案，即提出了普遍性的原则。卢梭并没有仅仅把契约理解为是单纯的约定俗成，而且还在于这一约定俗成奠定了普遍伦理行动的合法性，并且这种合法性运动在政治意义上具有直接的实践动力。社会契约意味着，形式平等的权利需要按照一定的社会群体的方式去行动。康德敏锐地洞察到了这一点，因而提出了"理性为自然立法"的断言。这意味着，要实现所有权的确立、所有权的普遍性应当在普遍行动中去理解，正是在伦理上将个体理性上升为行动上的绝对律令。康德提出的彻底的实践方案，是行动决定理念，而非相反。在此意义上，康德站在卢梭的思想地基之上，就像是伽利略站在牛顿的肩膀上。

从某种意义上讲，康德的批判其实就是理性的自我批判与自我

---

① Michel Foucault, *Les mailles du pouvoir*, *Dist et Écrits IV*, Paris: Gallimard, 1994, pp. 182-201.

设限。因而，启蒙经由康德论述之后，就意味着启蒙在理念上是公开的自由，在私下个体层面则是基于理性的服从，这成为康德启蒙学说的内在矛盾①。因而福柯引入波德莱尔来批评康德的启蒙理性是一种"英雄化"的自我创造②，而这掩盖了启蒙所宣扬的人道主义与启蒙的历史过程之间的张力。这是由启蒙自身的复杂性决定的："启蒙是一个或一系列事件，是一系列复杂的历史过程，定位在欧洲社会发展过程某一特定的节点之上。"③ 因此，康德式的启蒙精神确立了当代的优先性，因而强加给个体一种启蒙的历史视角，要求肯定和接受理性运用的规则。因而当启蒙的话语转向实践就必然走向理性的体系化和普遍化，以将个体吸纳进入这个理性的秩序。斯密的"看不见的手"、黑格尔的"理性的狡计"无不是对于普遍理性的运用主导启蒙历史进程的指认④。其结果就是普遍化的市场理性，是"理性人"＝"经济人"，是市场规律作为合理性的意图成为自由主义合法性根基的。因此，福柯指出内在的市场理性被合理放置到个体层面的普遍观念中，意味着自我约束性（自拘性）的形成⑤。而这种对于个体约束观念知识的形成，意味着治理技术的产生，这是支撑自由主义的基石。

三　启蒙与神话：第三次启蒙转向

启蒙的第三次转向，是资产阶级启蒙的实践转向，也就是从诉诸社会变革性实践运动转向服务于西方国家治理的权力意图。随着

---

① See Immanuel Kant, *Practical Philosophy*, Cambridge University Press, translated and edited by Mary J. Gregor, 1996.

② Michel Foucault, *Ethics：Subjectivity and Truth*, edited by Paul Rabinow, The New Press, 1997, pp. 303 – 319.

③ Michel Foucault, *Ethics：Subjectivity and Truth*, edited by Paul Rabinow, The New Press, 1997, pp. 303 – 319.

④ 《马克思恩格斯全集》第 30 卷，人民出版社 1995 年版，第 25—27、43—44 页。

⑤ 参见张一兵《回到福柯》，上海人民出版社 2016 年版。

自由主义的推行、现代科技的发展蜕变为工具理性，资产阶级意义上的主体启蒙运动走向消亡，剩下的是在资本主义社会的总体性层面诉求理性的日常化。这意味着随着市场扩张，理性渗透到普遍个体的方方面面，整个社会的理性治理不再以思想解放为第一目标，而是以思想的同一为目标、以思想服务于西方国家治理为目标。

　　进入 20 世纪，启蒙的目标不再是人，而是生命及其社会生活状态。于是治理技术普遍化了，自由与科学被工具化为社会管理的生命政治学，并植入到个体生活中去。因此，生命政治学标志着启蒙从诉诸自由解放走向了社会管治，西方话语走向对历史的遮蔽，启蒙反而走向了反启蒙。因此福柯高度评价《启蒙辩证法》，他认同法兰克福学派通过对"工具理性"的批判反思启蒙[1]，认为《启蒙辩证法》揭示了埋藏在科学技术知识背后的是工具化的启蒙意图[2]。在福柯看来，对于工具理性的批判并非单纯对科技的反思，而是对渗透和治理技术的西方现代化进程的反思。早在 19 世纪末，尼采就观察到，启蒙的乐观主义精神塑造了现代性，同时也撕开了传统生活的纽带。尼采预言现代化的进程也同时面临着虚无主义的深渊与"末人政治"的潜在危机[3]，因此反思启蒙以来的西方文明。而到海德格尔那里，则重新从物化的角度揭示了现代虚无主义的深层原因：即科学技术作为现代世界图景中的桥梁，意味着生产方式、社会组织被技术化了。现代社会成为将人计算化的普遍联系，导致了人的此在状态（Da-sein）在现代社会的沉沦[4]。而到了霍克海默和阿多诺那里，对科学技术的批判推进到对启蒙传统的反思。现代

---

[1] *Remarxs on Marx*, Tanslated by R. James Goldstein and James Cascaito, New York: Semiotext（e），1991，pp. 115 – 129.

[2] 张一兵：《回到福柯》，上海人民出版社 2016 年版，第 419 页。

[3] ［德］尼采：《查拉图斯特拉如是说》，钱春绮译，生活·读书·新知三联书店 2014 年版，第 106 页。

[4] 参见［德］海德格尔《演讲与论文集》，孙周兴译，生活·读书·新知三联书店 2005 年版。

社会的建立召唤出的启蒙及其对理性的诉诸,必然导致通往工具理性的逻辑。如斯可见,他们揭示了启蒙的内在悖论,揭示了启蒙在其辩证法中走向了反启蒙。

第三节　西方现代性难题与启蒙批判

由上可知,晚期福柯实际上是从知识与权力关系的线索,抓住了启蒙所面临的西方现代性难题。而在欧洲启蒙的 500 年历史中,启蒙背后之意图诚然表达为一种资本主义建立自身统治的过程,但却造成了启蒙走向蒙昧的西方现代性难题。而这不过是因为,启蒙并不只是思想运动沿着理念现实化发展,而且启蒙作为实践——政治运动——过程就具有了不确定性。就此而言,启蒙之于福柯并非是一个线性的过程,反而是一个充满偶然的历史事件,是多种社会力量"你方唱罢我登场"的局面,这体现在晚期福柯对于法兰克福学派批判启蒙神话与工具理性的解读中,后者体现了法兰克福学派与福柯在启蒙问题上的共识。

一　西方现代性难题

晚期福柯基于谱系学对于欧洲近现代启蒙的重新思考,揭示出启蒙走向蒙昧的西方现代性难题,后者使其与法兰克福学派启蒙批判形成对话与共鸣。在 1978 年福柯与特隆巴多利(Duccio Trombadori)的一次对话中,集中谈到了以霍克海默、阿多诺等为代表的法兰克福学派对欧洲启蒙的批判[①]。这次谈话中,福柯高度肯定了法兰克福学派从工具理性这一角度对欧洲启蒙历史的批判,并且点明

[①] Adorno, Horkheimer, and Marcuse, *Who is a 'Negator of History?'*, *Remarxs on Marx*, Tanslated by R. James Goldstein and James Cascaito, New York: Semiotext (e), 1991, pp. 115 - 129.

了法兰克福学派的启蒙批判与马克思思想之间的关系①。从语言行动的角度来看，晚期福柯评述法兰克福学派的启蒙批判实质上也是在与马克思"对话"。晚期福柯强调社会治理的权力线索、法兰克福学派强调人文技术化维度、马克思则强调批判资本逻辑，都指向对西方现代性的反思。

法兰克福学派的启蒙批判并非是单一的哲学史、思想史与科学史论述，而是直接地指向20世纪资本主义启蒙实践所引发的西方式现代化问题。法兰克福的启蒙批判的现实关怀，是福特制资本主义引发的种种变革之后，西方当代社会所面对的问题与危机。法兰克福学派对于德国资本主义社会的时代关怀，揭示出了整个近现代西方人文精神传统中负面的、失控的并且是与主流观念思潮背道而驰的一面。按照历时性的线索，可以看到启蒙批判是法兰克福学派社会批判传统的重要组成部分，其所重点讨论的是德国从20世纪30年代到战后时期内资本主义发展的问题，并由此展现出基于批判理论视域的历史逻辑线索：

（1）法兰克福学派的启蒙批判，源自于对一战后到魏玛共和国（Weimar Republic，1918—1933）时期整个德国社会历史变迁的重要反思。一战对整个欧洲乃至当代西方造成巨大创伤，这种创伤表现为在当代西方中的动荡与不安：一方面是满目疮痍的欧洲所暴露的资本主义社会的尖锐问题，另一方面则是顺势而为席卷欧洲的无产阶级革命。但是不同于十月革命后，俄国苏维埃政府成功建立并不断牢固，德国的无产阶级革命遭受残酷镇压，在德国十一月革命（German Revolution of 1918 – 1919）中李卜克内西与罗莎·卢森堡所领导的德国共产党建立苏维埃的尝试失败，资本主义的魏玛政权建立。在这种历史大背景下，一战后的德国左翼知识分子陷入一种举步不前的两难困境：即一方面他们清晰地看到第一次世界大战的浩

---

① ［法］米歇尔·福柯：《福柯读本》，严泽胜译，北京大学出版社2010年版，第140页。

劫与资本主义政权的无能，并开始自觉地反思资本主义、拒斥资本主义；但另一方面，他们面对现实的无产阶级革命的挫折，意识到盲动式的革命路径在资本主义严酷统治的西欧没有一线生机。在这种特殊的背景下，在德国高校的学术机构为左翼思想提供了得天独厚的阵地，法兰克福学派及其社会批判理论传统得以形成和发展。

（2）随着"大萧条"席卷全球，资本主义社会的内在矛盾与危机不断加深，魏玛政权摇摇欲坠、法西斯主义开始冲击主流的资本主义社会秩序。在大萧条以后的时代，整个当代西方是一片末日景象，而另一种社会道路成为西方知识分子几乎普遍的话题。

在这种情况下，法兰克福学派顺应历史发展的时代要求。一方面，他们积极地吸收韦伯、卢卡奇等理解20世纪资本主义发展的新观点，另一方面更加旗帜鲜明地"倒向"主张扬弃资本主义的马克思主义。1931年随着霍克海默担任法兰克福研究所所长，"哲学与社会科学的联盟"成为社会批判理论的基本方法，并且旗帜鲜明地倒向马克思主义立场。在这一旗帜之下，法兰克福学派形成了以霍克海默与阿多诺为核心，基于波洛克（Friedrich Pollock）与格罗斯曼（Henryk Grossmann）等的经济学研究、弗洛姆的心理学研究、阿多诺与本雅明等人的哲学与艺术理论研究，组成了相互影响、争鸣并且具有明确主线的学术研究传统。

"哲学与社会科学的联盟"这一方法，是霍克海默在1931年出任法兰克福研究所所长的就职演说时提出的科研路径。这一主张的目的是为了继承和发展马克思思想开辟的道路，拓宽马克思主义的可能方式与边界[1]。而霍克海默的这一主张，在战后的欧洲思想界得到了更广泛的传播。可以说，从法兰克福学派诸位干将波洛克、阿多诺、马尔库塞等人对经济学、美学与心理学等学科交叉式的、跨

---

[1] Max Horkheimer, *Between Philosophy and Social Science: Selected Early Writings Studies in Contemporary German Social Thought*, Massachusetts: MIT Press, 1993, pp. 9 - 11.

越式与综合式的发展，到结构主义、解构主义思潮的迅速传播，"哲学与社会科学的联盟"不仅是西方马克思主义发展的一条主线，而且在 20 世纪后半叶都成为人文社科研究的时代潮流。

"哲学与社会科学的联盟"成为一种传统：即确立一种研究社会科学的哲学方法论，使得人文社科的基础理论研究能够基于统筹社会科学研究的最新进展，然后进行跨学科的研究。正如霍克海默所言："当前的问题是把当代哲学问题所提出的那些研究系统地整合起来。哲学家、社会学家、经济学家、历史学家以及精神分析学家们因为这些哲学问题而集合为一个永远的合作团队，共同着手解决这些问题"[1]。法兰克福学派的学术贡献的基础，是团队的成果：即依靠经济学、心理学、社会学家团队的跨学科研究，进行思想拓展并在理论上创新。"哲学与社会科学的联盟"的这一传统与路径，在战后西方学界迅速成为潮流，使得马克思主义的哲学认识论方法广泛地与人文社会科学方法交叉、综合。在 20 世纪六七十年代，阿尔都塞的认识论断裂（epistemological break）、福柯的知识型（épistémè）与库恩的范式（paradigm），这三种近似的理论奠定了严谨的社会科学研究的哲学方法论。"哲学与社会科学的联盟"所追求的，并非用哲学发展科学，也不是简单地用科学检验哲学，而是追求相互促进："简而言之，这项任务是做所有真正的研究人员一直以来所做的事情：也就是说，在最精确的科学方法的基础上追求更大的哲学问题，在实质性工作过程中修改和完善他们的问题，并且开发新方法而又不失去更广阔语境。通过此路径，并没有回答哲学问题的'是或否'。相反，这些问题本身已整合到实证研究过程中。他们的答案在于客观知识的进步，而客观知识本身又会影响问题的形式。"[2] 法兰克福学派的这一精神与晚期福柯的思考异曲同工，体现

---

[1] Max Horkheimer, *Between Philosophy and Social Science: Selected Early Writings Studies in Contemporary German Social Thought*, Massachusetts: MIT Press, 1993, p. 9.

[2] Max Horkheimer, *Between Philosophy and Social Science: Selected Early Writings Studies in Contemporary German Social Thought*, Massachusetts: MIT Press, 1993, pp. 9 – 10.

在其强调知识型、谱系学方法的同时，重视实证①。

（3）同样是对于20世纪资本主义与西方现代性的反思，法兰克福学派与当时流行的哲学沉思——尼采主义的意志哲学、胡塞尔的现象学以及与海德格尔的存在主义——的路径是不同的，而是诉诸一条从社会科学角度探讨哲学方法与认识论的人文科学路径：即霍克海默所提出的"哲学与社会科学的联盟"。这在法兰克福学派所主张的启蒙批判中尤为明显，或者说这构成了启蒙批判的前提与基础。在这种历史背景下，考察法兰克福学派传统下对启蒙的批判的理论构成，其理论基础是波洛克与格罗斯曼对于20世纪资本主义生产方式的研究进展。他们基于韦伯对20世纪资本主义的"科层制"分析，一方面，剖析了"大萧条"的深层原因，从资产阶级生产的组织层面考察这次危机。因而与第二国际的经济决定论分析不同，波洛克与格罗斯曼重估了大萧条危机的性质；另一方面，波洛克与格罗斯曼着眼于大萧条带来的经济疲软与法西斯崛起的关系，发现了金融资本的权力向国家位移这一趋势，导致了自由市场意义的生产和分配规律趋于解体，使得国家成为超越阶级的存在②。在这一重大理论贡献的基础上，才有了本雅明所提出的"机械复制时代艺术"的批判与阿多诺提出的"文化工业"（culture industry）批判理论，后者为1944年出版的《启蒙辩证法》做出了重要的铺垫。

二战后，"哲学与社会科学的联盟"这条路径更加成熟和清晰，这其中有两个关键因素：其一，从二战到战后资本主义发展的历史对包括法兰克福学派在内的整个西方知识界造成巨大冲击。第二次世界大战的残酷与野蛮，不仅彻底击碎了18、19世纪以来一般欧洲知识分子以西方文明为中心自居的信念，也打断了西方现代化进程给予西方世界的进步概念，而且中断了文艺复兴以来欧洲蓬勃向上

---

① Michel Foucault, edited by Lawrence Kritzman, *Politics, Philosophy, Culture—Interviews and Other Writings*, 1977–1984, New York: Routledge, 1988, p. 47.

② 参见［美］M. C. 霍华德、J. E. 金《马克思主义经济学史》，顾良海、常庆欣等译，中央编译出版社2003年版。

的历史感。无怪乎《启蒙辩证法》会对西方中心论与历史进步论展开深入的批判，更不消说马尔库塞会展开对整个西方近现代文明的大反思①。其二，法兰克福学派的启蒙批判落脚于对当代资本主义的物化现象的批判。从第一次世界大战到二战结束短短的 30 年之间，资本主义社会及其现代性的扩张历经了军事失控、经济危机、政治危机以及意识形态危机。在这不过是一代人的时间里，法兰克福学派成员经历启蒙精神在整个西方的大退步：即从对社会繁荣的憧憬，一步步倒退到极端的矛盾与剧烈冲突，最后爆发严重的危机与惨烈的战争，最后只留下满目疮痍的世界，以至于人类甚至只能祈求生命的存续。但是，不同于战后大行其道的各种人道主义思潮，法兰克福学派传统将批判的对象指向社会现实因素：即当代资本主义的发展和嬗变过程。

对于工具理性的批判并非是一种抽象的对于理性的谴责，而是着眼于 20 世纪资本主义的危机，在那些与自由、人权所背道而驰的社会统治手段背后，其内在逻辑与自由、平等与人权等启蒙理念在观念意识形态上实则一致。在这一点意义上，资本主义启蒙的过程中也存在着对人压迫与奴役的过程。法兰克福学派对于这一问题的深入思考，为晚期福柯所高度认同。而资本主义启蒙所具备的工具理性的一面，也与福柯在《规训与惩罚》中所强调的规范性施加于人的身体的规训如出一辙。以至于晚期福柯公开地坦承，自己的学说与法兰克福学派有着堪比"手足"的关系②。

二　法兰克福学派的启蒙批判

从晚期福柯多次谈到法兰克福学派的启蒙批判来看，晚期福柯对于启蒙悖论的揭示是高度认同的。这种高度认同在于，福柯将对

---

① 参见［美］赫伯特·马尔库塞《爱欲与文明》，上海译文出版社 2008 年版。
② ［法］米歇尔·福柯：《福柯读本》，严泽胜译，北京大学出版社 2010 年版，第 142 页。

于工具理性的批判看作是解构西方现代化进程的另一种理论路径。甚至福柯自己也坦承，霍克海默与阿多诺实际上早在他之前已经做了很多重要的工作与发现①。通过对于《启蒙辩证法》和《规训与惩罚》中学说的对比，可以看出体现在劳动中的工具理性与福柯所批判的工厂中的规训极其相似。那么能否就认为，晚期福柯的启蒙批判与法兰克福学派的启蒙批判是完全一致的？

晚期福柯对于法兰克福学派的启蒙批判主张的肯定，更多的是基于晚期福柯对于西方国家治理阐发的需要。福柯在20世纪70年代对于法兰克福学派的关注与阅读的过程中，把握到其既有的学说中与霍克海默、阿多诺等人看待启蒙之洞见的交集。这一交集表现在几个方面：

（1）晚期福柯认为，法兰克福学派揭示了启蒙理性具有的"权力的效应"的一面②。晚期福柯在1978年与特隆巴多利的对话中，福柯坦承法兰克福学派所揭示的是另一种西方社会进程的历史线索：即不管从历时性还是地缘的角度，自16世纪以来的、追求自由解放的西方启蒙理念，在其实际的启蒙运动中却走向对人的奴役与压迫。

（2）在对于启蒙理性中压迫与奴役的一面的揭示，晚期福柯与法兰克福学派有一个共识，就是体现在工厂中的资本主义生产过程中的劳动本身包含了资本对人的权力效应。在《启蒙辩证法》中，工具理性作为启蒙的另一面，实际上是被掩盖在资本主义的历史中。工具理性在逻辑形式上与启蒙理念是一致的，但是却表现为与自由解放截然相反的强制与压迫，这是启蒙这一命题所内在矛盾的地方。霍克海默与阿多诺认为，工具理性尽管作为一种合乎理性的形式，但是其源头并非来自于启蒙理念，而是来自于工厂中的生产性劳动的物化现象。在他们看来，社会生产的进步不仅带来社会秩序的稳

---

① See Remarxs on Marx, Tanslated by R. James Goldstein and James Cascaito, New York: Semiotext (e), 1991, pp. 115–129.

② See Remarxs on Marx, Tanslated by R. James Goldstein and James Cascaito, New York: Semiotext (e), 1991, pp. 115–129.

定，而且导致了科层制的社会组织管理凌驾于人。其结果是，财富越增长，西方精神就越物质化、虚无化[①]。法兰克福学派不仅指出了资本主义的机器大工业生产对于资本主义社会制度的塑造，而且强调20世纪的福特制资本主义所导致的科层制将西方政治模式推向了极端化。

（3）法兰克福学派与晚期福柯在对于启蒙进程在发展到20世纪资本主义，有着一致的失望与无力感。不管是霍克海默、阿多诺，还是福柯，20世纪历史展开的是一幅西方衰落的历史图景：从一战对历史进步造成的大挫败、大萧条所制造的经济生活的崩溃、法西斯主义崛起将西方政治的文明状态转向野蛮征服的逻辑到最后几乎将欧洲乃至全世界葬送的第二次世界大战。如果说霍克海默与阿多诺的《启蒙辩证法》已经是站在二战的末尾，而对自文艺复兴以来的西方文明的反思，冷战则将时代左翼知识分子的失望情绪彻底降到冰点。而冷战则意味着西方文明不但并未从20世纪的一系列巨大历史灾难中吸取教训，反而更加肆无忌惮地在更大的灾难边缘疯狂试探。而法兰克福学派这一代一战时期成长起来的知识分子对于西方社会的绝望情绪，也延续到后来的阿尔都塞等结构主义者、马尔库塞等新左派以及包括福柯在内的解构主义者。当法兰克福学派将批判指向西方中心主义与历史决定论，不仅有对于资本主义的工业化进程的批判，而且有对于整个西方近现代道路的反思。同样地，按照福柯的看法，当资本主义社会发展到新自由主义模式、产生生命政治学，就已经走向了人类解放的反面。

三 晚期福柯的启蒙批判

晚期福柯在高度肯定法兰克福学派的同时，也同霍克海默的启蒙批判逻辑区分开来，而福柯同霍克海默等法兰克福学派启蒙批判

[①] ［德］马克斯·霍克海默、西奥多·阿道尔诺：《启蒙辩证法》，梁敬东、曹卫东译，上海人民出版社2006年版，第3—5页。

的分歧体现在几个方面：

（1）尽管他们都极其重视对20世纪西方现代性危机的关注，并且他们在对于当代资本主义的理论投射有很大的交集，但其各自理论探讨却走向了不同理论路径。在霍克海默、阿多诺那里，有一条清晰的主体理论向度，他们从资本主义社会物化现象这一问题出发，所探讨的是超越资本主义物化的路径问题。早在法兰克福学派之前，类似于物化批判的逻辑，就已经在尼采对"末人政治"的批判中展开。尼采根据对19世纪功利主义的纯粹哲学反思，揭示了西方现代性危机的虚无主义倾向。而尼采对于虚无主义的批判，也影响到海德格尔、萨特等存在主义思想家，后者将大萧条与两次世界大战等西方文明的灾难与自毁倾向，归结于现代性的技术化维度所造成的人类此在（Da-sein）状态向物的沉沦[1]。因此不论是海德格尔批判西方人文精神的技术异化，还是萨特批判帝国主义极权对人性的摧残，都是在将现实的西方文明社会问题归结为启蒙人文精神跌入虚无主义的危机。不论是"哲学与社会科学的联盟"，还是纯粹哲学的路径，他们毫无疑问都抓住了资本物化中的核心问题：即文艺复兴以来的西方近现代文明的启蒙运动，其基础是以物化劳动为必要前提的资本增值与扩张体系。而作为启蒙理念的自由的现实化过程，那些从物质财富积累、政治制度设计到意识形态化的历史进程无不都是致力于巩固资本对外部客观实在的支配能力，而这种能力核心的历史驱力正是来自于工业化的进程。也就是说，从尼采、海德格尔到法兰克福学派等都对于西方式现代化所展现的文明形态表达了悲观态度与深切忧虑，而这些思想家也都几乎无一例外地、在客观上都否认了西方式现代化路径能够继续下去的可能，现代人的生存状态是"无家可归的"（Unheimlichkeit）[2]。

---

[1] 参见［德］海德格尔《存在与时间》，陈嘉映、王庆节译，生活·读书·新知三联书店1999年版。

[2] ［德］海德格尔：《存在与时间》，陈嘉映、王庆节译，生活·读书·新知三联书店1999年版，第219、317页。

尽管法兰克福学派与福柯都指认出启蒙在西方现代化中的嬗变这件事情，但福柯并不认为启蒙的进程会因为现代性的危机而走向终结。诚然，按照福柯在《规训与惩罚》中所揭示的解剖政治与规训来看，与20世纪西方哲学对于物化现象的批判可谓异曲同工，二者的交集就在于规训与物化都描绘了工厂中对于劳动的强制与压迫。并且这种强制与压迫是采取纪律的形式，它不是在宏观意义上的司法形式，而是在微观意义上、渗透到工作生活的点点滴滴中的、无声的强制。但是对于福柯所揭示的生命政治学及其治理技术，却是以非强制的、物化的方式展开的规范性。其所以如此，是因为治理技术表现为一种经济性质的权力，是以经济生活的方式把人纳入到资本主义社会的规范性之中。因此，操控治理技术能够实施的是生命政治学，是以人口学、统计学、公共医疗与安全系统等为内容的当代资本主义的科学化管理。如果说物化与规训是从外部对人进行渗透，因此表现为资本主义的社会意识形态。那么治理技术则是借助人们所已经固有的常识，从内部驱使人们主动融入规范性的管理。简单来讲，物化与规训是外部的、强制的，而治理技术则是内部的、非强制的、诱导的。在这一历史意义上，启蒙只是走向了其反面，但是由于生命政治学的出现，名为启蒙的名存实亡的进程依然会继续下去，并且成为资本主义社会治安的重要部分。

（2）法兰克福学派与福柯在对待资本主义社会总体性与主体性的态度上截然不同。不论是海德格尔、萨特还是法兰克福学派，他们对于启蒙的理解都包含着这两重理论视角：其一，从主体的向度考察西方现代文明扩张的困境。值得注意的是，他们在主体向度上的思索并不意味着他们不关注个体，而是他们在论述那些涉及个体问题的时候，总是把个体放置在主体进程中去考量。其二，法兰克福学派对于历史总体性的理解的现实基础来自于对资本总体性的观察，这实质上就是卢卡奇所指出的作为马克思主义哲学之方法的总体性视角①。诚然，这种总体性视角源自于马克思的政治经济学批判对于资本积累的分析，后者揭示了资本主义的历史进程发展，是按照资本生产与再生产的内在矛盾运动展开的。而在法兰克福学派所观照的 20 世纪，资本主义生产方式发展到福特制资本主义阶段。在生产层面，福特制生产方式产生了科层制、帝国主义与文化工业，在整体上提高了资本主义生产的水平与能力，并因而导致了大萧条产生。但是从资本流通层面看，福特制生产方式也导致了过度积累与生产过剩。因而在第一次世界大战之后，资本主义世界出现了一个奇怪的现象：即经历过战争冲击的资本市场，并未因为国际秩序主导下的利益再分配而走向繁荣与均衡，反而制造了泡沫经济下的经济虚假繁荣。

　　对于这一问题，在《资本论》第二卷中的"简单再生产"一章中，马克思就发现在资本周转过程中，作为社会生产两大部类的生产部类与消费部类的相互交换共同完成资本周转的过程②。消费部类是资本周转的必要环节，是资本再生产过程中实现资本的必然步骤。罗斯福新政的巨大成功使得战后凯恩斯主义大规模推行，后者大量地动用政府财政、推行福利国家制度，从而在国家资本主义引导下大力发展全社会的消费部类。正是在这一历史意义上，文化工业、福特制资本主义与福利国家三者并行不悖。因此，不论是本雅明讨论"机械复制时代艺术"，还是阿多诺批判工具理性，他们就不仅仅是在文化哲学意义上批判启蒙，而且因为这是在直接地批判文化工业，自然也就是在福特制资本主义意义上解构当代资本主义再生产。值得注意的是，文化工业并不就只是意味着资本主义进行文化生产的这件事情，因为文化工业本身也是资本再生产过程中的一个重要环节，所以也就意味着文化工业是资本主义总体性的客观要求。

---

　　① ［匈牙利］格奥尔格·卢卡奇：《历史与阶级意识》，商务印书馆 1992 年版，第 50—60 页。

　　② 《马克思恩格斯全集》第 45 卷，人民出版社 2003 年版，第 438—442 页。

因此，法兰克福学派尽管批判资本的同一性，并视之为物化在形而上学层面的原因，但却并不否定主体与主体性。在霍克海默与阿多诺看来，劳动的物化是启蒙陷入技术理性的必然产物，以至于启蒙在追求自由的同时，也物化人、蒙昧人，启蒙的历史也就是在这种自相矛盾的过程中推进下去的。回到法兰克福学派关于文化工业的讨论中，文化工业又不只是在资本主义社会再生产中扩大消费部类，而且还意图实现对工人阶级主体瓦解与对主体性的消解。诚如本雅明所提出的"机械复制时代艺术"、马尔库塞与弗洛姆所批判的消费社会与单向度的人现象，正是消费将工人阶级紧密地捆绑在资本主义再生产的总过程中。而消费社会所制造的景观，同时也在制造着工人阶级在物质与文化层面的新需要，后者包括个性化的、高品质的与符号化的消费形式。在生产层面，工人供职于工厂而从属于谋生劳动。而每当资本主义爆发危机，工人阶级的谋生就会陷入困境，彼时工人阶级就会成为革命的主体。但是，消费社会将大大降低生产过剩的风险，也大幅地减少了资本主义危机爆发的可能性，同时文化工业也将工人阶级的日常生活紧密地捆绑在资本主义再生产之上。纵观大萧条以后的当代西方经济改革，实际上是将剩余价值从生产资料部类商品的消化转移到消费部类，并通过文化工业吸收过度积累的资本。因此在福特制资本主义时代，工人阶级受惠于福利国家的政策支持，而几乎不会为生存而担忧。而在这种情况下，资本进行剩余价值剥削的主要部分也从生产过程转移到再生产过程中，从生产部类转移到消费部类。在这种情况下，尽管工人的革命主体性始终存在，但是却难以再度汇聚为革命主体。工人阶级不革命了，这是福特制资本主义时代的工人阶级所面临的现实困境。

（3）法兰克福学派与福柯分歧的根源在于他们理解总体性的视角是不同的。除开解构主义的立场，福柯并不否认资本主义在社会总体层面所具有的生产与再生产意义。从历时性的线索来看，福柯所面对的是资本主义生产方式从福特制转向后福特制的时代。后福特制生产的典型特征是工厂中的全自动生产系统，后者代替了由科层制组织生产的管理方式。一言以蔽之，后福特制意味着计算机管理在很大程度上代替了官僚式的管理，工人和资本家都要服从全自动的计算机操作系统。在这一历史条件下，工厂并不需要很多工人工作，过剩的工人被赶出工厂，这是后福特资本主义所产生的普遍现象。而那些大量离开工厂的产业工人则被吸收到专门从事社会管理、服务与保障等部门，后者进一步扩大了资本周转的消费部类。于是乎，工人阶级的谋生不再直接参与生产过程，而是同资本主义的再生产部门——消费、管理与服务等——直接挂钩，并与资本主义的总体性捆绑在一起。这种生产方式转型的必然结果就是，工人阶级往往不再直面生产过程中的谋生劳动矛盾，而是更加关注就业、福利与待遇等方面的诉求，工人阶级的革命主体性也因此趋于消解。

而晚期福柯所理解的总体性并非是资本生产层面的总体性，而是资本再生产层面的总体性，后者涉及资本主义规范性问题，也是具体的治安问题。确切地讲，这种资本再生产的总体性直接来自于当代资本主义的规范化。晚期福柯准确地把握到当代资本主义的核心矛盾转向：即从生产价值的过度积累导致的阶级矛盾，转向了当代资本主义的治安何以实现的矛盾，生命政治学是其直接产物。与福柯所不同的是，阿多诺直到《否定辩证法》中都并未否定主体性，即使是在消费社会，工人阶级依然是消费的主体，资本主义社会依赖于工人消费来支撑资本主义再生产。阿多诺认为消费社会的问题不在于工人阶级主体的解体，而在于资本主义社会再生产所不断制造的同一性。启蒙神话、工具理性、合理性等尽管遮蔽了工人阶级的主体性，但是不能消解马克思主义哲学中的否定性方法，后者意味着工人阶级可以将思想理论付诸实践去消灭同一性对自身的束缚，从而解放主体[1]。而福柯则认为，工人在阶级意义上的主体性本身已经为资本主义的治安所稀释了，工人阶级的主体不过是规范性内在

---

[1] 参见［德］阿多尔诺《否定辩证法》，王凤才译，商务印书馆2019年版。

的一部分。诚如晚期福柯在"生命政治学的诞生"系列讲座中所做出的关于"牧权"的隐喻，他认为当代资本主义治理所采取的是一种类似基督教的社会统治模式。所谓的"牧权"政治，实质上是一种共同体政治。在中世纪的基督教社会中，基督教教团是一个信仰的共同体。在这个共同体中，教徒是上帝的羊群，先知、教皇、基督教国王等是上帝的代理人。代理人管理羊群，固然是需要让羊群风调雨顺的生活，更重要的是以信仰团结羊群在上帝周围[1]。在当代资本主义中，由规范性所建构的市场是共同体，工人阶级是羊群，资本家是代理人，而资本才是那个主宰一切的上帝。因此，羊群信仰上帝的比喻，正是当代西方工人阶级接受生命政治学的现代性神话。所以，在晚期福柯看来，尽管启蒙名存实亡，但规范化不会停止，而是会继续建构消灭革命主体性的规范性。而规范化的最终结果，就是无孔不入的资本主义总体性，以及在这种总体性支配下的人格化社会存在表象为符号化、数据化与工具化的人口[2]。在这一历史意义上，启蒙精神也就沦为西方话语中的贫乏形式，仅仅成为一种符号。而晚期福柯的那些对西方现代性的思想解构、对当代资本主义的解剖以及对西方话语的理论研判，成为当今仍然活跃在学界的生命政治学理论家的总问题起点。

---

[1] 参见［法］米歇尔·福柯《生命政治学的诞生：法兰西学院演讲系列1978—1979》，莫伟民、赵伟译，上海人民出版社2010年版。

[2] 参见［法］鲍德里亚《警察与游戏》，张新木等译，南京大学出版社2013年版。

第 五 章

帝国、例外状态与免疫：
西方现代性在当代

  "即使人们勉强承认马克思当今将会消失，他在未来必将回归。"①

  晚期福柯的理论贡献深度地影响到他的追随者，令后者拓展了解构西方现代性的新视野。次贷危机（Subprime Crisis）爆发以来，由"华盛顿共识"所确立的新自由主义全球秩序走向瓦解，西方现代化模式陷入泥潭，随之而来的霸权主义、难民与防疫等难题持续不断地撕裂当下的西方社会②。时代的剧变既引发了奈格里、埃斯波西托与阿甘本等对西方现代化的反思，也使之惊叹于晚期福柯对于新自由主义、生命政治学等问题的深远预见。沿着晚期福柯的思想路径，他们分别从全球化、西方国家治理与共同体的层面，揭露了西方现代性的当代形式：即霸权、例外状态与免疫。值得注意的是，

---

① Michel Foucault, edited by Lawrence Kritzman, *Politics, Philosophy, Culture—Interviews and Other Writings*, 1977 - 1984, New York: Routledge, 1988, p. 45.
② See John Williamson, "What Washington Means by Policy Reform", in: Williamson, John (ed.), *Latin American Readjustment: How Much has Happened*, Washington: Peterson Institute for International Economics, 1989.

奈格里、埃斯波西托与阿甘本等将解构西方现代性推向当代的同时，其理论也存在反主体、非历史性、形而上学等问题。

第一节　帝国与全球化

21世纪资本主义全球治理命题及其批判，是晚期福柯思想发展的重要理论阵地。哈特、奈格里等"自治主义马克思主义"（Autonomist Marxism）打开了当代资本主义全球治理的批判视域。随着《帝国》的出版，他们揭示出"帝国"（empire）与"大众"（multitude）的对立格局，重新建构新的政治哲学范式。"自治主义马克思主义"，源于在20世纪六七十年代繁荣一时的意大利自治主义（autonomism）运动，这一运动具有鲜明的政治意涵：即强调活劳动（劳动者、工人）对资本的对抗，诉求工人阶级在国家、政党、工会之外独立"自治"（autonomy）的逻辑。自治主义运动实际上在20世纪70年代末就开始衰落，但随着新自由主义与资本主义全球化扩张，当代资本主义的全球治理随即展开。自治主义者们将福柯、德勒兹等关于生命政治学、控制的理论重新整合，并以"自治主义马克思主义"的旗帜复归[①]。

可以说，对于生命政治学的解读和重建正是他们的理论核心。值得注意的是，尽管自治主义者对于生命政治学的理解，直接来自于福柯，但他们着重聚焦于作为资本权力的生命权力及其效应，从而理解生命权力的生产和再生产，并力图以生命政治学替代马克思的政治经济学批判。总的来说，哈特、奈格里对于生命政治学的发展，是在资本主义生产与再生产层面，以劳动形式为基础的生命权力批判。他们从晚期福柯对于生命政治学的消极性揭示，走向生产

[①] 刘怀玉、陈培永：《从非物质劳动到生命政治学——自治主义马克思主义大众政治主体的建构》，《马克思主义与现实》2009年第2期。

层面的积极生命政治学的理论建构。他们从而从对帝国、大众的形而上的阐释，转向了对生命政治学发生学式的解构。从而走向在共同体意义上的、大众主体性重建的通向解放的生命政治学。

一 "帝国"的逻辑

20世纪末，哈特与奈格里提出著名的"帝国"理论，因此而声名鹊起。考察"帝国"的内在逻辑，内含对晚期福柯的生命政治学的发展，但是这一发展又完全等同于福柯。从《帝国》、《大众》到《大同世界》，哈特与奈格里直接对当代资本全球化、新自由主义世界霸权展开批判，从而构成其生命政治学的总问题。这也就是"自治主义马克思主义"实际上的理论起点。在他们看来，民族—国家（nation-state）主权将被一种没有疆界的全球主权——新的"帝国"取代了19、20世纪的旧帝国主义——成为全球化的生命政治学生产（biopolitical production）的逻辑，从而确立其世界主权[①]。

何谓帝国？"帝国"是以后福特制生产为依托的，是资本主义的生产方式的一次剧变：即从福特制向后福特制的转向，这一转向在为全球经济与政治层面所造成的结果，是全球性的资本主义主权（sovereignty）在世界市场中被确立起来。"帝国"概念是在科索沃战争的背景下提出的，一种阐释新千年西方现代化模式的概念。哈特和奈格里注意到，20世纪的传统民族—国家（nation-state）式的主权，在新自由主义下的西方霸权攻势下摧枯拉朽。因而他们开始剖析这种"帝国"的主权形式，是如何取代传统权力秩序的。在奈格里的理解中，"帝国是一个主权形成的过程，对全球市场进行控制的新的主权。"[②] 按照这种理解方式，这种名为帝国的主权确立的过程，也就是帝国在总体化的过程并成为当今西方现代化的不可逆转

[①] Michael Hardt and Antonio Negri, *Empire*, Harvard University Press, 2001, p. xiii.
[②] 此出自《关于帝国的公理》，是2003年奈格里在里约热内卢的巴西文化部所作的演讲。[意大利]奈格里：《超越帝国》，李琨、陆汉臻译，北京大学出版社2016年版，第9页。

的现实状况，因而体现为三个向传统民族国家式的主权的历史性的断裂：

首先，帝国不同于帝国主义式的国家，帝国是无中心的、无边界的主权形态。哈特、奈格里指出，帝国"不建立权力的中心，不依赖固定的疆界和界限"，而是"通过指挥的调节网络管理着混合的身份、富有弹性的等级制和多元的交流"。① 帝国因此内在地包含一种总体性（totality）②，超越了传统民族—国家以民族、地理划分的权力界限。

其次，帝国的总体性来自其实质上是建立在经济权力基础上的主权。如果说霍布斯和洛克式的主权国家观是建立在契约基础上的，那么帝国则是以资本全球化所形成的世界市场秩序为基础的。前者是政治性权力为基础建构的主权，后者则是经济性权力确立的主权，二者迥然不同。对此，奈格里指出："我们必须指出的是，没有一个不需要管理的市场，没有比市场能够自我管理这样一种观念更具迷惑性的了。当市场走向全球化，市场也需要一种全球化的管理"③，帝国正是这样一种权力的形式。

最后，帝国所展开的权力是均质化的，越发模糊生产与生活的界限，从而以经济权力的方式不断地侵蚀政治权力的区域。这一观点直接来自晚年福柯对于治理技术的讨论，这一视角是建立在福柯对于20世纪70年代欧洲观察的基础上，彼时新自由主义治理模式方兴未艾④。如果说在福柯的时代，新自由主义尚且只是在欧美发展着的事物，那么在哈特、奈格里的时代，这一新自由主义所特有的

---

① Michael Hardt and Antonio Negri, *Empire*, Harvard University Press, 2001, pp. xi-xvii.
② Michael Hardt and Antonio Negri, *Empire*, Harvard University Press, 2001, p. xiv.
③ 参见［意大利］奈格里《超越帝国》，李琨、陆汉臻译，北京大学出版社2016年版，第9、10页。
④ 参见［法］米歇尔·福柯《生命政治学的诞生》，莫伟民、赵伟译，上海人民出版社2011年版。

第五章　帝国、例外状态与免疫：西方现代性在当代　　167

治理技术，随着全球化（globalization）的布展而发展为普遍化的政治模式。治理技术本身表征着以调节、安置的方式发生作用和施行的经济权力，是建立在超越工界限的后福特制生产，以及其全球化的世界市场的发生作用方式基础上，进而成为帝国的真正基础。

值得注意的是，哈特、奈格里对于帝国这一概念的阐释不仅是本体论意义上的，同时是其以生命政治学替代马克思的资本逻辑学说的理论支点，其核心就在于用生命权力生产替代资本生产。在哈特、奈格里所论述的帝国逻辑中，工人阶级的政治主体趋于消解。他们所以得出这一结论，并不是因为工人阶级的主体性真的消失了，而是由于他们论述的生命权力的生产缺少历史规定性。如此看来，帝国概念揭示新自由主义与资本全球化过程中对生命的管控这一事实，而这是与西方话语中的自由人权与解放的主体背道而驰的。这就不难理解，为什么哈特与奈格里会批判历史决定论以及物化的意识形态视角，他们认为二者仅仅是从资本主义的单一维度观察资本，而没有注意西方国家治理，以及资本主义的权力机制维度[①]。关注西方现代性与资本主义权力机制的传统，来自米歇尔·福柯、吉尔·路易·勒内·德勒兹（Gilles Louis René Deleuze）和费利克斯·加塔利（Félix Guattari），他们所揭示的是后福特制时代资本主义社会的新情况。在新自由主义时代，生命权力成为西方现代性的典型特征，同时也是全球化的必然要求，其最终目的是建立维护世界市场的世界政治秩序[②]。在新自由主义世界秩序的背后，资本主义经历了规训社会（société disciplinaire）向控制社会（société contrôle）的历史转型。在这一新的历史境遇中，帝国权力固然在全世界范围内布展和确立秩序，但是同时也在制造新的政治矛盾。

资本主义全球治理为何会产生帝国的逻辑？实际上，这是出于

[①] Michael Hardt and Antonio Negri, *Empire*, Harvard University Press, pp. 22–25.
[②] 哈特和奈格里指出："帝国的概念表示，与其说它自身是一个发源于征服的历史的政权，不如说它是一个成功地终止了历史并因此使现有事态恒定不变的秩序。"参见 Michael Hardt and Antonio Negri, *Empire*, Harvard University Press, pp. xiv–xv。

资本主义生产与再生产的客观需要。帝国的"义务"就在于确保这个市场的生产与再生产的机制的自如发生作用,他的内在要求就是对这个市场的全面管理。这必然导致与民族—国家的相对独立的治理权力的对抗和矛盾。因而,在与异质于市场的权力实体的矛盾中,帝国主权的建立就在于去消灭一切这些不均质的民族—国家的力量,从而形成一种建立永恒秩序的趋势①。在他们看来,传统民族—国家式的帝国主义向帝国的转向,其实质是西方现代化的转向:即从规训社会(société disciplinaire)向控制社会(société contrôle)转变的历史境遇。在《帝国》中,哈特、奈格里直接指出马克思及其后的西方马克思主义传统仅仅是从资本的单维、决定论式的视角观察资本,而无法关注到资本权力线索的隐匿发展,后者逐渐形成控制社会②。而这个线索是在福柯、德勒兹和加塔利那里展开的:即从权力的视角下,看到的不再是政治经济学批判视域中单向度的、强制的、规训式的权力,而是在生命权力线索中多元的、调节的、治理的权力。而生命权力作为将生命、身体纳入资本主义社会的全面调节和控制之中,并演变为帝国这一主权机制的典型范式。在这样的理论逻辑的进路中,呈现出两个必然的逻辑结果:

其一,以去主体的大众(multitude)概念替代人民、阶级的视角,用帝国—大众的矛盾范畴替代《共产党宣言》中的阶级矛盾范畴。在哈特和奈格里看来,以生命权力的形式发生作用的帝国的布展与政治经济学批判意义上的资本的布展是不同的。后者的扩张的实质是资本的逻辑,是在资本的生产与在生产过程中,将劳动不断纳入对资本的实质从属中。在这个对抗性的过程中,危机作为资本的边界是必然的,阶级斗争也是必然的。但是,在帝国的视域中,

---

① 哈特与奈格里指出:"帝国的概念表示它自身与其是一个发源于征服的历史的政权,不如说它是一个成功地终止历史并因此永远固定正在存在的事态的秩序。"Michael Hardt and Antonio Negri, *Empire*, Harvard University Press, 2001, pp. xiv – xv.

② Michael Hardt and Antonio Negri, *Empire*, Harvard University Press, 2001, pp. 22 – 25.

因为生命权力的发生作用不直接作用于生产，而是通过在生活中的渗透和调节来展开。在这个过程中，调节本身就是对危机、阶级斗争的弥合，与危机一同扩张的，是资本主义后现代生产方式的整体性，这反倒成为帝国的逻辑之典型模式①。传统的对抗形式是不复存在的。于是，帝国的全球化过程中瓦解了传统的政治权力模式，生命权力瓦解了阶级，只留下在帝国之下去主体化的、零散的、多的个体，也就呈现出与帝国相对应的大众的现实境遇②。在《帝国》中的大众，并非实体性的主体，而是帝国在瓦解阶级主体、民族—国家形式之后，在全球化进程中形成的非阶级、非民主的政治个体集合，这种个体具有普遍差异性的政治身份。在哈特与奈格里看来，大众直接是帝国的全球治理模式下的必然产物，从而构建起帝国与大众相对立的矛盾范畴。

其二，这样的帝国逻辑是一种本体论意义上的，因而在现实的资本内在矛盾中走向崩溃。尽管，哈特、奈格里勾画了帝国的永恒秩序的普遍化与大众的流动性对立的矛盾形式，但是在帝国的扩张中，并没有大众成为政治主体力量的可能，解放的理论路径走向了逻辑上的死胡同。这与哈特、奈格里的理论旨趣无疑是背道而驰的。

于是，帝国这一概念在《帝国》这一文本之后趋于崩溃。正如奈格里在2003年的"帝国的公理"中重新重视起资本的意义，将"帝国"理解为在与资本之间不断调整的、平衡的、开放的权力关系，这样，帝国就不再是永恒的秩序——本体论意义上的范畴，而

---

① "资本的不安分的特性构成了一个与资本自身的本质相关的始终存在的危机点：持续的扩张总是它不充分然而必要的尝试，以克服一种永不满足的饥渴。我们不想说这种危机和这些限制当然会将资本引向崩溃。相反，由于它总体上趋向于现代性、危机之于资本是一种正常的条件，并不标志着资本的终结，而是标志着资本的趋势与运行模式。资本对帝国主义的建构和超越二者都来源于界限与限制之间的复合运动。"参见 Michael Hardt and Antonio Negri, *Empire*, Harvard University Press, 2001, p. 222.

② Michael Hardt and Antonio Negri, *Empire*, Harvard University Press, 2001, pp. 385–386.

是阶段性的社会治理所呈现的样态①。奈格里改变了其之前声名大噪的核心观点，他指出："……将主权关系和资本关系看作不是封闭的，而是非常开放的关系；看作阶段性地调整的关系和力量的平衡。这种关系的调整是建立在物质生活，即生活方式和主体的生产的基础之上的。"②而事实上，促使奈格里理论转向的，在于现实的冲突、变化和危机的形式。这些并未因为西方现代化模式的自主调节而彻底消弭，相反呈现出不断激化的趋势。帝国的视角并不能替代资本逻辑，从帝国出发考察资本的逻辑无法涵盖资本的矛盾运动。而这些矛盾的根源恰恰不在于帝国式的主权关系的布展，而在于生命权力是如何不断实现的，而这是作为其结果和形式的帝国这一概念所无法涵盖的。

二 全球化与非物质生产

在帝国的逻辑所无法解释的理论难题下，奈格里进一步探讨了全球化现象与当代资本主义生产方式的非物质生产转型。

在《帝国》中，帝国这一概念及其逻辑无法面对不断产生和升级资本主义危机，而沦为一种本体论意义上的抽象。帝国与大众的对立实际上是消解在帝国自身的概念中，无法给出大众获得解放的显示路径，于是走向自身的崩溃。而实际上，彼时哈特、奈格里并未认识到使得大众显示出多样性与流动性的原因与帝国所以普遍化的原因是一致的：即以生命政治学劳动生产为基础的生命权力的实现。所以，帝国表现出的"永恒"秩序的建立只能是一厢情愿的、暂时的、历史的，而事实上，"在帝国形成的趋势之中，将会发现新

---

① 此出自《关于帝国的公理》，是 2003 年奈格里在里约热内卢的巴西文化部所作的演讲。参见［意大利］奈格里《超越帝国》，李琨、陆汉臻译，北京大学出版社 2016 年版，第 9 页。

② 参见［意大利］奈格里《超越帝国》，李琨、陆汉臻译，北京大学出版社 2016 年版，第 9 页。

第五章 帝国、例外状态与免疫：西方现代性在当代 171

的矛盾和新的解放过程。"① 于是在《帝国》之后，哈特、奈格里重新重视资本逻辑，从资本出发理解"帝国—大众"式的新的矛盾和对立是如何实现的，即从生命政治学的视域中劳动的形式出发，来理解构成全球化的帝国主权的典范的基础——生命权力——是如何形成的。由此可见，帝国逻辑无法充分揭示当代资本主义之内在矛盾，并给出足够的问题解决方案和解放路径，这使得哈特和奈格里不得不在《大众》的写作中，重新思考和调整他们的生命政治学方案。

在《大众》这本书中，哈特与奈格里所思考的是：如何超越帝国、超越生命权力？他们认为："在帝国形成的趋势之中，将会发现新的矛盾和新的解放过程。"② 对于这一问题的解决，可以看到在《大众》里面，哈特与奈格里是又回到了政治经济学批判的视域中。他们又重新拾起马克思的《大纲》，特别是马克思提出一般智力概念的"机器论片断"中，来探索大众解放的路径。在马克思的论域中，一般智力是资本主义历史发展所推动下人类社会智力的一般状况③，一般智力的含义包含科学技术但是要比科学技术的范围广。在"机器论片断"中，马克思揭示了一般智力发展导致了劳动对资本从形式从属过渡到实际从属，这使得劳动主体建构和解放成为可能。因此，哈特和奈格里等自治主义马克思主义者将"一般智力"视为超越资本生命权力的基础。在他们看来，"一般智力"的发展最终将会打破资本的时空规划，从而促成社会生产方式对资本主义的变革。事实上，从《帝国》后到《大众》，哈特和奈格里着力从后福特制揭示全球化过程中的生命权力生产，并从非物质劳动理解资本主义生产方式的转变。这一转变将形成生命政治学的时空规划，并指向

---

① 参见［意大利］奈格里《超越帝国》，李琨、陆汉臻译，北京大学出版社2016年版，第10页。
② 参见［意大利］奈格里《超越帝国》，李琨、陆汉臻译，北京大学出版社2016年版，第10页。
③ 《马克思恩格斯全集》第31卷，人民出版社1998年版，第102页。

政治解放的路径。

哈特、奈格里对于生命权力的理解转变,在于向资本逻辑的回归,这使得他们对劳动形式的分析从非物质劳动转向生命政治学劳动①。哈特、奈格里的思想转变深化了他们的生命政治学理论,其核心是揭示了当代普遍的生命政治学劳动形式的实质是对生命时间的规划。从《狄俄尼索斯的劳动》到《帝国》,哈特与奈格里使用的是"非物质劳动"(immaterial labor)的概念。非物质劳动的概念直接来自意大利自治主义者拉扎拉托,在拉扎拉托那里被界定为"生产商品的信息和文化的内容"②。哈特、奈格里不满足于拉扎拉托进行的客体意义上的界定。在《帝国》中,他们特别强调了"生产和操纵情感的劳动"③。可以看出,哈特与奈格里着重强调的是非物质劳动形式展现的从生产向生活空间过渡的特质。在《帝国》中,非物质劳动更多的是侧重区分在后福特制时代的劳动形式与福特制时代的物质劳动生产的不同,从而为帝国这一概念区别于"帝国主义"、民族—国家做论证。但是帝国的逻辑无法说明,在福特制生产过渡到后福特制的过程中,劳动是如何从生产空间过渡到生活空间,以及物质劳动向非物质劳动的过渡是如何转变的。因而在《大众》一书中,哈特、奈格里对这两个问题进行了回答。

首先,在他们看来,当非物质劳动成为非物质商品——知识、信息、社会关系等——的时候,劳动的形式也就不局限于生产空间,而是拓展到人们的日常生活中去,具备了"情感劳动"的形式④。可以说,非物质劳动塑造、生产了一部分的生命、生活的形式;再

---

① 唐正东:《非物质劳动与资本主义劳动范式的转型——基于对哈特、奈格里观点的解读》,《南京社会科学》2013年第5期。

② Maurizio Lazzarato, lmmaterial Labor, in Paolo Vimo and Micbael Hardt (eds), *Kadical'l'bouglU in ltaly*, Minneapolis: University of Minnesota Press, 1996, p.133.

③ See Michael Hardt and Antonio Negri, *Empire*, Harvard University Press 2001.

④ Michael Hardt, Antonio Negri, *Multitude*, New York: The Penguin Press, 2004, pp.108 – 115.

第五章　帝国、例外状态与免疫：西方现代性在当代　　173

者，非物质劳动所以能够介入生活空间是由于介入了生命时间。因此，哈特和奈格里认为，一方面，非物质劳动塑造、生产了一部分生命和生活的形式；另一方面，非物质劳动在介入日常生活的同时，改变了劳动生产的时间结构。其结果是，非物质劳动超越了生产时间的固定界限，从而完成了对生产时间规划的改造，通过进入生命时间完成对生命的操纵，这样就产生了资本支配生命的生命权力。① 如果说，非物质劳动与物质劳动仅仅是以非物质的、物质的劳动对象为区分，那么二者不仅被分割开来，而且在价值生产的链条中是对立的。英国学者塞耶斯就批评指出，二者的区分欠缺物质劳动和非物质劳动形式的过渡②。奈格里注意到了这一点，因而他强调非物质劳动与物质劳动的联系在于是对于固定的生产时间的超越，从而通过进入生命时间完成对生命的操纵③。

在这一历史意义上，生命权力也就形成了，其本质就是生命政治学劳动对生命时间的统治。值得注意的是，奈格里、哈特在《大众》中进一步地用生命政治学劳动（biopolitical labour）深化非物质劳动的意涵。在他们看来，在后福特制的社会，非物质劳动在生产过程中带来了新的社会关系与政治主体性。在以计算机、信息、知识等为中介的全自动体系生产方式中，非物质的劳动形式不仅创造非物质的商品，而且主导物质形式劳动的生产。因而，这形成了一个重要的转变：即在劳动形式突破生产空间进入生活空间的同时，在生活空间的生产主导了生产空间的生产④，从而形成了生命政治学劳动。对此，哈特和奈格里区分了生命政治学和生命权力。即以非

---

① Michael Hardt, Antonio Negri, *Multitude*, New York: The Penguin Press, 2004, pp. 140–150.
② ［英］肖恩·塞耶斯（Sean Sayers）：《现代工业社会的劳动》，《南京大学学报》2007年第1期。
③ Michael Hardt, Antonio Negri, *Multitude*, New York: The Penguin Press, 2004, pp. 140–150.
④ Michael Hardt, Antonio Negri, *Multitude*, New York: The Penguin Press, 2004, pp. 108–115.

物质劳动生产为基础的生命权力的生产，其结果是对生命空间的控制和调节。在资本逻辑的统治下生产方式转换的结果，是消极的、剥削性质的。而生命政治学则是在生命时间向度上，拓展了在资本所无法消解的个体的特殊性、流动性、奇异性（singularity），从而存有大众的主体性。因而，生命政治学在具有生命无法被资本消解，并且随着后福特制的非物质劳动生产被拓展的生命时间的向度。

但是，就其实质而言，生命政治学劳动是通过渗透和控制生活时间，从而全面主导生活和生产空间的。譬如，一天的工作时间是8小时，而在8小时之后的16个小时，生命政治学意义上的控制和调节范式，形成一种网络：即以计算机、赛博空间、知识等控制形式接管了生活时间。不仅是非物质劳动的商品（情感、社交、知识等）的消费被纳入生命政治学，甚至这些控制被规划到生命与身体本身的发展、休闲等方面，个体的特殊性、流动性恰恰是被生命时间所规划的，从而形成一种生命权力在生命时间规划中的"霸权"（hegemony），这正是哈特、奈格里所勾画的"帝国"概念的现实指涉。因而，在生命权力生产中对生命时间的规划，使得生命本身几乎无处可逃。这就又回到了福柯意义上的"使之生"的、在消极意义上的生命政治学。这种情况下的社会政治建构，主体是无法内在凝聚起来的，因而主体性是不复存在的。然而也正是在这一意义上，奈格里找到了从非主体性，也就是从个体性上面"做文章"的现实可能，从而建构出基于大众走向解放的政治哲学与革命方案。

三 大众解放的政治哲学

在当代资本主义全球治理视阈中，哈特、奈格里看到了生命政治学劳动对主体的解构，但同时也发现了个体性上解放的可能。在哈特和奈格里的生命政治学建构中，他们以生命政治学劳动制造的个体性为基础，并在此之上指认了一种超越生命权力、超越资本的主体性，从而赋予了生命政治学以积极意涵。然而，就这种主体性本质而言，并未脱离生命时间规划的命题。主体性并不在一天24小时具体的某一时段,哈特、奈格里的主体性是指建构在共同性(the common)基础上的"诸众的民主"①。但与福柯的消极政治学不同,这是一种积极的生命政治学,旨在塑造一种共同性、奇异性、个体性"三位一体"的"诸众的民主"。②然而,这一方案尽管引人注目,但绝非是斯拉沃热·齐泽克(Slavoj Žižek)所言的新世纪的《共产党宣言》。

其一,哈特、奈格里所描述的个体性来自于普遍智能,根植于非物质劳动生产。对他们来说,个体性存在的同时意味着生命政治学劳动的奇异性生产,这是同一性(identity)——生命权力生产与资本生产——无法化约的。大众智能解放的可能性在于无法被化约的个体性,以及在个体性基础上的生命政治学的奇异性生产。这样的个体性有两个前提:(1)普遍智能确立的共同性基础;(2)生命权力生产与资本生产的同一性无法消解的个体的奇异性。哈特与奈格里所以对大众寄予厚望,是因为诸众概念的本质规定是同一性无法化约的奇异性。在《大同世界》中,哈特、奈格里就如此定义大众:"大众就是奇异性的集合"③,并且"奇异性永远无法也不能化约为同一性,正如诸众"④。然而,哈特、奈格里认为生命政治学中的奇异性生产所以能够成立,是因为在共同性中无法消解的"爱与贫困"。爱是指情感劳动,贫困则是生命权力与资本生产中对生命的控制和剥夺。二者则是个体奇异性的现实社会基础。

本质上来讲,奇异性与个体性紧密联系,而且内在同一。所以个体性绝非形而上意义的,而是直接的生命政治学劳动生产的结果,

---

① Michael Hardt and Antonio Negri, *Commonwealth*, Harvard University Press, 2009, p. viii.

② Michael Hardt and Antonio Negri, *Commonwealth*, Boston: Harvard University Press, 2009, p. viii.

③ Michael Hardt and Antonio Negri, *Commonwealth*, Harvard University Press, 2009, p. xiii.

④ Michael Hardt and Antonio Negri, *Commonwealth*, Harvard University Press, 2009, p. 320.

是包括脑力劳动（intellectual labour）、认知劳动（cognitive labour）等在内的非物质劳动生产的结果。其实不论哈特、奈格里使用生命政治学劳动还是非物质劳动的概念，其理论逻辑都并未超出对脑力劳动、认知劳动——一般智力（general intelligent）——的考察。一般智力源于马克思《政治经济学批判大纲》中的"机器论片断"。在其中，奈格里、拉扎拉托、维尔诺等意大利自治主义者们认为机器大工业体系构成固定资本的生产，同时使得科学技术的作用越来越突出，并催生了一般智力，从而使得科学技术成为直接的生产力①。在他们看来，固定资本完成的是劳动对资本从形式从属（formal subsumption）到实际从属（real subsumption）的过渡，因而一般智力构成对生产性劳动的替代，进而导致价值规律解体、资产阶级生产方式崩溃。在他们看来，在后福特制生产中的一般智力——脑力劳动、认知劳动——介入资本积累、价值创造的过程。他们抓住了一般智力这一概念引发的研究线索，认为后福特制生产中的非物质劳动会打破资本与生命权力对价值生产的支配。

于是，他们潜在地提出了极具挑战性的两个命题。第一个命题，是关于"当今的后福特制生产方式是否还是资本主义的"这一问题，依据他们从福柯那里继承下来的生命政治学看来，答案至少在某种意义上是否定的。第二个命题，则是当今还是资本统治的时代，但是绝不会是过去的资本主义，而是具有深刻的现代性。这是哈特、奈格里的生命政治学理论最具价值的地方。

其二，基于对后福特制生命政治学劳动的理论建构，哈特和奈格里乃至维尔诺等自治主义者力图在一种去主体化叙事中建立个体性。首先，哈特和奈格里关于共同性与奇异性的观点源自解构主义传统下对后福特制生产的考察。福柯、居伊·德波（Guy Debord）、让·鲍德里亚（Jean Baudrillard）等都指出，后福特制尽管拓展了超

---

① See Michael Hardt, Antonio Negri, *Multitude*, New York：The Penguin Press, 2004.

越生产的生命时空，但是同时渗透着资本逻辑支配下的欲望生产①，从而形成了直指生命的治理模式。在德勒兹和加塔利那里，则是用复多（la pluralite）与诸多（la multiplicite）的矛盾范畴来展现如下情形，即后福特制打破了资本的线性发展，使得个体脱离市民社会的场域，从而获得"千高原"（mille plateaux）意义上的奇异性。②其次，哈特和奈格里在此背景下认为，生命权力无法完全支配生命。他们指出："生命权力是这样一种力量：它渗透到整个生命中，也就包含了构成生命的所有事件。"③再次，现代性的复杂性和流动性使得主体——民主政治和阶级政治——这些方案在当代贫乏，因此在哈特和奈格里看来都是不复可能的。而从一般智力所发展出来的个体性以及作为联合体的大众及其政治化才是现实的解放路径。

所以奈格里认为，大众解放不仅是可能的，而且是不可等待的。他进而提出要建立基于大众智能的现代苏维埃，倡导一种近似斯宾诺莎提出的"绝对民主"的方案，并通过大众的制宪权（constituent power）建立"人人参与的政府，人人享有的政府"④。由此我们不难理解，罗伯托·埃斯波西托（Roberto Esposito）在评述奈格里的方案时，会认为他"强调生命政治学动态中的生产性和扩张性元素，更准确地说，是它的生命力元素。他的理论来源清晰显示出从斯宾诺莎、马克思到德勒兹的发展脉络"⑤。

---

① See Guy Debord, *Society of the Spectacle*, Donald Nicholson-Smith (Tanslated by), Cambridge: MIT Press, 1983；参见刘冰菁《异轨：居伊·德波的资本主义突围》，《马克思主义与现实》2017年第5期。

② Michael Hardt and Antonio Negri, "La production biopolitique", *Dans Multitudes*, Jan 2000, pp. 16 – 28.

③ 参见［意大利］奈格里《超越帝国》，李琨、陆汉臻译，北京大学出版社2016年版。

④ Michael Hardt and Antonio Negri, *Commonwealth*, Belknap Press of Harvard University Press, 2009, pp. 270 – 354.

⑤ 汪民安、郭晓彦主编：《生命政治学：福柯、阿甘本和埃斯波西托》，江苏人民出版社2011年版，第235页。

其三，哈特和奈格里的大众解放方案未能逃出现代性视野中的资本逻辑。大众解放的现实指向是，在智能时代的赛博空间（cyber space）中，脑力劳动和认知劳动可以成为大众智能的普遍制宪权的基础，这是哈特和奈格里所强调的制宪权的共同性。这样的制宪权并不存在于现实之中，而是存在于网络空间之中。哈特、奈格里寄希望于通过大众智能的制宪权，使大众成为威胁资本主义私有财产制度的真正力量。① 但是，这种制宪权的合法性存在两个问题。

第一个问题，大众实际上并不对抗资本，脑力劳动无产阶级这种说法是不成立的。② 在马克思、恩格斯那里，并未区分脑力劳动与体力劳动，在资本主义生产方式中智力与劳动者的分离是机器化大工业发展的产物。这种劳动的智力成分一旦被分离开来，旋即便被资本所占有，马克思称之为"非物质生产"劳动。③ 在此前提下，1893年恩格斯在《致国际社会主义者大学生代表大会》中首次提出"脑力劳动无产阶级"④ 概念，认为雇佣资本下的教师、工程师、医生等专业脑力劳动工作者也是剩余价值的生产者，也是无产阶级解放的对象。由此可见，不论在马克思还是恩格斯那里，一般智力都无法界定无产阶级。

第二个问题，基于大众智能的制宪方案的核心是科技的进步，由此我们才能建构起颠覆资本与生命权力的生命政治学。但是，马克思在《1861—1863年经济学手稿》和《资本论》中改变了《大纲》中的劳动主体的生产逻辑，指出价值的实体不是直接劳

---

① Michael Hardt and Antonio Negri, *Commonwealth*, Belknap Press of Harvard University Press, 2009, p.40.

② 孙乐强：《〈资本论〉如何走向当代：21世纪政治经济学批判大纲》，《华中科技大学学报》（社会科学版）2017年第3期。

③ 孙乐强：《马克思"机器论片断"语境中的"一般智力"问题》，《华东师范大学学报》（哲学社会科学版）2018年第4期。

④ 《马克思恩格斯选集》第4卷，人民出版社2012年版，第301页。

动,而是抽象劳动。① 在劳动完成了对资本的实际从属的同时,资本也从劳动的质的规定性走向了劳动的量的规定性,科学技术是完成这个过程的重要中介。因而,马克思指出:"科学不费资本家'分文',资本像吞并别人的劳动一样吞并科学。但是,对科学或物质财富的'资本主义的'占有和'个人的'占有,是截然不同的两件事。"② 而哈特和奈格里的方案则忽视了劳动的形态特殊的社会历史规定性,因此只能是一种浪漫的想象。对此,埃斯波西托批评奈格里"急于把哲学视角溶化到历史学的视野中"③。所以,哈特和奈格里只能诉诸斯宾诺莎的"绝对民主"的形而上学的方案,企图重建缺乏现实依托的大众民主。他们寄希望于科技进步带来大众的解放,却落入了资本逻辑之中,客观上沦为资本的共谋。

第二节 例外状态与西方国家治理

资本主义全球治理也蔓延到各国内部,并构建起国家治理的现代模式。而当代历史条件下的国家治理,正是随着全球化与新自由主义浪潮而走入人们的视野之中。而自福柯提出"治理技术"(la gouvernementalité)以来,生命政治学与新自由主义必然地联系在一起④,并成为阿甘本等当代左翼讨论国家治理的直接理论阵地。面对全球性的危机、移民与安全等问题,阿甘本揭示西方国家主权与生命的隐匿关系,建立了关于"例外状态"和"赤裸生

---

① 《马克思恩格斯全集》第32卷,人民出版社1998年版,第38页。
② 《马克思恩格斯全集》第44卷,人民出版社2001年版,第444页。
③ 汪民安、郭晓彦主编:《生命政治学:福柯、阿甘本和埃斯波西托》,江苏人民出版社2011年版,第235页。
④ Timothy Campbell and Adam Sitze, "Biopolitics: An Encounter", in Campbell and Sitze (eds.), *Biopolitics: A Reader*, Duke University Press, 2013, p.4.

命"的宏观层面的生命政治学理论。当前学界一般认为,阿甘本的"生命政治学理论"不仅颠覆了主流的以契约和法权为基础的国家观的传统,并且接受了阿甘本所强调的对福柯微观政治学的超越[1]。然而,近年来阿甘本的生命政治学批判从政治治理向经济治理的转向,并重新肯定和挖掘福柯[2],转变了其对于福柯最初的态度。就此而论,仅仅就思想讲思想是远远不够的,还需要全面展现其思想的问题式、理论进程以及其对于当代的现实观照。事实上,阿甘本的"宏观政治学"并未超越福柯对生命政治学的界定,其内在理论困境导致其去重新阅读福柯,进而揭示出当代西方国家治理中政治与经济的双重维度。阿甘本的这一理论转向不仅发展了福柯的生命政治学,而且与当代西方哲学家形成论域交互,在客观上为马克思经典理论的发展提供了一个走向当代的历史视域。

一 例外状态与主权政治

作为当代欧陆哲学最富有影响力的代表之一,阿甘本堪称当代政治哲学的领军人物[3]。其国家理论对以契约和法理为基础的主流政治学形成直接的颠覆,但是其内在理论逻辑也存在阐释路径的困难。纵观阿甘本国家理论中的政治哲学特色与批判性特点,来自于他对于当代西方国家治理中规范性失效现象的考察。在《神圣人》(Ho-

---

[1] Giorgio Agamben, *State of Exception*, University of Chicago Press, 2005, pp. 74 – 88.

[2] Giorgio Agamben, *The Signature of All Things: On Method*, New York: Zone, 2009, p. 7.

[3] See Mathew Abbott, Giorgio Agamben (1942 –), Routledge Encyclopedia of philosophy https://www.rep.routledge.com/articles/biographical/agamben-giorgio – 1942/v – 1; and See Catherine Mills, Giorgio Agamben (1942 –), Internet Encyclopedia of Philosophy https://www.iep.utm.edu/agamben/.

mo Sacer）系列著作中①，阿甘本的生命政治学以国家理论的形态作为支点：即当代西方国家的主权之基，并非以人权、自由为基础立宪的法权制度，而是以非法性质的"例外状态"（state of exception）来悬置法律，并决断人的生命形式（form-of-life）的主权政治②。"例外状态"机制成为当代西方国家治理的政治维度，实质是生命政治学，结果是"赤裸生命"现象。这揭示了在西方国家制度下，存在自由与人权的同时，也存在随时剥离人权和自由的例外状态③，这是当代西方规范性的契约与法权政治无法回避与无法调和的"阿喀琉斯之踵"（Achilles' Heel）。回答阿甘本的国家理论所以能诘难西方国家治理，要进入他们阐述各自政治哲学的问题域：政治与生命、主权与共同体，三者贯穿在《神圣人》系列中的《至高权力与赤裸生命》《例外状态》《治—乱：内战与政治典范》等著作中。

首先，阿甘本对"赤裸生命"的阐释与福柯在其生命政治学主

---

① 《神圣人》（Homo Sacer）系列是阿甘本从1995年到2016年出版的，以"生命政治学"、政治神学等为论题的系列著作，该系列包括在《神圣人》标题下的四个部分九部著作：1.《至高权力与赤裸生命》（*Homo Sacer*: *Sovereign Power and Bare Life*, 1995）、2.1《例外状态》（*State of Exception*. Homo Sacer II, 1, 2003）、2.2《内乱：作为政治典范的内战》（*Stasis*: *Civil War as a Political Paradigm*. Homo Sacer II, 2, 2015）、2.3《语言的圣礼：誓言考古学》（*The Sacrament of Language*: *An Archaeology of the Oath*. Homo Sacer II, 3, 2008）、2.4《王国与荣耀：对经济与政府的神学系谱学》（*The Kingdom and the Glory*: *For a Theological Genealogy of Economy and Government*. Homo Sacer II, 4, 2011）、2.5《业主：义务考古学》（*Opus Dei*: *An Archeology of Duty*. Homo Sacer II, 5, 2013）、3.《奥斯维辛的剩余：见证与档案》（*Remnants of Auschwitz*: *The Witness and the Archive*. Homo Sacer III, 1998）、4.1《至高的贫穷：修道院准则与生命形式》（*The Highest Poverty*: *Monastic Rules and Forms-of-Life*. Homo Sacer IV, 1, 2013）、4.2《身体之用》（*The Use of Bodies*. Homo Sacer IV, 2, 2016）。在这一系列著作中，阿甘本回应了福柯、阿伦特、本雅明等政治哲学思想，是其自20世纪80年代至当今时代政治学研究的重要成果。See Catherine Mills, Giorgio Agamben (1942-), Internet Encyclopedia of Philosophy, https://www.iep.utm.edu/agamben/.

② 张一兵：《例外状态中的赤裸生命》，《东南学术》2018年第3期。

③ See Giorgio Agamben, *State of Exception*, University of Chicago Press, 2004, pp.1-31.

题之下对于政治与身体关系的讨论直接相关①,并集中体现在《神圣人》(Homo Sacer)系列著作中。但福柯的思路不同于阿甘本从宏观政治学层面思考国家政治,福柯的生命政治学则是从生命与身体出发观察微观政治学②:(1)福柯认为西方国家政治发生了划时代的转变:即从国家资本主义到新自由主义的过渡,实现了权力基础从意识形态国家机器到治理技术(la gouvernementalité)的规范性重建。于是乎,国家管理的对象不再仅仅是契约与法界定并且实际产生关系的"自然人""法人",而直接就是人的生命与身体。(2)新自由主义对于人的身体用生命的管理,体现为微观的生命政治学。福柯通过对战后西方社会的观察,发现人的生命与身体被纳入社会管理这件事情,其实是在日常话语、常识性知识中就已经存在了,这就是生命政治学。(3)生命政治学通过治理技术重构渗透在知识层面的、经济性的权力效应,后者也实现了资本主义的治安③。治安的实现离不开人口、医疗、安全等政策的推行,后者则是新自由主义的典型特征。

因此,阿甘本认同福柯从身体出发解读政治的做法,这使后者在身体之规范性的同时,也揭露了这些规范得以建立的权力机制。在福柯看来,当代西方国家治理实际上就是对生命的管理,并以治理技术的方式去调节现代性的生命形式④。而阿甘本则紧紧抓住治理技术背后的权力维度,他进一步地思考身体何以成为当代西方国家

---

① See Giorgio Agamben, *The Signature of All Things: On Method*, New York: Zone, 2009.

② See Plotegher Paolo, *What can I do with the nothing I have? Forms of non-oppositional struggle against capitalist subjectivation*, Doctoral thesis, Goldsmiths, University of London, 2012.

③ See Michel Foucault, *La naissance de la biopolitique: 1978 - 1979: Cours au Collège de France (1978-1979)*, Paris. Seuil, 2004;[法]米歇尔·福柯:《生命政治学的诞生》,莫伟民、赵伟译,上海人民出版社2011年版,第280页。

④ Giorgio Agamben, *Homo Sacer: Sovereign Power and Bare Life*, Stanford University Press, 1998, pp. 3 - 5.

治理的对象。阿甘本认为，福柯仅是从当代西方国家的一般规范性角度理解生命政治学现象，而不能解释宏观层面的当代西方国家加之于身体的权力效应①。因此，阿甘本采取同福柯相反的思路讨论生命政治学，他没有追随福柯的微观政治学路径，而是把体现在身体上的生命政治学放到了宏观视角去考察，进而基于主权理论重新建构国家理论。

第二，阿甘本诉诸宏观政治学意义上的国家理论，他所以会拥有这样的思路，是因为他对于当代政治中"赤裸生命"现象的深切观察：即在当代新自由主义的全球化图景中，国家规范性的建构却伴随着难民、人口买卖等非法地带中的政治不断涌现。因此政治在阿甘本那里是两个部分：法与契约的规范性的领域，以及在此之外的主权机制，后者是与规范化相反的并悬置法律与契约的"例外状态"（State of Exception）。所谓"例外状态"是指相对于规范性的、常态性的政治而言的国家紧急状态，而且不同于规范性政治依靠法与契约运行，"例外状态"则是专属于国家主权的机制。在国家的主权触发"例外状态"时，法与契约的规范性被悬置导致人权与自由的丧失，个体沦为赤裸生命（Bare life）②。而这与新自由主义的自由与人权主张背道而驰，并且也导致了当代全球范围内的恐怖主义、难民等国际政治难题。

"例外状态"作为阿甘本政治哲学理论的核心概念，直接来自于阿甘本对于卡尔·施米特的主权理论的发展③。施米特在探讨20世纪国家权力政治时提出了对主权与法律的不同理解。在《政治神学：主权学说四论》中指出："主权就决定例外状态（Ausnahmezustand）"④，而"例外状态"则是"例外之于规则的优先性"。

---

① Giorgio Agamben, *State of Exception*, University of Chicago Press, 2004, pp. 80–83.
② Jacques Ranciere, Who is the Subject of the Rights of Man? *South Atlantic Quarterly*, 2004, 103 (2–3): 297–310.
③ 张一兵：《例外状态中的赤裸生命》，《东南学术》2018年第3期。
④ See Carl Schmitt, *Politische Theologie: Vier Kapitel zur Lehre von der Souveränität*, Berlin: Duncker & Humblot, 2009, S. 13.

"例外状态"实质上成为行使最高决断权力的主权者（The Sovereign）的法外特权，这种特权在国家和事态处于内战、暴乱等特殊情形时，悬置司法与伦理秩序，使政治在一个紧急状态，并以一种法律的不在场状态去重建较低的政治秩序，并以此来暂行国家治理，以免国家陷入全面崩溃。阿甘本深受施密特思想的影响，他指出："例外状态乃是国家权力对于最极端的国内冲突的直接回应。"[1] 在他看来，主权政治不仅对外，而是对内，并且根本是建立在对内的国家治理。"例外状态"是"法律体系本身基础结构的法律统治之暂时悬置"，其实质就是主权的治理技术。例外状态作为"公法与政治事实的失衡点"[2]，从而制造出法与契约的规范性之外的"赤裸生命"。因此，阿甘本认为主权源于"例外状态"对于生命的决断，而这一观点也对传统政治哲学的规范性传统构成了最直接的挑战[3]。

第三，阿甘本所以从主权这个宏观政治的议题思考生命政治学，直接获益于其在20世纪末参与的对共同体议题的讨论，而正是在对共同体问题的讨论中，阿甘本的政治哲学思想走向成熟。

首先，随着20世纪欧洲一体化的推进，共同体概念成为政治哲学的一个热点话题。但由于二战与冷战的历史包袱，阿伦特对于极权主义的批判和海德格尔对于欧洲形而上学传统批判的思想冲击，使得共同体的建立成为欧洲政治的现实的命题。因此受到解构主义影响的政治哲学家南希（Jean-Luc Nancy）、布朗肖（Maurice Blanchot）与阿甘本等，在20世纪80年代展开了关于"共同体"概念的辩论[4]；再者，南希等人在所展开的共同体讨论，既不是现代性的、以理性原则为基础建立的政治集体，也不是哈贝马斯的交往行

---

[1] See Agamben, *State of Exception*, University of Chicago Press, 2004.

[2] See Agamben, *State of Exception*, University of Chicago Press, 2004.

[3] Giorgio Agamben: *Sovereignty and Life*, Edited by Matthew Calarco and Steven DeCaroli. Stanford, California, Stanford University Press, 2007, p. 26.

[4] See Jean-Luc Nancy, *The Inoperative Community*, Minneapolis: University of Minnesota Press, 1991.

为（communicative action）主张，而是基于"无用的共同体"（inoperative community）概念，去强调由个体偶然性交往、现实利益等结成的共同体是现代社会的基础。在他们看来，现代社会所强调的社会总体性实际上是对这种共同体本身的异化[1]。于是，我们看到阿甘本与南希类似的政治哲学立场：即强调个体性、偶然性，反对总体性、理性；强调政治运行的直接性，也强调现实利益和行动的优先性，而否定传统政治学以理念、共识为前提；强调西方政治的现实前提是个体合作为基础的共同体，而非政治规范性优先存在于人类政治形态与活动[2]。

最后，当南希与阿甘本强调共同体是政治的前提的时候，他们就已经开始越出了传统政治学所因循的规范性、社会总体性的理论领域。在方法论上，解构主义的、人类学的方法反过来影响甚至颠覆了传统政治哲学的基本框架。对于阿甘本而言，他在20世纪80年代参与讨论共同体所收获的哲思，体现在《来临中的共同体》以及其后的《神圣人》系列著作。其影响是双重的：一方面，正如上文所论述的，阿甘本因而可以通过对赤裸生命的考察与论述，揭示当代西方国家主权机制存在"例外状态"的另一面，从而在国家理论向度批判新自由主义人权、自由国家观的意识形态性。至此，阿甘本的国家理论已经完成一个对当代西方国家的完整诠释；另一方面，只要阿甘本依据共同体重建政治哲学的框架，他就必须回答：共同体是从何而来的？而这个问题的关键不仅在于对共同体作为政治基础的历史性考察，更重要的是，他必须论证这种起源不是来源于社会总体性。因而尽管阿甘本在《来临的共同体》中否定阶级、民族等概念，但在《神圣人》系列展开的国家理论之时，却因为缺乏对于这些概念的充分思考，而陷入对现实解释上的理论困境：即

---

[1] Jean-Luc Nancy, *The Inoperative Community*, Minneapolis: University of Minnesota Press, 1991, pp. 9 – 10.

[2] Brian Elliott, Theories of Community in Habermas, Nancy and Agamben: A Critical Evaluation, *Philosophy Compass* 4/6, 2009, pp. 893 – 903.

作为国家主权机制的"例外状态"虽然决断"赤裸生命",但是赤裸生命本身作为一种生命形式却不是来自于"例外状态"。相反,由于特殊的群体存在,以共同体政治为前提的"例外状态"才是可能的。因此阿甘本必须说明"赤裸生命"从何而来?规范性的政治为什么会转化为"例外状态"的模式?对着这些问题的反思,导致阿甘本逐渐走出纯粹政治哲学意义上的国家理论框架,并从当代西方国家治理的政治维度转向对经济维度的考察。

二 西方国家治理的经济维度

阿甘本的生命政治学理论转向发生在《神圣人》系列写作中,这一转向是以向神学意义的"经济学"考察的转向为标志的。理解阿甘本的这次思想转向需要进入阿甘本的文本中,这是其从对西方政治史的考古学与谱系学的梳理得到的对政治学传统的反思,而福柯的"治理技术"概念则是阿甘本这次思想转向的关键[①]。在2007年《王国与荣耀》出版以前的《神圣人》系列著作里,阿甘本是在福柯的微观政治学视角之外的共同体政治层面探讨国家治理与"赤裸生命"的关系,但是随着阿甘本深入对"赤裸生命"之产生、国家治理非规范性转向的讨论,阿甘本发现了在西方政治哲学史之外的政治实践线索,并从中发现了西方国家治理的经济维度。对经济维度的发现,为阿甘本理解"经济神学""治—乱"提供了关键线索,阿甘本也因此揭示出"赤裸生命"与当代西方国家治理转型的隐匿线索。

第一,"赤裸生命"是阿甘本对二战以来的当代西方国家治理中"例外状态"的常态化现象的观察,他因此揭示出西方政治学传统中的盲区。贯穿阿甘本对于"赤裸生命"追问的思考核心,是本雅明对于西方国家政治的非规范性的批判。一者,"赤裸生命"是当代政

[①] Giorgio Agamben, *The Signature of All Things: On Method*, New York: Zone, 2009, p. 7.

治哲学话语无法消解的问题。"赤裸生命"(bare life)的概念来自于本雅明在20世纪20年代以后对施密特的批判,其矛头直指那些把"例外状态"常态化、合法化的国家理论主张。在本雅明的《暴力批判》中指出:"最初的政治元素不是纯粹的自然生命,而是暴露在死亡面前的生命(赤裸生命或神圣生命)。"① 本雅明通过"赤裸生命"揭示了"例外状态"对于规范化的破坏,后者是一种对生命暴力的"神圣化"与"美学化"。二者,"赤裸生命"同样是西方政治学传统的盲区,"例外状态"趋于常态这件事情是现代西方国家治理的无法透视之谜。在关于政治中的生命形式的论述,不论在古希腊的亚里士多德还是当代的阿伦特那里,阿甘本都没有找到对于"赤裸生命"何以产生的论述。

在亚里士多德那里,"人是政治的动物"② 是在城邦政治的意义上确立的,而在城邦之外则不属于这个范畴。因而对公民的流放则是对这种政治身份——人的基本权利——的剥夺。阿伦特因此认为,亚里士多德政治学传统中的家庭生活与政治生活是截然区分的,在家庭的、私人的地带则是生物生命(zoē),在政治的地带的部分是政治生命(bios)。二者泾渭分明,政治生命是生物生命的外壳。但是在现代政治中,生物生命与政治生命的界限被生命政治学模糊了。现代人的政治生命在极权主义统治下,随时可以被剥夺,这造成了在集中营中的生命状态③。阿伦特看到了现代国家与资本同质化的恶果,但并未追溯这种现代性的历史转变本身,而是诉诸亚里士多德以来的西方政治学的形而上学传统。因而正统政治学传统所无法让阿甘本满意的是,"赤裸生命"仍然是被混淆于所谓的人的"自然

---

① Giorgio Agamben, *Homo Sacer: The Sovereign Power and Bare Life*, Stanford University Press, 1998, p. 88.

② Aristotle, *Politics*, translated by Benjamin Jowett, Kitchener: Batoche Books Press, 1999, p. 5, 59.

③ Hannah Arendt, *The human condition*, Chicago: University of Chicago Press, 1998, p. 28.

的"生物生命形式之中,其本质上仍然是被各种政治手段形而上学化,人的生命也因此被转化为另一种抽象形式,赤裸生命就是这种抽象的生命形态。因而在传统政治学中,"例外状态"仅仅被当作规范化(formal state)的政治模式之外的特殊生命状态,这样的做法也使得既有政治学无法理解赤裸生命从何而来,特别是如何从规范化的政治模式中产生,这一问题也使得阿甘本进一步去考察当代西方国家政治中常态化的"例外状态"。这促使在《神圣人》中阿甘本脱离政治学的形而上学话语,而转向对于"赤裸生命"出现的特定历史语境。

第二,阿甘本因此将"赤裸生命"还原到西方政治的历史语境,他以治理技术为线索,展开了对古罗马到近现代国家之治理模式历史变迁的"考古",并发现了经济治理发展的谱系。首先,阿甘本从古罗马政治中的"神圣人"找到了"赤裸生命"与"例外状态"的原型,他发现了古罗马政治中的"例外状态"是非常态化的,而当代政治中"例外状态"却是常态化的,而这形成了巨大的历史断裂。在以罗马法为基础的古罗马的政治中,"赤裸生命"以罗马法系统之外的"神圣人"(Homo Sacer)的面貌出现。在十二铜表法的规定中,成为"神圣人"的生命形式,就同时意味着一个人失去法律与宗教、世俗与神权意义上的身份,意味着丧失一切规范性的社会关系[1]。而处理"神圣人"所以能够产生,是来自于悬置法律与神权的"例外状态",后者最古老的原型可以追溯到古罗马政治的一种非常态的特殊状态[2],是对律法的悬置,是"法外之法"。值得注意的是,阿甘本在这里对于"神圣人"的理解存在一些问题。关于"神圣人"的规定与划定,事实上在《十二铜表法》中有明确的规定,而并非是在罗马法系统之外的"法外之法",这就与阿甘本将例外状

---

[1] See Coleman-Norton, p. R., *The Twelve Tables*, Princeton: Princeton University, Dept. of Classics, 1960.

[2] Giorgio Agamben, *Homo Sacer: The Sovereign Power and Bare Life*, Stanford University Press, 1998, p. 72.

态理解为对法的悬置这种看法相矛盾。

在"赤裸生命"线索下，阿甘本从非规范的政治视角重新理解了西方国家政治的历史变迁。而追溯西方国家治理转变的背后因素，可以看到与欧洲社会历史演绎的潜在关联：（1）在希腊城邦时代，城邦政治是主导性的，属于经济领域的家庭管理是服务于城邦政治的。但是，当古希腊各个城邦由于贸易、殖民地等经济利益导致冲突时，就会引发一种"修昔底德陷阱"（Thucydides trap）式的希腊城邦内部战争来进行霸权洗牌，从而重建全希腊的政治秩序[1]。（2）进入古罗马时代，在罗马从城邦扩张到帝国的历史过程中，殖民地的不断扩大将多民族纳入到国家治理的范围，在城邦政治中以殖民战争扩张模式为支撑的公民制度无法满足庞大帝国中殖民地人民对于政治地位与身份的要求[2]。因而，罗马帝国在基于罗马法体系的政治治理模式之外引入了基督教，这使得罗马帝国的人民在信仰上普遍地获得了基督徒的身份，同时在世俗上也普遍地归属于"经济神学"的管理。在罗马城邦时期，国家权力模式是以罗马法的法权体系为基础，罗马的公民权仅仅是罗马公民的特权，其适用范围是在罗马城邦政治之内的公民。而罗马公民的特权同罗马本身的对外扩张、殖民活动是紧密相连的[3]，这样的扩张不仅维持而且扩张了作为罗马公民权利基础的奴隶制度[4]。但是随着罗马帝国时代的来临，罗马帝国范围内的民众诉求更多的权益和认可，也诉求在服从义务的同时获得权利。不仅如此，更大的帝国疆域意味着更复杂的人口构成，对于帝国统治者也需要更大范围地去维系人口的稳定状态，反对特权式的罗马公民权、要求普遍的平等权利成为人民的基

---

[1] Giorgio Agamben, *Stasis: Civil War as a Political Paradigm*, Stanford: Stanford University Press, 2015, pp. 15 – 16, 49 – 50.
[2] 《马克思恩格斯全集》第 8 卷，人民出版社 1979 年版，第 619 页。
[3] 《马克思恩格斯全集》第 8 卷，人民出版社 1979 年版，第 619 页。
[4] Livy, *History from the Founding of the City*, Harvard University Press, 1988, p. 98.

本必要。而随着基督教的神权与罗马君主权力结合，主权与神权合一。在这种情况下，过去以法权为基础的国家权力体系开始向神权政治转移。

于是乎，西方国家治理中的经济实际上是富有宗教意义上的色彩，这种底蕴是国家基于宗教管理而建立起来的权力体系。但是，这种经济神学的典范并不属于契约与法律的范畴，而是法外的治理。在此意义上，经济神学的权力机制与例外状态的性质是一样的。而在罗马的历史的长河中，经济神学的奠定经过了一个复杂的扩张过程。而经济神学的扩张的过程不仅是基督教的需要，而且也伴随着罗马及其以后的基督教化的历史扩张，换言之，经济神学在罗马帝国那里成为常态化的国家治理。值得注意的是，在当代政治中，阿甘本也看到了"例外状态"的常态化，而这种常态化也造成了"赤裸生命"的泛化。通过对奥斯维辛现象的透视，阿甘本也看到"例外状态"在国家治理中的常态化[1]。这意味着"例外状态"尽管是为了裁决"赤裸生命"，但是不能终止其产生。"赤裸生命"的实质是规范化中的边缘群体，在国家治理的常态化的过程中出现。而由于其无法被取消、无法被吸纳和管理，因而沦为其国家治理的剩余物（remains）[2]。阿甘本于是把对"例外状态"的思考，折射到对古罗马与西方国家治理的反思，从而发现罗马帝国治理中"经济神学"及其背后的经济治理的谱系。

在《王国与荣耀》中，阿甘本指出"神圣人"的政治模式是存在于古罗马政治中的国家治理技术，而到了在罗马基督化时代并不存在"神圣人"政治。而随着"神圣人"政治的消失，取而代之的是基督教神学中的政治神学与经济神学。不同于政治神学对于罗马法律制度的延续，经济神学以"经济"（oikonomia）确立对人的生

---

[1] See Giorgio Agamben, *Remnants of Auschwitz: The Witness and the Archive*, MIT: Zone Books, 2002.

[2] Giorgio Agamben, *Means without End, Notes on Politics*, translated by Vincenzo Binetti and Cesare Casarino, Published by the University of Minnesota Press, 2000, p. 8.

第五章　帝国、例外状态与免疫：西方现代性在当代　　191

命的管理①。阿甘本这一观点直接受了福柯对于治理技术的阐释，并指出经济神学所具有的典型特征：（1）经济神学具有福柯所指出的安济的含义，体现为韦伯式的基督教的经济伦理生活。阿甘本回溯经济在基督教化罗马时期的含义，认为经济同政治就是相互区分的。他指出，在亚里士多德的《政治学》中的"经济"（Oikonomia）不同于"政治"（politics）。从词源上来说，政治的词根"polis"指向的是城邦，而经济包含词根"oikos"指向"家政管理"（household management）②，是获取财富的方式。（2）在罗马基督教中，经济同时意味着在宗教共同体基础上的剩余的财富与商品的分享和奉献，意味着以博爱、慈善等分享的行为是为经济神学所肯定的"荣耀"（doxa/glory）。这种在宗教内部是仪式性的"荣耀"，在宗教外部的世俗意义上则是一种治理技术，而且是以一种超出政治治理范围之外的方式实际上将不同生命形式的人（包括"赤裸生命"在内）纳入管理③。（3）荣耀作为经济性治理技术，将作为剩余之物的"赤裸生命"吸纳到国家治理之内，使之臣服于经济神学的治理。于是在"荣耀"所指向的经济神学中，象征至高权力的王座实际上属于弥撒亚（Messiah）的范畴④。于是乎，在"例外状态"之外至高权力中，阿甘本发现了另一种"王座空空如也"、权威却无所不在的权力模式⑤。而这种权力也就是经济性质的权力，阿甘本认为，这种经济性质的权力典型一直延续到当代，也就是福柯所论述的治

---

① Giorgio Agamben, *Kingdom and glory: For a Theological Genealogy of Economy and Government*, Stanford University Press, 2011, pp. xi – xiii, 1 – 2.

② Aristotle, *Politics*, translated by Benjamin Jowett, Kitchener: Batoche Books Press, 1999, pp. 15 – 20.

③ Giorgio Agamben, *Kingdom and glory: For a Theological Genealogy of Economy and Government*, Stanford University Press, 2011, p. 16.

④ Giorgio Agamben, *Kingdom and glory: For a Theological Genealogy of Economy and Government*, Stanford University Press, 2011, p. 166.

⑤ Giorgio Agamben, *Kingdom and glory: For a Theological Genealogy of Economy and Government*, Stanford University Press, 2011, p. 253.

理技术。

三 西方国家治理的"治—乱"状态

在《王国与荣耀》中转向对经济治理的思索之后，阿甘本在管理生命的经济治理的基础上进一步提出"治—乱"来阐释近现代西方国家治理何以转向。为什么有国家从政治治理走向经济治理，不同治理技术对"赤裸生命"的裁决与吸纳是如何转换的？对此问题的回答，阿甘本揭示了"治—乱"作为政治典范的一面。在《治—乱：作为政治典范的内战》中，"治—乱"（Stasis/the civil strife）指的是在截然对立的同时进行隐秘团结的"政治典范"（political paradigm）[①]。因此，"治—乱"包括几个特点：（1）"治—乱"往往是在现实的政治进程中的常态与非常态之间的过渡节点，往往意味着共同体内部处于冲突，如：暴乱、革命、内战（civil war）等；（2）"治—乱"的起点是对于共同体内常态政治的强行停滞并进入紧急状态，而"例外状态"正是这样一种紧急状态的形式[②]；（3）"治—乱"的终点则是所有敌对的力量重新达成统一状态，实质是一种"拨乱反正"。受到尼可勒·罗霍（Nicole Loraux）的影响，阿甘本认为"治—乱"实际上是悬置了在"polis"意义上的城邦政治，而是指向"oikos"意义上的属于经济的部分。因而，"治—乱"尽管是激烈的斗争状态，但目的是为了重新达成和

[①] Giorgio Agamben, *Stasis: Civil War as a Political Paradigm*, Stanford: Stanford University Press, 2015, pp. 3, 4–5.

[②] 目前大陆和台湾为数不多的翻译将"stasis"解释为"内战"，而实际上阿甘本并非第一个讨论"stasis"的学者，包括他关于对"stasis"的词源分析以及古希腊政治的阐发都受到李德尔和史考特（Liddell and Scott）、尼可勒·罗霍（Nicole Loraux）与葛尔克（Hans-Joachim Gehrke）等人对"stasis"的影响，而在他们那里"stasis"的意思包含主权与革命、内战中权力两个部分，因此不等同于"civil war"。See Dimitris Vardoulakis, *The Ends of Stasis: Spinoza as a Reader of Agamben*, Culture, Theory & Critique, 51, 2010, p. 2, 145–156.

解（reconciliation）①。阿甘本认为，"内战"实际上造成了政治生命（bios）的被剥夺，而使得生物生命（zoe）直接暴露在国家治理之下，因而成为"赤裸生命"。在这一历史意义上，"赤裸生命"恰恰是西方政治典范形成的基础。

可见，阿甘本实际上将"赤裸生命"的产生归于西方政治实践的历史转变过程中的必然条件。但是，其成因的历史性是其次的，重要的是主要国家政治确立，"赤裸生命"必然是政治典范的基础与必然条件。由此，阿甘本重新串联了自古希腊城邦政治、罗马帝国统治到近代欧洲革命与美国内战的历史，其呈现出的都是类似于"治—乱"的逻辑。而实质上，则是以裁决和重新吸纳"赤裸生命"完成国家治理转型的历史过程。阿甘本将对于"治—乱"的诠释投射到当今打击恐怖主义的全球战争，是借"正义"之战为名，行全球治理之实。其背后的基础是作为共同体政治的全球化经济，反恐战争不过是全球"治—乱"，而是施行全球经济治理②。至此，借由对西方历史上政治典范中经济维度的揭示，阿甘本将当代西方国家的全球治理纳入其生命政治学理论。

所以，阿甘本的生命政治学，是在国家政治层面的生命政治学。尽管阿甘本极力建构一种超历史的、反立宪传统的政治"原始结构"。但这种国家政治恰恰是治理技术在生产层面、社会共同体的内在装置已经实现之后，国家政治权力体系的建构。在这一历史意义上，阿甘本所讨论的政治权力正是在生命权力生产与渗透的当今，国家权力——主权、司法——生命权力化的现实。在这一历史意义上，阿甘本的生命政治学展现出其政治哲学的两个显著特点：其一，阿甘本以去历史化的方式

---

① Giorgio Agamben, *Stasis: Civil War as a Political Paradigm*, Stanford: Stanford University Press, 2015, pp. 10 – 12.

② Giorgio Agamben, *Stasis: Civil War as a Political Paradigm*, Stanford: Stanford University Press, 2015, p. 23.

重建元政治哲学①。他颠覆了传统西方政治学的民主、契约论传统，从完全相反的方向以"例外状态"理解当今的主权。因此，他从海德格尔、施密特、本雅明的哲学线索出发，重新建构了一种去形而上传统的元政治哲学，并以例外状态的逻辑重建人类政治共同体的一般模式。其二，阿甘本建构其政治哲学的理论路径恰恰是晚期福柯对于生命政治学的发现，这个主题的起点恰恰是生命的现代性②。尽管阿甘本强调自己与福柯的差异，但在方法谱系与问题域都直接来自福柯。二者不仅共同从生命（身体）的视角考察权力的施行状况，而且根本上颠覆了传统政治学的法权——制宪—司法的逻辑——出发的形而上学的传统：即以对生命治理为基础的生命政治学。正如阿甘本指出："在对生命的非关系之中显示法在对法的非关系之中显示出生命，这意味着在它们之间为一种人类行动打开一个空间，而这种行动曾经宣称自己的名字为'政治'。"这种政治的实质：是以对人的生命的决断为形式，建构一种类似神权的发生作用系统。在这一理论意义上，阿甘本揭示的是当今生命权力如何升级为政治权力的政治结构的典型，但实际上，这种政治结构恰恰是资本转化为国家权力的方式。

那么，如何看待阿甘本所构建的这种将资本转化为国家权力的生命政治学呢？

第一，阿甘本的生命政治学理论直面的是当代国家治理的权力效应。这种权力效应表现为一种超出社会规范的过度政治化，这是阿甘本之所以遵循"赤裸生命"的线索的现实原因。传统的主流政治学是基于人权与自由等近代启蒙理念诠释当代国家权力的构成，国家权力是西方政治规范性的产物。然而在当代西方国家政治局势中，诸如反恐战争、难民问题与防疫等紧急状态下的国家权力模式

---

① Agamben, *Homo Sacer: Sovereign Power and Pare Life*, Stanford University Press, 1998, p. 166.

② Agamben, *Homo Sacer: Sovereign Power and Pare Life*, Stanford University Press, 1998, pp. 3–5.

第五章　帝国、例外状态与免疫：西方现代性在当代　　195

则与主流观点截然矛盾。以非常态境遇下的国家权力模式为坐标考察当代西方政治，成为包括阿甘本在内的当代左翼思想家们的第一个聚焦。其一，当代西方政治尽管仍然延续近代以来的基本契约与司法框架，但是其治理模式已经伴随着后福特制生产与新自由主义的推行而转变为对全社会的管控①。因此，是福柯首先在这一历史前提下去理解西方国家权力效应的当代特征，并提出生命政治学理解这一新特征，进而影响到阿甘本、奈格里等人对当代国家权力的理解。因而尽管阿甘本宣称发现了西方政治中的普遍典型，而实际上是对当代国家治理的一些新形式进行考古学与谱系学的溯源②。但是这种溯源的结果是认为存在不变的恒定政治典范，这样的分析反而脱离当代，这也是阿甘本的一个问题。其二，当代西方国家治理的生命政治学现象，国家治理的直接对象是人的身体与生命，这是比劳动异化更加深层的对人的管理。这涉及福柯提出生命政治学的历史背景：即在"五月风暴"之后，人的异化逻辑不再可能通向解放。由于西方国家的一系列生命政治学性质的社会政策的推行，人的生命与身体直接被纳入社会管理，这意味着社会干预和管理的对象不再是作为政治主体的法人、劳动者等，而是直接的人的身体和生命。这种反主体的对象描述方式在福柯和阿甘本那里完全一致，所以阿甘本直接观察的是作为人的生命与身体的状态的"赤裸生命"，而不是用黑格尔观察"贱民"③、马克思考察无产者的方式理解这些多出来的剩余人口。其三，当代西方国家主权实际建立在非规范的国家治理模式基础上，这种非规范性的治理模式是对"赤裸生命"的"消除"。阿甘本通过"赤裸生命"揭示了从古代历史到当代都存在的非规范性的政治，而这种政治则直接是"赤裸生命"的出现以及

---

① ［法］米歇尔·福柯：《安全、领土与人口：法兰西学院演讲系列：1977—1978》，钱翰、陈晓径译，上海人民出版社2010年版，第86页。
② Giorgio Agamben, *Kingdom and glory: For a Theological Genealogy of Economy and Government*, Stanford University Press, 2011, p. xi.
③ 参见［德］黑格尔《法哲学原理》，人民出版社2017年版。

国家对其处置的结果①。换言之，对"赤裸生命"的发现是由于阿甘本考察国家治理的非规范的一面，这与福柯从话语、身体等挖掘治理技术的视角是一致的。从福柯到阿甘本、奈格里与埃斯波西托等人均采用了非规范性的视角，他们不是看什么是常态的，而是看什么是非常态的。他们不仅论述国家治理的契约与法的规范性体系之外存在非规范性的国家治理，而且论证其必然性。阿甘本更是将非规范的国家治理上升到国家权力来源的高度，形成了对正统政治哲学话语的直接挑战。但是阿甘本却将这种非规范性的视角局限于政治学领域，缺少福柯的社会整体性视域中所包含的经济层面的分析。于是产生两个结果：（1）忽视了"赤裸生命"作为剩余人口与剩余价值生产的本质联系，这是阿甘本所以转向经济治理的现实原因；（2）过度强调政治层面的国家治理，忽视了社会层面的国家治理，因而未能找到积极的生命政治学，这在埃斯波西托那里得到了阐释。

第二，阿甘本乃至整个生命政治学理论者群体所揭示的是当代西方国家治理处于转型的重要历史时期，而这一转型所面对的深层问题是国家治理与经济社会之间的张力。这表现为，阿甘本、奈格里与埃斯波西托等都观察到西方国家治理21世纪之交面对的困境：即在全球性的难民、反恐战争与防疫等问题冲击下，奉行自由与人权的新自由主义与其实际上采取的生命政治学自相矛盾。阿甘本对于这一国家治理转型的诠释体现为三个方面：（1）这一国家治理转型表现为完成的新自由主义的全球化图景的内部转型。阿甘本对于新自由主义所带来的国家治理转型的判断不同于主流政治学、福柯以及奈格里。主流政治学更多的是将当今的社会矛盾推诿给新自由主义诸多政策的不合理，而否认政治制度的内在矛盾。阿甘本则直

---

① See Giogio Agamben, *Homo Sacer: Sovereign Power and Pare Life*, Stanford University Press, 1998.

第五章　帝国、例外状态与免疫：西方现代性在当代　　197

指当代西方国家主权政治的泛化倾向①。奈格里所描述的国家治理转向，则是新自由主义所形成的"帝国"式的全球主权，对非自由主义民族国家的霸权，其实质是对外的②。而阿甘本在《治—乱》中则强调西方国家所形成全球主权恰恰是对内的，其发动的全球性的反恐战争实际上是主权的"内战"机制③。全面反恐直接与新自由主义在全球所推行的自由、人权为基础的政治模式相矛盾。它暴露出恐怖分子是赤裸生命的同时，也揭示了西方国家主权的同质性。在这一理论意义上，阿甘本所揭示的国家治理转型也不是福柯所理解的治理技术对西方社会管理的变革，但又是以之为前提的。阿甘本在这一历史意义上发现了福柯所批判的社会治理技术布展中的矛盾性，并将其投射到当今世界的政治、军事与意识形态冲突中。
(2) 当代西方国家治理的转型具有一种历史的相似性，是新自由主义扩张中维护经济基础的必然趋势。阿甘本诉诸罗马政治中的"神圣人"、经济神学与奈格里对"帝国"的命名，都指向他们以罗马共和国走向罗马帝国的历史影射当代国家治理转型。罗马共和国转向罗马帝国后，以公民制为基础的罗马法体系无法管理帝国的多民族、大疆域的经济基础，公民身份无法满足帝国所有居民获得身份的需要。帝国一方面依赖外省的税收，另一方面又要应对起义与边境战争。因此罗马帝国引入了提供教徒身份与经济神学的基督教，《十二铜表法》过渡到基督教化的《狄奥多西法典》（Theodosian Code）④。反观当代西方国家治理也经历了新自由主义的扩张，以全球性的单边政治与普世价值取代扩展了的原有的国内法精神来维护

---

① 张一兵：《例外状态中的赤裸生命》，《东南学术》2018 年第 3 期。
② Michael Hardt and Antonio Negri, *Empire*, Harvard University Press, 2001, pp. xi – xvii.
③ See Giorgio Agamben, *Stasis*: *Civil War as a Political Paradigm*, Stanford: Stanford University Press.
④ Michele Renee Salzman, The Evidence for the Conversion of the Roman Empire to Christianity in Book 16 of the "Theodosian Code", *Historia*: *Zeitschrift für Alte Geschichte* Bd. 42, H. 3 (3rd Qtr., 1993), pp. 362 – 378.

其全球化的地位。所以本德尔会认为美国是一个"新罗马帝国"（The New Roman Empire），奈格里也仅仅强调"帝国"的非中心、市场化特征[1]。(3) 这种国家治理转型的全球性是以新自由主义的经济治理为基础。阿甘本在梳理"赤裸生命"的线索时，触及了西方政治中经济治理的维度，揭示了在"例外状态"的至高权威同时也存在经济神学的"王座空空如也"的权力。这与奈格里所揭示的帝国权力的市场基础是相通的，但阿甘本、奈格里从古希腊、罗马与近代政治中寻找国家治理的典型，但实际上是一种以古喻今的"比喻"，与福柯通过描述"牧权"解释生命政治学是一致的，这导致一种诠释的超历史倾向，陷入了霍布斯鲍姆所批判的历史循环论[2]。其原因是因为阿甘本、奈格里等并未深入理解经济运行背后的价值增值的奥秘。阿甘本对于经济学的理解仅仅是在断章取义地阅读了亚里士多德的基础上，是家政管理式的经济学[3]。而在亚里士多德的《政治学》的"经济学"篇中，亚里士多德将积累财富的方式归为两类，其一是货值（commerce），其二才是家政管理（household management）[4]。而马克思在《资本论》中就已经指出了亚里士多德对经济理解的历史前提的必要性[5]，这却为阿甘本所忽视了，因此埃斯波西托批判阿甘本的理论构建放弃了历史的维度[6]。

第三，阿甘本为代表建立的西方国家治理批判视角价值极大，

---

[1] Peter Bender, "America: The New Roman Empire?", *Orbis*, Volume 47, Issue 1, Winter 2003, pp. 145–159.

[2] [英] 艾瑞克·霍布斯鲍姆：《革命的年代》，王章辉等译，江苏人民出版社1999年版，第35页。

[3] Giorgio Agamben, *Kingdom and glory: For a Theological Genealogy of Economy and Government*, Stanford University Press, 2011, pp. xi–xiii, 1–2.

[4] Aristotle, *Politics*, translated by CDC. Reeve, Cambridge: Hackett Publishing Company Indianapolis, pp. 18–19.

[5] 《马克思恩格斯全集》第44卷，人民出版社2001年版，第74—75页。

[6] 汪民安、郭晓彦主编：《生命政治学：福柯、阿甘本和埃斯波西托》，江苏人民出版社2011年版，第235页。

但是缺乏资本逻辑的视角，因而未能找到当代国家治理的出路。（1）阿甘本局限在政治哲学的框架与话语，片面理解了国家治理。在阿甘本看来，生命政治学的消极性，决定了国家治理的消极性。但是他未能看到生命政治学保有生命的一面，也就忽视了积极国家治理的可能性。（2）阿甘本的理论中存在一条弯路，是体现在其古代隐喻中的超历史倾向。阿甘本习惯于将国家治理的当代问题投射于古代，动辄在古希腊、罗马历史材料中找寻其政治原型，认为存在超历史的政治典范。如此一来，就陷入霍布斯鲍姆所批判的历史循环论①。无怪乎埃斯波西托（Roberto Esposito）批判阿甘本的理论构建缺失历史的维度②。（3）正如阿多尔诺指出的："今天，任何理论都离不开市场。"③ 阿甘本尽管对当代西方政治做出了诸多精彩的批判，但是这种批判过多地迎合政治哲学形式，而欠缺对资本逻辑当代布展的深刻剖析。因此，阿甘本预判了当代西方国家治理的全球困境，但是在复杂的难民、反恐与防疫等问题面前，其理论无法给予现实解决之道。

第三节　免疫与积极的生命政治学

当代西方存在资本主义社会共同体治理，并与西方国家治理互为表里。在当代资本主义世界，西方现代性的形式表现为共同体治理。20世纪末，在国家实体之间，区域性的、跨国性的乃至军事性的政治共同团体迅速发展。一方面，在诸如联合国、北约与欧盟等在国际社会越发举足轻重的同时，在处理全球问题的过程中，共同

---

① ［英］艾瑞克·霍布斯鲍姆：《革命的年代》，王章辉等译，江苏人民出版社1999年版，第35页。
② 汪民安、郭晓彦主编：《生命政治学：福柯、阿甘本和埃斯波西托》，江苏人民出版社2011年版，第235页。
③ ［德］阿多尔诺：《否定辩证法》，王凤才译，商务印书馆2019年版，第3页。

体应对、共同体协商与共同体解决的模式与客观诉求也越发显著；另一方面，这些共同体在处理当下问题的同时，也面临种种困境与新的挑战。如难民、恐怖主义与疫情等问题，早已不再是国家实体层面的政治学所能够涵盖的。对此，埃斯波西托提出了共同体政治所具有的，保有生命的免疫机制。阿甘本与埃斯波西托于是形成了对话，而他们的对话又恰好勾勒出资本主义共同体治理的必然性。这种必然性的内在机理却并非是形而上学的，其现实境遇体现出与阿甘本理论建构相反的矛盾性特征。

一 共同体与免疫体

在资本主义社会共同体治理中，不仅有决断和排斥生命的例外状态机制，也存在保护和管理生命的免疫机制。免疫机制是埃斯波西托在生命政治学的谱系下提出的，但是其生命政治学不同于哈特、奈格里基于生产层面考察治理技术展开为生命权力的霸权，也不同于阿甘本从"例外状态"建构资本主义社会共同体对生命的"否定性"治理，而是着眼于独立的社会共同体公共空间的内部治安构序，是包含"肯定性"的权力技术。埃斯波西托观察到，二战以来在西欧国家所延续的以人口、统计学等科学技术为手段的大规模的国家治理技术，成为当今的社会公共空间中的内在权力装置。如果说哈特、奈格里论述的是后福特制的生产方式所制造的个体性，阿甘本则是强调例外状态下的国家主权机器对生命的裁决，二者分别是在共同体的基础、在共同体的外部讨论生命政治学。那么埃斯波西托则居于二者之间，探讨的是在社会关系层面、在共同体的公共空间之内的治安机制是如何相对独立发生作用的[①]。因而，埃斯波西托的生命政治学的实质，是对于当代资本主义"免疫"装置的考察。他试图诠释治安机制的内在积极意义，力图以免疫逻辑为核心，重构保有生命、肯定生命的积极的生命政治学。

[①] 张一兵：《回到福柯》，上海人民出版社2016年版。

埃斯波西托对于生命政治学的理解，直接延续了晚期福柯在"安全、领土与人口"① 为主题的讲座中关于治安问题的讨论。在福柯那里，治安范畴是理解治理技术的关键。正是因为治安的发生作用是以治理技术的安置为前提，从而使得生命权力对生命的调节全面布展开来。在这个过程中，福柯强调科学知识正是这种治理技术，人口学、统计学、临床医学都成为生命政治学的内容。埃斯波西托直接延续了这一路径。但不同的是，福柯更多的是在对自由主义、资本主义的批判意义上理解治安这一问题，而奈格里却在治安问题中发现了肯定意义②。埃斯波西托注意到，在当今一系列的医疗卫生、恐怖主义、族裔冲突等问题中，在自由主义框架内的医疗、安保等一系列的治理技术不仅是生命权力布展和渗透的方式，而且逐渐地与生命、生活本身耦合起来。福柯意义上的治理技术在与生命的关系上不仅仅是指向生命的，而且是某种意义上指向对生命的外部威胁。如果说，前者是福柯对霍布斯传统的"共同体"（community）的解构，那么后者则构成一种当代社会共同体的新情况。在这一历史意义上，埃斯波西托提出了他的免疫范畴，并注意到共同体与免疫的双重逻辑。

埃斯波西托对免疫范畴的阐释，着重于生物医学技术与法律制度的跨学科应用，以此去理解当代生命政治学的新模式。所谓免疫（immunitas），是指通过医学、生物学、法学等相互渗透的治理技术对生命进行调节。而埃斯波西托是基于免疫体与共同体概念，来建构免疫这一生命政治学范畴。就词源来看，免疫体（immunitas）和共同体（communitas）具有共同的拉丁词根 – munus，这一词根指向一种城邦政治中的职位（officius），并对应其义务（onus）与负责。在共同体（communitas）的逻辑下，共同体是由这些拥有职位和职

---

① ［法］米歇尔·福柯：《安全、领土与人口：法兰西学院演讲系列：1977—1978》，钱翰、陈晓径译，上海人民出版社 2010 年版。

② See Roberto Esposito, *Bios: Biopolitics and Philosophy*, Twin Cities: The University of Minnesota Press, 2008.

责的个体构成。埃斯波西托认为，职责与义务意味着个体对于共同体的给予，后者"是一个人给出的礼物，而不是接受的礼物"，并要求共同体因为"感谢之情要求进行新的馈赠"①。他尖锐地指出，共同体（communitas）从一开始就建立在一个需要馈赠——缺失——的基础之上，他需要来自其成员的不断的馈赠——保持一种缺失状态——来维持自身。因而，当共同体中的个体接受职责义务（-munus）的同时，也就在一定意义上不断地拆解其主体性，进而服从于共同体的逻辑。埃斯波西托以此梳理了霍布斯、斯宾诺莎以降的共同体问题，因而也注意到这样的共同体架构更多的是倒向共同体自身而非是去关注生命。诚然在古希腊时代，政治学是服务于城邦的，而共同体实质上是一种城邦的政治学（politics）的产物，生命在共同体中是受到抑制和剥夺的，这显然是自相矛盾的逻辑。

在这种情况下，埃斯波西托认为，共同体的逻辑必然要求免疫体（immunitas）的逻辑，而后者则是一种导向生命的政治学，这也是生命政治学最初的形态。就词源来说，免疫体是指在共同体中享有豁免权的个体。在城邦政治中，免疫体本身象征着一种特权（privilege），是对特殊个体生命的保有和豁免，其本身在保有个体的同时也是一定程度对共同体的否定。从古希腊城邦政治的典范中，埃斯波西托为阿甘本所指出的那个政治生命（bios）和生物生命（zoē）对立的困境提供了另一种解构思路。

二 免疫与西方现代性

埃斯波西托认为，免疫体的存在说明即使在阿甘本所说的例外状态的决断下，也不是使得生物生命走向彻底的失序，免疫体的存在恰恰就说明了在不同的生命状态下的生物生命都会趋于重新

---

① Roberto Esposito, *Bios*: *Biopolitics and Philosophy*, Twin Cities: The University of Minnesota Press, 2008, p. 6.

构序①。在这一思路下，埃斯波西托探讨了如集中营等西方现代化进程中的政治难题。埃斯波西托认为，二战集中营中实际上也不是完全无序的纯粹的赤裸生命，在被剥夺了政治身份之后，集中营中的人也重新形成了极低程度的生物生命状态。在这意义上，政治生命（bios）与生物生命（zoē）是不可分离的，即使是在被例外状态悬置之后，也是一种政治身份从而形成对应的政治生命（bios）与生物生命（zoē），后者则是属于免疫的生命政治范畴在现代性中的历史架构。

埃斯波西托将免疫范式置于西方现代化的视域中考查的做法，在其理论建构意义上，仍然是沿着福柯的生命政治学分析的逻辑进行的。而不同的是，埃斯波西托在治理技术中力图申明免疫所具备的保有生命维度的现实意涵。而免疫所具有的历史性源自于当代资本主义对治安的要求，并产生出愈发独立的、完善的、积极的保有生命的新的治理技术。

其一，免疫范式意味着一种基于生命政治学的治理机制，它对生命状态的预判去设定对于生命的调节。埃斯波西托指出："免疫范畴不是依据行动而呈现自身，而是依据反应——这不是一种作用力量，而是一种反馈，一种反作用力，从而阻止另一种力量的形成。这意味着免疫机制预先假定了一种必须遏制的疾病的存在"②。由此可见，埃斯波西托的免疫范式是一种关于预设和假定的逻辑：即按照生命将会遭受的危险和伤害去建立和维系治安。值得注意的是，免疫范式所关注的问题，不在于那些过去的、历史的对于生命的损害，而是预想来自未来的对于生命的可能威胁。"防患于未然"是免疫范式背后逻辑的核心问题，其实质是一种治理策略，是通过建构保护生命的观念来将生命纳入治理技术中，并成为共同体的内生机

---

① Roberto Esposito, *Immunitas*, *The Protection and Negation of Life*, Translated by Zakiya Hanafi, Cambidge: Polity Press, 2011, p. 7.
② Roberto Esposito, *Immunitas*, *The Protection and Negation of Life*, Translated by Zakiya Hanafi, Cambidge: Polity Press, 2011, p. 7.

制。这样看来，资本主义社会日常生活中的公共卫生、公共安全、公共保险等形式无不隐含着免疫机制，其在当代越发繁复、精致并不断进化，免疫作为一种治理技术也就不断地升级。

其二，免疫最初来自于公共领域中的健康学、生物医学与安全制度等，依旧是在福柯意义上的生命权力的布展。免疫机制早在城邦政治时代就已存在，但在柏拉图那里是作为城邦政治的对立面，是作为破坏民主机制的特权而被排斥[①]。而在当代，免疫的逻辑已然发生转变。在法国解构主义大师德里达那里，世界体系正如人体的免疫系统，在全球范围内承担着抵抗危险与灾害的职能，从而调节生命的完整性。因此，埃斯波西托认为，一旦生命成为政治行为的目标，政治就完全进入了免疫（Immunities）模式。

于是，作为政治学意义上的治理技术的免疫一旦介入到生物学、医学等各个科学领域，就会不断丰富在公共空间中的生命政治学，进而在构建当代资本主义治安的同时将免疫体微观化，并通过安全、福利与社会保障等附着在人身之上。于是，埃斯波西托批判福柯对生命政治学的思索。在福柯那里，生命政治学是通过治理技术去调节人之生命的权力运行模式，生命权力本身不是抽象的超自然力量，而是由于生命之被"装置"（dispositive）于当代资本主义治安而产生的权力效应[②]。对此，埃斯波西托认为，福柯理解生命权力的装置机制时过于强调其消极方面：即生命政治学就只能去发动否定性的、悲剧性的、压缩性的生命权力，而忽视了生命政治的积极方面：即生产性的、积极性的，扩展性的生命政治学意涵[③]。

---

① 柏拉图：《柏拉图全集》第 3 卷，王晓朝译，人民出版社 2002 年版，第 342 页。
② ［法］米歇尔·福柯：《安全、领土与人口：法兰西学院演讲系列：1977—1978》，钱翰、陈晓径译，上海人民出版社 2010 年版，第 84 页。
③ Roberto Esposito, *Bios: Biopolitics and Philosophy*, Translated and with an introduction by Timothy Campbell. Minneapolis, London: The University of Minnesota Press, 2008, p. 32.

其三，"不再凌驾在生命之上而是有关生命"①，这是埃斯波西托对于积极生命政治学的呼唤。他认为生命与政治的关系不是先验确定的，而是沿着某一连接点滑动的，这正是其规范性形成的过程，这意味着生命政治学的肯定性是一个必然的维度，是当代资本主义共同体的公共空间建构过程。（1）埃斯波西托分析了作为当代免疫机制起源的纳粹主义的生命政治学。免疫在纳粹国家中意味着以对一部分群体的排除的方式来保护另一部分群体。因而，纳粹是在否定意义上进行免疫装置，将医学、人口学、民粹主义等作为其法西斯统治工具。他指出，纳粹的免疫装置的实质，是生命权力对于生命的全面凌驾，是一种死亡的生命政治学②。而这种死亡的生命政治学是可能的免疫逻辑，因而是必须极力避免的。（2）在新自由主义的全球化背景下，免疫装置随着现代生物工程、基因技术、医疗的发展被扩展为全球范围内的治理技术，生命本身被越来越全面和深入的"免疫化"。这一点，埃斯波西托深受德里达影响。在德里达看来："免疫了的语义学已经逐渐地扩展到了现代社会的整个领域，这意味着免疫机制不再是一种法律功能，而是，法律成为免疫机制的一种功能。"③免疫不仅获得了不同学科与领域中的通行权，而且有反客为主的趋向。也就是说，在埃斯波西托那里，免疫不再是一种技术性手段，而且本身就是一种资本主义实现治安的路径。由是可见，恰恰是免疫机制拓展了共同体的共同空间，而不是相反，这是埃斯波西托理解免疫的关键。（3）为了避免否定意义上的免疫，埃斯波西托强调需要在"共同体"意义上重建积极的、肯定的免疫生

---

① Roberto Esposito, *Bios: Biopolitics and Philosophy*, Translated and with an introduction by Timothy Campbell. Minneapolis, London: The University of Minnesota Press, 2008, p. 157.

② Roberto Esposito, *Bios: Biopolitics and Philosophy*, Translated and with an introduction by Timothy Campbell. Minneapolis, London, The University of Minnesota Press, 2008, p. 11.

③ Roberto Esposito, *Immunitas, The Protection and Negation of Life*, Translated by Zakiya Hanafi, Cambidge: Polity Press, 2011, p. 9.

命政治学。埃斯波西托认为，德里达同样注意到了免疫存在不可控：即"在这个行为中，每一个活着的东西自身都以自杀的方式工作，破坏它自己的保护层，使它自身具有反抗它'自己的'免疫性的免疫性。"① 显然，免疫机制是存在缺陷的，甚至被新自由主义全球霸权所利用，而那些以自由、安全、健康为名所实施的全球治理也制造了对于主权国家的横加干预，尤其是那些被反恐战争所摧毁的中东国家尤其受害深重。但是值得注意的是，免疫所制造的、通向死亡的生命政治学的可能性是内在的，是治理技术的生命权力生产的可能结果。因而，埃斯波西托的免疫范畴不得不面对这样的诘难：免疫机制可以独立于生命权力的生产吗？事实上，生命政治学的"霸权维度"无法避免资本逻辑的"纠缠"，这也是埃斯波西托所忽视的生命政治学在当代的困境。

三 积极的生命政治学

针对阿甘本在理解赤裸生命时，所出现的政治生命（bios）和生物生命（zoē）对立的困境，埃斯波西托在免疫的意义上，提出了构建积极的生命政治学这一种方案。他认为，免疫体的存在说明即使在例外状态下，生命也不会走向彻底的失序，免疫体的存在恰恰就说明了在不同的生命状态下的生物生命都会趋于重新构序②。埃斯波西托回溯在纳粹集中营中的"赤裸生命"，实际上在被剥夺了政治身份之后也重新形成了极低程度的生物生命状态③。在这个意义上，政治生命（bios）与生物生命（zoē）在真实历史中从未分离。这成为埃斯波西托得以建构积极生命政治学的前提。因而，埃斯波西托在继承福柯对"使之生"的生命政治学逻辑，批判福柯对生命政治

---

① 参见［美］博拉朵莉《恐怖时代的哲学：与哈贝马斯和德里达对话》，王志宏译，华夏出版社2005年版。

② Roberto Esposito, *Immunitas, The Protection and Negation of Life*, Translated by Zakiya Hanafi, Cambridge: Polity Press, 2011, p. 7.

③ 参见张一兵《回到福柯》，上海人民出版社2016年版。

学的消极意义的理解①。他认为在现实历史境遇中的国家治安模式中发展出了偏向生命的那一维度，并形成积极的保有生命的新的治理技术。

埃斯波西托所提出的积极生命政治学包含了三个层面：首先，免疫机制意味着一种以对生命状态的预判为发生作用模式的治理机制。埃斯波西托指出，"免疫范畴不是依据行动而呈现自身，而是依据反应——这不是一种作用力量，而是一种反馈，一种反作用力，从而阻止另一种力量的形成。这意味着免疫机制预先假定了一种必须遏制的疾病的存在"②由此可见，埃斯波西托的免疫机制是一种假定生命将会遭受危险的逻辑，不在于过去的、历史的危险问题，而是预想未来——"防患于未然"是免疫机制的核心。从而通过建构保护生命的观念来将生命纳入治理技术中，并成为共同体的内生机制。这样看来，日常生活中的公共卫生、公共安全、公共保险等形式无不具有免疫机制的这一维度，其在当代越发繁复、精致并不断进化的技术与制度本质就是这种治理技术的不断升级。

其次，免疫机制自身存在排斥和保有生命的二重性。在柏拉图的城邦政治时代，免疫体作为一种特权是城邦政治的对立面，为民主机制排斥③。而在当代，免疫机制的意涵发生转变。在德里达那里，世界体系正如人体的免疫系统，在全球范围内承担着抵抗危险与灾害的职能，从而调节生命的完整性。一旦生命成为政治行为的直接关切，政治就完全进入了免疫（Immunities）模式。于是免疫机制开始介入到生物学、医学等各个科学领域，在通过装置不断丰富在公共空间中的治理技术的同时，也沿着治理技术的治安状态将免

---

① Roberto Esposito, *Bios: Biopolitics and Philosophy*, Translated and with an introduction by Timothy Campbell. Minneapolis, London, The University of Minnesota Press, 2008, p. 32.

② Roberto Esposito, *Immunitas, The Protection and Negation of Life*, Translated by Zakiya Hanafi, Cambridge: Polity Press, 2011, p. 7.

③ 《柏拉图全集》第3卷，王晓朝译，人民出版社2002年版，第342页。

疫机制附着在生命之上①。受到德里达影响，埃斯波西托认为："免疫了的语义学已经逐渐地扩展到了现代社会的整个领域，这意味着免疫机制不再是一种法律功能，而是，法律成为免疫机制的一种功能。"② 免疫不仅获得了不同学科与领域中的通行权，而且有居于其首，反客为主的趋向。

再次，"不再凌驾在生命之上而是有关生命"③ 是埃斯波西托呼唤的肯定生命的国家治理模式。他强调以免疫机制塑造共同体政治，而不是相反。他认为生命与政治的关系不是先验确定的，而是沿着某一连接点滑动的，这正是其规范性形成的过程，这使得生命政治学的肯定性是当代共同体的公共空间所必然存在的维度。一方面，尽管埃斯波西托承认当代免疫机制起源于纳粹主义的国家治理，但他这种死亡的生命政治学即以对一部分群体的排除的方式来保护另一部分群体，在对否定意义上将医学、人口学、民粹主义等装置为法西斯统治工具的免疫机制。埃斯波西托认为，纳粹的免疫装置的实质是生命权力对于生命的全面凌驾，是一种死亡的生命政治学④。而这种死亡的生命政治学是必须极力避免的；另一方面，在新自由主义的全球化背景下，免疫装置随着现代生物工程、基因技术、医疗的发展被扩展为全球范围内的治理技术，生命本身被越来越全面和深入地"免疫化"。在此意义上，免疫机制拓展了共同体的共同空间，而不是相反，这是埃斯波西托对免疫的关键性理解。因而，建

---

① [法]米歇尔·福柯：《安全、领土与人口：法兰西学院演讲系列：1977—1978》，钱翰、陈晓径译，上海人民出版社2010年版，第84页。

② Roberto Esposito, *Immunitas, The Protection and Negation of Life*, Translated by Zakiya Hanafi, Cambidge: Polity Press, 2011, p.9.

③ Roberto Esposito, *Bios: Biopolitics and Philosophy*, Translated and with an introduction by Timothy Campbell. Minneapolis, London: The University of Minnesota Press, 2008, p.157.

④ Roberto Esposito, *Bios: Biopolitics and Philosophy*, Translated and with an introduction by Timothy Campbell. Minneapolis, London: The University of Minnesota Press, 2008, p.11.

立在积极的免疫机制的国家治理是时不我待的。

在当代西方国家治理的现实境遇中,不论是主权政治还是共同体政治,其实质都是生命政治学,都直接地指向当今的以生命为对象的生命政治学生产。正如阿甘本所指出的:"在对生命的非关系之中显示法在对法的非关系之中显示出生命,这意味着在它们之间为一种人类行动打开一个空间,而这种行动曾经宣称自己的名字为'政治'。"[1] 而不论是阿甘本还是埃斯波西托,其对于资本主义社会共同体治理的解构,都是以新自由主义这一历史现象为背景。在资本主义的历史上,自由主义并非是一个新生事物,新自由主义名义上来看是自由主义的复苏,但是实际上则是以金融资本与后福特生产方式驱动的资本主义新模式。诚然,新自由主义一定程度上缓解了资本主义在20世纪70年代的通货膨胀危机,并且释放了一定的社会生产力。但是新自由主义并没有解决资本主义本身的问题,而是把这些矛盾转移了,其中一个方向就是转移到人的身体之上,这就是生命政治学的现实基础。这是生命政治学的另一重意涵,这种转移不仅有消极的维度,而且有积极的维度。神圣人实际是处于司法与神权都失效的"无差异门槛"地带——主权的领域。阿甘本反向推理:"主权领域是这样一个领域,在那里,杀戮是被允许的,而不会犯杀人罪,而且也不能颂扬祭祀,神圣生命——即可以被杀死但不能被祭祀的生命——便是已经被主权领域所捕获的生命。"于是,阿甘本去除了神圣人的社会历史规定,干脆就是赤裸生命,它是在政治的原始的、形而上的结构中所固有的主权装置的必然产物,是政治的最初要素。正如埃斯波西托指出的:"阿甘本以强烈的去历史化方式强调生命政治学现象的否定性乃至悲剧性基调,他的生命政治学理论是对海德格尔、施米特和本雅明等人思想的发展"[2]。国

---

[1] See Agamben, *State of Exception*, Chicago: University of Chicago Press, 2004
[2] 《生命政治学:福柯、阿甘本和埃斯波西托》,汪民安、郭晓彦主编,江苏人民出版社2011年版,第235页。

家治理中的生命问题的复杂性，成为阿甘本与埃斯波西托建构生命政治学理论的难点。

自20世纪70年代福柯提出并不断深入研究生命权力（bio-pouvoir）和生命政治学（bio-politique）以来，生命政治学就成了当代国外马克思主义研究的一个主要领域。经过40多年的发展，福柯、德勒兹、奈格里、阿甘本、埃斯波西托等思想家分别从各自的视角诠释了生命政治学：（1）不论他们是否承认，其对于生命政治学的阐释都旨在于对经典马克思主义的政治经济学批判作补充和替代。自20世纪末以来，生命政治学越来越成为国外马克思主义讨论的一个核心议题。这是因为，在这些理论家看来，政治经济学批判并没有真正剖析资本主义生产的核心问题。哈特、奈格里（《帝国》）、阿甘本（《王国与荣耀》）以及埃斯波西托（《免疫》）都明确指出，当代资本主义生产的实质是生命政治学生产：即参与生产活动的人本身就是成为资本主义生产的一部分，他们是无主体的，并且他们的非主体性也不会凝聚成为主体去反抗资本。而生命政治学则不然，当从生物基因技术、医学技术、生命科学基础出发去理解生产概念，就必须把参与社会生活和生产的人本身纳入生产范畴。因此他们认为在当代资本主义视野中，生命政治学批判是可以替代政治经济学批判的。（2）福柯、奈格里、阿甘本等人所关心的生命政治学，关系到资本主义治安。福柯提出的生命政治学，意味着对于任何一个现代国家来说，人口都是安全机制最核心的要素。因此，国家治理重心在于关心人口及其生命品质的生产，人们的生命本身成为公共治理的关键所在，相反，死亡变成了极为私人的事情。总而言之，生命权力和生命政治学，就是通过生命科学和医学技术的发展，从而提供大量可治理的人口，以确保一个国家在面对各种风险时，安全机制能够持续运行。（3）以生命政治学意图的新自由主义政策与西方现代化进程的历史方向一致。新自由主义思潮的个体化和"自由化"倾向，既是消费资本主义逐渐发展的表现，也是生命政治学的一个必然要求。因此，西方式现代化所以将人格化的社会存在替换为进行全社会管理人口学，正是由于新自由主义国家是作为共同体存在，人口学不过是这种共同体政治的体现。而阿甘本和埃斯波西托则进一步指出，新自由主义的自由，实际上是不自由的，因为个体根本不可能抵抗生命政治学的生产和治理，这样只会把人变成一个赤裸生命，被社会的自动免疫机制所排斥。这是生命政治学之下个体的最恐怖的选择。就此而言，要想在资本主义的生命政治学中解放出来，就需选择异质于新自由主义的方案，也就不能再走西方现代化的道路。

结　　语

马克思用对生产的分析来代替对掠夺的谴责。这差不多也就是我想说的，我们的情况很相似。我并不是要否认我们在性方面的不幸状况，但也不是要用压抑的概念来进行消极的解释。需要把握的是，以这种或那种形式产生性的积极的机制，其结果却是不幸。[1]

当前世界局势的困境，同20世纪上半叶的历史脉络惊人相似：经济的衰退激化政治分歧，政治上的分歧加剧意识形态的对立，意识形态的对立演变为军事集团的对峙，最终爆发战争。西方现代化走进死胡同，文艺复兴以来人类能力沿着理性构建而增长的同时，一方面是文明延续面临否定性因素积累的问题，另一方面是人的自由理想陷入技术泛滥的泥淖，以至于西方现代化周而复始地重演历史上的危机与灾难。应当说，在过去与当代之间，尽管物是人非、沧海桑田，但不变的是资本主义所支配的世界历史，以及在此背后资本逻辑所决定的历史周期与经济危机，后者随着西方现代化进程的推进而不断加深。正是在此意义上，晚期福柯对于新自由主义、权力维度与启蒙的批判性思考也愈发受到重视，也愈发成为拓展马克思主义哲学论域的思想潮流。

---

[1] ［法］米歇尔·福柯：《权力的眼睛：福柯访谈录》，上海人民出版社1997年版，第35—49页。

而事实上,晚期福柯思想与马克思的交汇,也就集中在他们对西方现代化的必然性分析中:即西方现代化是何以构建、延展并且将人类文明卷入不可逆转的现代性漩涡之中。由前文可知,正是在对于西方现代化的追问中,晚期福柯对马克思的发展主要体现在他从三个方面拓展了对当代之必然性的思考:

第一,开启了历史必然性微观视角。一直以来,福柯反"历史"(本质上是历史哲学的)——宏大叙事的、决定论式的——从前往后的方式进行对思想、社会进程等进行抽象的理论建构和阐释①。与之相反的,福柯则从考古学到谱系学构建起对具体的知识、话语、权力机制等在微观层面的历史必然性进行还原。因此对于福柯来讲,与宏观层面历史叙事所呈现的同一性、连续的与决定论式的"一"的历史不同,在现代社会微观层面则呈现出多元的、非连续与偶然性的"多"的历史。在此意义上,晚期福柯所构建的微观历史视角,是对马克思政治经济学批判的重要补充。

第二,还原了当代资本主义的整体性。尽管福柯反对抽象总体与宏大叙事,但福柯始终面对作为整体的当代资本主义,而不是孤立地讨论权力、人口、话语等范畴。福柯发现,使得治理技术在19世纪至今成为一种规范化的生命权力得以发生作用,是以自由主义的"合理框架"为前提的。而在此框架下律法与规范所承认的自由的价值与状态,才使得人口、寿命成为对所有人都是合理的管制状态——生命权力合理化了。福柯认为"必须从人口的诞生出发来加以理解"②,这是把人口这样的范畴放在一个谱系学方法中考查,从而人口在其与诸范畴(寿命、健康等)的整体关系中浮现出其作为社会调节手段的属性。这与马克思在《大纲》中强调"整体"的讨论诸如人口的政治经济学范畴,以理解古典政治经济学建构的"自

---

① See Michel Foucault, *The Order of Things*, Routledge Press, 2002.
② [法]米歇尔·福柯:《安全、领土与人口:法兰西学院演讲系列:1977—1978》,钱翰、陈晓径译,上海人民出版社2010年版。

然性"背后的资本主义社会一致①。福柯对于生命权力的发现,恰恰体现了这种整体性,因为生命权力是在传统政治哲学中被隐匿的权力,它与规训的权力在微观视域中呈现不同,而是无法被察觉。正因此,生命政治学的管治是以当代资本主义——市场、市民社会等——为前提的,这体现在以人口学、统计学等政治经济学的知识的合理化与资本主义社会的治理技术之中,从而将社会纳入作为整体的"社会性"的管治之中。正如福柯所直接指出的"生命权力在人类中构成了基本的生物特征(traits biologicfondamentaux),这些机制的整体将能够进入一种政治、政治策略(strategie politique)和权力的一般策略(strategie generale)的内部。"②

第三,解构了西方现代化表象。福柯思想中的解构主义色彩具体地表现为反主体、反形而上学与非连续特色。这并非仅仅是反对既有哲学传统,而是通过解构西方现代性叙事,以指向真实的历史性。在反形而上学的意义上,福柯与马克思一致:将观念颠倒为"现实的历史过程"③。在这一点上,福柯从考古学到谱系学的发展,否定了形而上学建构的历史的绝对时空观,还原了作为观念的范畴在相互关系中的生成过程。但是,观念的谱系是从何而来的?话语的使用④、权力的技术——在经济领域中发生的过程,这与观念本身是矛盾的。因此,福柯注意到"自由"(liberte)的虚假性:即表面

---

① 《马克思恩格斯全集》第30卷,人民出版社2001年版,第41—50页。
② [法]米歇尔·福柯:《安全、领土与人口:法兰西学院演讲系列:1977—1978》,钱翰、陈晓径译,上海人民出版社2010年版。
③ 《马克思恩格斯全集》第30卷,人民出版社2001年版,第41—50页。
④ 福柯的谱系学方法直接受到尼采的"系谱学"(Genealogy)的影响。在尼采的《道德的谱系》中,尼采强调以价值建构道德观念,掩盖了其主观意图。因而尼采强调进行话语的分析,考察其话语如何使用,从而还原其道德建构的谱系。这一思想影响到福柯,并成为福柯贯穿《规训与惩罚》《性经验史》等成熟著作的方法。参见[德]尼采《道德的谱系》,梁锡江译,华东师范大学出版社2015年版;[法]米歇尔·福柯:《规训与惩罚》,刘北成、杨远婴译,生活·读书·新知三联书店2012年版;[法]米歇尔·福柯:《性经验史》,佘碧平译,上海人民出版社2006年版。

上作为"天赋人权",实质上则是隐形的运行治理的技术、形成生命权力、部署自由主义的管治机制①。在这点意义上的"自由"是属于资本主义社会的抽象观念,是刻意遮蔽自由主义对于人的治理(gouvernement des hommes)的真实机制——一言以蔽之,自由属于资本,而非人。因而福柯指出:"这个自由应当纳入权力技术的更替和转换(mutations et transformations des technologies de pouvoir)中来理解。以一种更精确和更个别的方式来理解,自由并非别的什么东西,而是与安全部署的建立相关的东西"。② 因而新自由主义的治理(gouvernement des hommes)是以市场、市民社会规定的人(个体)的本性(nature des choses),而非对人的规训。正因为实质上是将人纳入到市场、市民社会的整体中,所以治理技术关注和建构人的自由(liberte des hommes)、需求、利益等,并以此为串联建立自由主义的框架。在这一点意义上,"权力即经济"而非相反。

诚然晚期福柯思想在当代视域的意义上补充、发展了马克思主义哲学,反之亦如是:即马克思主义哲学也构成对晚期福柯思想之当代意蕴的补充与扩展。正因如此,尽管面对当今世界离不开一个当代的视角,但晚期福柯对于西方现代性的解构决不能取代马克思对资本逻辑的历史性批判,后者也是政治经济学批判的当代价值所在。大体说来,政治经济学批判所展现的是对历史性的矛盾分析,这体现在四个层面:

首先,马克思的政治经济学批判源于马克思对西方现代性在19世纪的现实矛盾分析。欧洲资产阶级的"双元革命"推动了资本主义典范的确立,而资本主义工商业的发展与启蒙运动的推进,壮大了工人阶级队伍并且刺激了工人阶级意识的觉醒。到1830年革命

---

① [法]米歇尔·福柯:《安全、领土与人口:法兰西学院演讲系列 1977—1978》,钱翰、陈晓径译,上海人民出版社 2010 年版。
② 参见张一兵《回到福柯》,上海人民出版社 2016 年版。

(Revolutions of 1830)爆发时,工人阶级已经出现在革命队伍中并贡献了重要力量[1]。1830年以后,工人阶级革命与解放运动勃兴,宪章运动(Chartism)、里昂纺织工人起义(Canut revolts)、西里西亚纺织者暴动(the Silesian Weavers' Uprising of 1844)等延绵数年不息。这使得马克思观察到了人类解放的新生力量与政治诉求:即从资产阶级夺取封建领主贵族王权的斗争,转向了工人阶级反抗资本主义压迫的斗争。

同时,马克思还观察到这些工人阶级革命背后根本的导火索:资本主义的一系列矛盾所引发的危机。回顾19世纪的历史,随着第一次祸及全世界的经济危机(The Panic of 1847)爆发,1848年革命(The Revolutions of 1848)席卷欧洲,资产阶级社会(bürgerlichen Gesellschaft)矛盾集中爆发。历史在1848年发生了断裂,启蒙运动所呼唤出的自由解放理念走出了另外一条路径,工人阶级成为主体登上人类历史舞台。这为马克思、恩格斯、巴枯宁、拉萨尔等19世纪的革命家所洞察,他们都意识到欧洲革命开始形成新的传统:欧洲所惧怕的不再是拿破仑式的英雄人物,而是在资本内部潜伏着的经济危机。一方面是资产阶级在经济、政治和意识形态上的优势自中心的先进国家向外迅速迈进,并扩张到边缘地带;另一方面,则是资本所吸纳的越发庞大的工人阶级,以及受剥削的工人贫困状况的不断恶化。[2]两相悖谬的状态映射出资产阶级社会的社会化大生产与生产资料的私人占有之间的矛盾,大量的失业工人从而加剧了工人阶级的赤贫,为工人阶级及其革命制造了客观的历史形势。

其次,政治经济学批判以辩证法哲学内核揭示了资本主义历史

---

[1] 在欧洲1830年革命中,有证据表明工人阶级参与到了比利时革命(Belgian Revolution)。See E. H. Kossmann, *De lage landen 1780/1980. Deel 1 1780 – 1914*, Amsterdam, 1986; and see Galloy, Denise; Hayt, Franz, *La Belgique: des Tribus Gauloises à l'Etat Fédéral* (in French) (5th ed.), Brussels: De Boeck, 2006.

[2] See Eric Hobsbawm, *The Age of Capital: 1848 – 1875*, Vintage Press, 1996.

性的矛盾运动本质。诚然1830年革命的爆发实际上意味着，黑格尔在《法哲学原理》中设想的封建王权自我革新所引导的资本主义历史进步的破产。但是，黑格尔辩证法所投射的对于资本主义矛盾运动发展的观念，具有合乎启蒙理念的理论意涵。自由在黑格尔那里，不仅仅是社会基本权利意义上的自由，而且包含了西方现代社会对于外在世界改造的能力的扩大这一层意思。西方社会改造外界的能力越大，则现代社会自身社会的自由空间相应增大。自由可以理解为"使自由的"，可以理解为社会自身的不断进步的潜力以及能力。黑格尔提出的是一个启蒙的现实化方案，并不只是一种主体向度的规划，而且包含与客体向度的超越。马克思意识到黑格尔辩证法的合理性，但是要将真实历史矛盾运动的辩证法从黑格尔哲学中解放出来。

事实上，马克思面对一个知识层面的"曼海姆悖论"问题，即知识的求真指向与其社会历史的意识形态性的矛盾[1]。这是包括黑格尔与马克思，在透视社会历史所必然面对的难题；因此另一方面，西方学界并未真正理解马克思的辩证法，没能理解马克思辩证法根本区别于黑格尔之处。对于贯穿哲学史的辩证法，其本身直面的是人类社会历史发展的矛盾性，因此带有明显的历史代际[2]。古希腊时期的辩证法思想带有鲜明的认识论色彩，经过苏格拉底、柏拉图与亚里士多德走向成熟。他们基于对伯罗奔尼撒战争以来对雅典式民主衰落的反思，力图通过哲学重建政治理念。柏拉图借助苏格拉底的形象，将辩证法作为思维通向理念的路径来介绍。他认为，与理念相联系不是感觉，而是理智。辩证法正是依靠假设、论证、陈述等方式，使得思维将理智贯穿始终的方法，从而达到理念、达到真理。这种辩证法同时具有实践向度，也是通往正义理念的路径[3]；而

---

[1] 格尔兹：《文化的解释》，纳日碧力戈等译，上海人民出版社1999年版。

[2] Michael Glassman, Negation through history: dialectics and human development, *New Ideas in Psychology*, 2000 (1).

[3] *The Republic of Plato*, translated by Allen Bloom, New York: BasicBooks, pp. 211-217.

近代德国观念论传统中的辩证法则带有典型的知识论的指向，从康德到黑格尔与马克思走向顶峰。他们的时代问题不在于重建政治理念，而是要在社会历史的进程中实现人的自由解放。黑格尔与马克思的辩证法都是要完成两个任务：解释当今的历史进程与提出人的解放路径，他们都宣称要达到这样的科学（Wissenschaft）。两者的辩证法形式相似，但是路径不同，最终的理论目标也不同。黑格尔那里的科学指向的是哲学体系，辩证法与其哲学体系不分，路径是将社会历史的现象消解在其哲学体系中，将社会历史进程诠释为精神（Geist）运动①。对于黑格尔来说，经历过对整个法国大革命进程的反思，黑格尔诉诸的是在后革命时代对实现自由的希望的保有。因此，其辩证法诉诸严密的通向自由解放的哲学体系，实际上是辩证法服从于他对于社会历史进程的诠释。而马克思所指的科学是指向非哲学，其路径一方面要将社会历史进程从哲学体系、意识形态中解放出来。马克思时代恰好在欧洲无产阶级革命兴起的时代，他诉诸的是无产阶级的解放。因而其辩证法就在于将无产阶级解放与社会历史进程结合，因而其辩证法是批判黑格尔体系哲学的方法论。另一方面是要达到可以为与社会历史的感性材料证实的知识，是达到非哲学、非意识形态的科学。辩证法是这个辨析过程的辅助，在达到这种科学过程中逐渐消失②。比如"资本一般"在"1861—1863年经济学手稿"之后的退场，"资本一般"描述的是发达形态的资本主义，而不在于前资本主义社会存在。使用"资本一般"所造成的概念预设，对于前资本主义社会就不适用了，这就是马克思要改造的黑格尔式的辩证法。

再次，政治经济学批判在资本逻辑的意义上论证了经济危机的必然性，也指明了无产阶级革命的必要性。在马克思恩格斯的早期

---

① G. W. F. Hegel, *Grundlinien der Philosophie des Rechts*, Hamburg: Felix Meiner Verlag, 2009, S. 7 – 22.

② 《马克思恩格斯全集》第30卷，人民出版社2001年版，第183—184、41—45页。

研究经济学的著作中，已经包含着对经济危机的思考。这一思索延续到马克思在《宣言》的创作时期，并始终存在于《宣言》的定稿过程中。在马克思于1848年1月在布鲁塞尔的《关于自由贸易问题的演说》中6次提到危机（Krisis），而这次演说恰恰就在《宣言》的两次修订稿之间①。在这次演说中，马克思从危机爆发的必然性出发分析1847年危机，从而论述了无产阶级何以必然扩大、国际共产主义运动何以迫在眉睫。他指出："最后，生产资本越增加，它就越是迫不得已地为市场（这种市场的需求它并不了解）而生产，生产就越是超过消费，供给就越是力图强制需求，结果危机的发生也就越猛烈而且越频繁。另一方面，每一次危机又加速了资本的集中，扩大了无产阶级（Proletariat）的队伍。"② 因而，对马克思而言，在危机形势下的无产阶级运动是必然的，并且唯有超越资本主义，才能获得无产阶级的解放。

而在马克思成熟时期作品中，他进一步强调的工人阶级主体绝非抽象的、本体论意义上的主体，而是实践中具有现实性的主体。而工人阶级之历史规定性，就在于将其自身从资本的价值链条上剥离出来，进而走向不同于资本主义的道路。因而在马克思那里，科学的工人阶级解放理论与对于资本主义的必然危机的揭示是同一的。在此基础上，马克思是基于资本主义的内在矛盾理解危机，是从本质到现象理解危机。统观马克思的危机学说，马克思的危机学说完成于《资本论》及其手稿。其中，马克思分析了在资本的3个层面上的4种不同类型的危机：在生产层面的剩余劳动的过度积累（over-accumulation）、在资本的有机构成层面矛盾导致的利润率平均化（equalization of profit rates）、在资本流通的总过程中的比例失调（disproportionality）和消费不足（underconsumption）③。马克思对于

---

① 《马克思恩格斯文集》第2卷，人民出版社2009年版，第5页。
② *Karl Marx/Friedrich Engels Werke Band6*, Berlin: Dietz Verlag Berlin, 1961, S. 451-452.
③ 参见《马克思恩格斯全集》第44卷，人民出版社2001年版。

危机的理解并非历时性的经验观察,而是在资本主义生产方式运行的过程中、在资本实现的必需环节中理解危机。

最后,政治经济学批判揭露了西方经济科学认识论层面的内在启蒙悖论,从而解构了资产阶级意识形态构建的历史过程。马克思政治经济学批判对于资产阶级意识形态的批判,集中在对于庸俗政治经济学的批判。在《政治经济学批判(1857—1858年经济学手稿)》中,马克思集中批判了以巴师夏和凯里为代表的庸俗经济学家。他们否认资本主义经济危机的内在原因,而是将危机本身归罪于英国的市场和货币政策破坏了"经济的和谐"。进一步口诛笔伐以斯密、李嘉图为代表的古典经济学家对于生产的研究,并忽视交换规律的"天然和谐性"[1]。在马克思看来,庸俗经济学家将资本主义视为天然和谐的制度,是为超越历史的自然存在本身是资产阶级意识形态虚假性的基础。首先,马克思揭示了庸俗经济学对于资本主义制度天然性的鼓吹,正是来源于他们所批评的以斯密、李嘉图为代表的古典经济学。在斯密与李嘉图那里,勾画了按照资本主义社会生产的交换与协作原则,就会有资本主义市场按照"看不见到的手"来自动协调全社会的再生产过程[2]。而一切社会制度的建设与发展都可以围绕这一基础不断完善,从而实现财富的最大化、个体财富自由公平的分配,进而"使人们都得到好处,并以利害关系和互相交往的共同纽带把文明世界各民族结合成一个统一的社会。"[3]正如马克思所评价的:"在流通领域或商品交换领域的界限内进行的,这个领域确实是天赋人权的真正伊甸园。那里占统治地位的只是自由、平等、所有权和边沁。"[4] 资产阶级意识形态正是从古典政

---

[1] 《马克思恩格斯全集》第30卷,人民出版社2001年版,第3—9页。
[2] 斯密:《国民财富的性质和原因的研究》下卷,郭大力等译,商务印书馆1974年版,第229页。
[3] 李嘉图:《政治经济学及赋税原理》,郭大力等译,商务图书馆1962年版,第113页。
[4] 《资本论》第1卷,人民出版社2004年版,第204页。

治经济学中找到理论前提，但是极力论证资产阶级生产关系的超历史的、自然和谐的、永恒的。正如马克思所发现的那样，从斯密、李嘉图等古典经济学家通过抽象的方法深入到生产一般构建三位一体的经济学的体系，到庸俗经济学家巴师夏、凯里和普鲁东等人这里企图割裂生产同消费、分配和交换的社会历史性关系而划分到不同部类的永恒公式，非历史性的倾向是始终如一、连绵不断的，无不是旨在把资本主义经济规律作为自然的永恒规律。在此意义上，经济学科在成为资产阶级意识形态的同时，也就意味着推动西方现代化进程的启蒙走向了其反面。

可见，政治经济学批判尽管早已是一百七十多年前的"旧学"，但已然是理解当代资本主义必不可少的那把钥匙，蕴藏着解构西方现代性的"密码"。因而如果无法科学理解政治经济学批判所展现的那些基本问题，也就无法深刻理解现代性是如何成为当今世界所面对的历史现实。如此来看，不应该忽视的是，晚期福柯在对马克思思想的理解上还存在诸多不足：

其一，晚期福柯对于马克思的理解存在"厚今薄古"，这来自于晚期福柯与马克思之间的"视差之见"。也就是说，马克思从19世纪的资本主义商品社会、货币流通等中挖掘现代西方资本社会的现代性建构过程，而福柯从战后资本主义的国家政策、法案的现实推行中发现生命政治学，二者存在着显著的代际之差。晚期福柯所认为的马克思的不足，基本上集中于马克思的资本逻辑视角忽视了西方国家治理的独立性，但是又同时多次提到马克思对于工厂中对工人身体管理的论述。可见，生命政治学在马克思所在的19世纪确有雏形，而只是到了福柯所在的20世纪才经过新自由主义推行而普遍化。福柯对于马克思的批评，就忽视了生命政治学出现背后的资本逻辑，这显然是不可取的。

其二，福柯在分析西方现代性时，提出了诸多社会学意义上的范畴形式：如惩罚、规训、治理技术等，而在福柯对于这些范畴的解释中却存在超历史的理论倾向。这些非历史倾向，却反而又使得形而上学借助解构主义而"复活",既遮蔽了历史性从何而来的生成性维度,也阻碍了进一步探讨当代性之超越维度的哲学可能,这也影响到那些追随福柯的当代思想家。因此仅仅从概念、理论范式去溯源生命政治学。然而,生命政治学所指示的福柯与马克思的关系却被忽视。晚期福柯之所以能够提出对新自由主义的治理技术的批判,正是由于他从马克思的《资本论》中找寻生命政治学的历史原点[1],这为当代左翼理论所忽视。

其三,晚期福柯对于马克思的理解同时存在非历史倾向。尽管福柯本人一直强调自己并非是结构主义或是解构主义,但是其实际的理论诠释方式,同时存在二者的问题。以至于当奈格里、阿甘本等人剖析国家治理问题时,倾向于继续解构福柯的生命政治学,并衍生出更多的非历史的问题:(1)多集中于宏观框架的辨析和重建,而忽视了国家治理的问题根源恰恰是集中于微观视角的。(2)在左翼理论界,福柯的"治理技术"概念成为批判西方国家治理的一个"热词",但是"治理技术"多被定位于权力,因而走向一种形而上学的权力观。而忽视了其作为新自由主义经济治理普遍化的产物的治理技术,其实有其明确的历史规定性。(3)尽管对于国家治理的关注多以"当代"为标题,但较少关注到国家治理问题在医学、治安等在今日之西方现代性问题中所呈现的矛盾性。不仅如此,回到晚期福柯在当代的回响,可以看到那些晚期福柯思想的追随者之所以批判新自由主义,并且之所以去揭示作为新自由主义实质的生命政治学,为的是揭露自由、平等与人权这些启蒙理念之下的生命权力生产及其全面管控和统治。但是,他们所建构的生命政治学理论倾向于建构立足于基本观点的政治学"元理论",这导致他们内在地忽视了生命权力的社会历史性,进而在现实关注和解放路径上否定主体、阶级、政党,不自觉地陷入与新自由主义的"共谋"。

在人类现代化再度面临历史的十字路口的今天,没有任何一种

---

[1] 参见《马克思恩格斯全集》第44卷,人民出版社2001年版。

哲学能够不去面对那些在世界、时代与历史之变中所袒露的未来命题。正如阿多诺认为："今天，没有任何一种理论能够逃避市场的支配：每个理论都是作为相互竞争的意见中一种可能的意见被提出来的。"[1] 在当今世界格局中，尽管西方意识形态话语依旧占据主导，但是不论是国际学术话语，还是政治、舆论话语中，理论解释力都是一个关键性的效度。而不论是晚期福柯思想，还是马克思政治经济学批判，其内在的理论生命力都在于，他们不断地面向当代的同时，也在不断地面向对于现实问题的考问与思辨，并且在面对主流的怀疑与忽视中坚定地走进历史的深邃之处，以获得穿透时代的思想张力与恒久的解释力量。也正是在此意义上，晚期福柯对马克思的回顾就不仅是一个思想史问题，而且是哲学面向未来的可能性摸索，那些马克思的经典著作才会重回福柯的学术理路中。因此，尽管晚期福柯对于马克思存在诸多误读与不足，但是仍然可以能将其方法与理论内部的合理因素抽取出来，从而为马克思主义的当代话语的建构做贡献，这无疑是很有意义的学术工作。

而晚期福柯重温马克思的那种未来面向，也就构成了其解构西方现代性的未来向度：即西方现代化是在资本逻辑、权力维度与理性技术化交错之下的历史的终结。如果说马克思揭露了资本逻辑按照剩余价值生产矛盾运动最终会滑向经济危机的周期律，这构成了西方现代化的历史运动总前提以及衰落的物性扭力；那么福柯则是在政治经济学批判所揭示的现代性历史维度中，发现了包裹在物质利益表层的权力外壳网络化的构建过程，后者加速了资本积累也加剧了经济危机发展，将个体束缚在西方现代化的历史洪流中；也正是在权力的网络纽结上，西方话语在声势浩大的启蒙运动中精雕细琢，润物细无声地植入人的观念、常识与认知中，西方现代性因此使人在头脑中臣服于理性。然而此理性就不再是纯粹启蒙理念的精神载体，而是在资本逻辑扩张中被技术化中介无主体地塑形，

---

[1] ［德］阿多尔诺：《否定辩证法》，王凤才译，商务印书馆2019年版，第6页。

并被权力凝固为主体的囚笼。在此意义上,理性的技术化嬗变因此成为西方现代性的历史逻辑,这意味着不论人类能力如何按照理性构建的逻辑发展,都必将加剧资本逻辑的涡旋、权力维度的支配以及西方话语的笼罩。所谓启蒙历史就是如此——在奠定了现代性基础的同时,也剥夺了人的自由、走向人的反面、造成人之此在向物的沉沦,走向现代性危机。并且,只要步入西方现代性的方程式,就必然重复这种历史。历史也因此终结了,西方现代性的未来图景不过如是。

正如黑格尔所说:"密纳发的猫头鹰要等黄昏到来时,才会起飞"①。从西方现代化理性嬗变的历史逻辑来看,资本逻辑是其现代化模式的主要矛盾,而启蒙理性的根本问题在于仅仅借助技术化"外求"式地转移矛盾,而缺乏"内省"机制去实现对矛盾的扬弃,以至于只能不断重复现代性的危机。在资本主义五百年历史中,在帝国不断崛起的荣光背后,却是人类灾难在经济、政治、战争、生态等方面的一再重演。着眼当下,在全球化的历史大势下,人类文明从未像今天这样,在世界范围内普遍交往、荣辱与共、福祸相依。在这种情况下,人类文明的未来不可能存在于西方式现代化中,而只能存在于现代化的新道路中。而"内省"的智慧不仅要在历史中追寻,也需要从文明共荣的精神中塑造,世界历史进程的光明前途也必然需要东西方的互鉴,人类现代化的未来只有在东西方互鉴中才能将"内省"现实化,人的自由全面发展也才能融入人类文明未来的康庄大道。

---

① [德] 格奥尔格·威廉·弗里德里希·黑格尔,《法哲学原理:黑格尔著作集·第7卷》,邓安庆译,人民出版社2017年版,第15页。

附 录 一

福柯生平大事记

年份	历史事件	福柯大事记	福柯著述
1926		出生于法国普瓦捷	
1946	战后资本主义经济开始复苏	成功考入巴黎高等师范学院，师从阿尔都塞、依波利特、康吉莱姆等名师	
1950		经阿尔都塞介绍，加入法国共产党，系统阅读马克思著作	
1951		担任巴黎高等师范学院心理学讲师	
1953		退出法国共产党。思想转向尼采、布朗肖、巴特与拉康等，替代阿尔都塞担任巴黎高等师范学院哲学讲师	
1954		在巴黎高等师范学院讲授《现象学与心理学》	出版著作《精神病与人格》
1955	越南战争爆发	赴瑞典乌普萨拉大学担任法国文化中心主任	发表《法国戏剧史》等演讲
1958		前往华沙，担任华沙大学法国文化中心主任	
1961		被任命为巴黎高等师范学院入学考试审查委员会委员	出版著作《精神病的历史》

续表

年份	历史事件	福柯大事记	福柯著述
1962	古巴导弹危机	被任命为克雷蒙菲朗大学心理学教授,并担任哲学系主任	
1963		放弃任职东京法国文化中心主任,重读海德格尔的著作	出版著作《临床医学的诞生》和《雷蒙·鲁舍尔》
1964		与新尼采主义者德勒兹、科洛索夫斯基等人筹划新版《尼采全集》	出版著作《疯癫与非理智:古典时期的疯癫史》
1965		赴巴西圣保罗大学讲座	出版《疯癫与非理智:古典时期的疯癫史》的英译本,更名为《疯癫与文明:理性时代的疯狂史》
1966		移居突尼斯。萨特批评福柯是"资产阶级的最后堡垒"	出版著作《词与物》
1968	"五月风暴"爆发	福柯在突尼斯支持当地的学生运动。依波利特逝世,福柯任巴黎第八大学教授。重读罗莎·卢森堡的著作	
1969	"五月风暴"结束	法国戴高乐政府推行高等教育改革,福柯投身其中,并担任巴黎第八大学哲学学科负责人	出版著作《知识考古学》
1970		福柯当选法兰西公学院终身讲座教授	
1971		支持举行绝食抗议的政治犯,成立"监狱情报团体"(Grouped' information sur les prisons, G. I. P.)。因参与监狱抗议活动第一次被捕,受邀前往荷兰与乔姆斯基就人性问题进行辩论	
1972		与德勒兹等人抗议监狱制度,再次被捕。访美进行讲座	

续表

年份	历史事件	福柯大事记	福柯著述
1973	第一次石油危机爆发	在法兰西公学院讲授《规训的社会》(La société disciplinaire)	《这不是一支烟斗》出版
1975		重读马克思著作	出版著作《规训与惩罚》
1976		阅读《资本论》第二卷。结束对于强制性权力的研究,转向对于权力生产机制的研究。在法兰西公学院开讲《必须保卫社会》	出版《性经验史》第一卷《认知的意志》
1977		访问东柏林期间,继续围绕监狱开展学术活动,第三次被捕	
1978		在法兰西公学院讲授《安全、领土与人口》。开始起草《性经验史》第二卷。访问日本,开展题为《关于马克思与黑格尔》等的讲座,在法国开展讲座《什么是启蒙》。赴意大利,与意大利马克思主义者展开交流	
1979	撒切尔任英国首相。新自由主义开始在欧洲扩张	在法兰西公学院讲授《生命政治学的诞生》	
1980		在法兰西公学院讲授《对活人的统治》	
1981	里根当选美国总统。新自由主义开始在美国盛行	在法兰西公学院讲授《主体性与真理》,探讨"自我的技术"(technique de soi);接受马克·波斯特(Mark Poster)邀请,前往洛杉矶参加《知识、权力与历史》研讨会。会见法兰克福学派的成员洛文达尔(Leo Lowenthal)和马丁·杰(Martin Jay)	

续表

年份	历史事件	福柯大事记	福柯著述
1983		哈贝马斯与福柯在法兰西公学院会面。福柯在伯克利加州大学做六场讲座	
1984		福柯因患有艾滋病去世	
1985			出版著作《性经验史》第二卷《快感的运用》
1986			出版著作《性经验史》第三卷《自我的关怀》
2018			出版著作《性经验史》第四卷《肉体的忏悔》

附 录 二

马克思对晚期福柯影响关系图

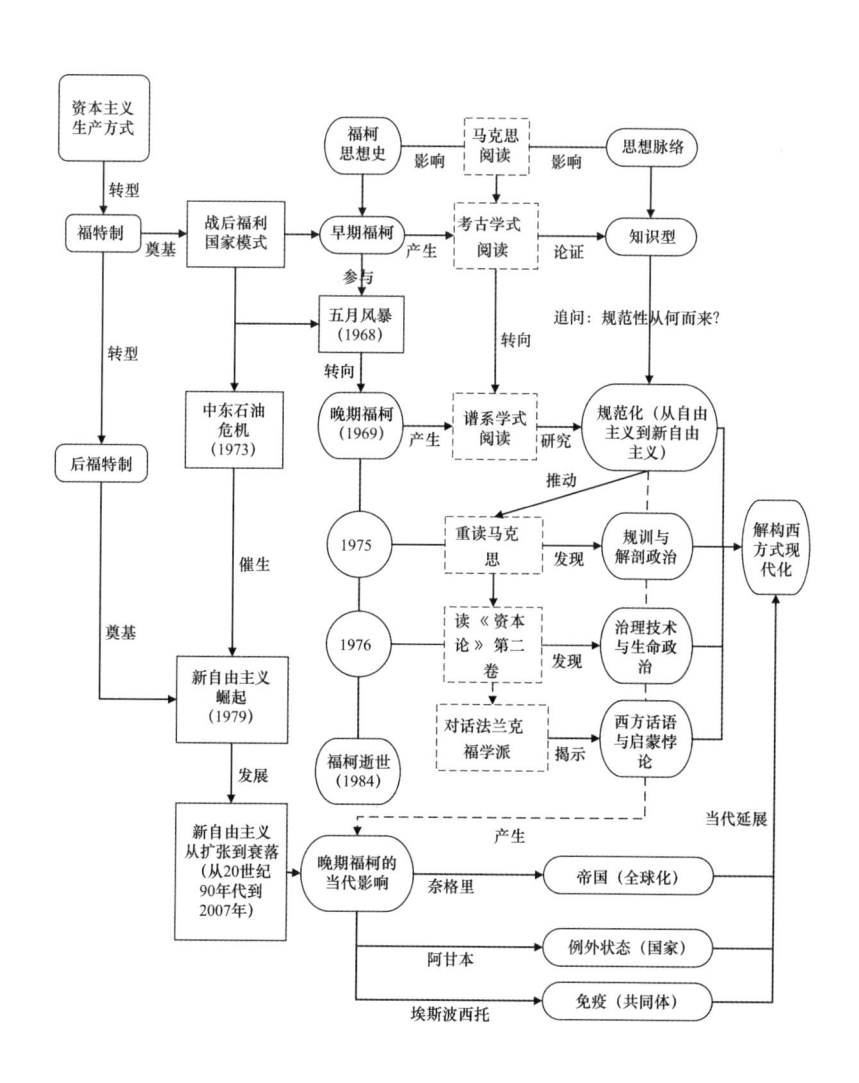

参考文献

一　中文文献

《马克思恩格斯全集》第 31 卷，人民出版社 1998 年版。
《马克思恩格斯全集》第 37 卷，人民出版社 1971 年版。
《马克思恩格斯全集》第 48 卷，人民出版社 1985 年版。
《马克思恩格斯全集》第 48 卷，人民出版社 1985 年版。
《马克思恩格斯文集》第 2 卷，人民出版社 2009 年版。
《列宁全集》第 27 卷，人民出版社 1990 年版。

［德］汉娜·阿伦特：《极权主义的起源》，林骧华译，生活·读书·新知三联书店 2008 年版。
［德］阿多尔诺：《否定辩证法》，王凤才译，商务印书馆 2019 年版。
［德］海德格尔：《存在与时间》，陈嘉映、王庆节译，生活·读书·新知三联书店 1999 年版。
［德］黑格尔：《法哲学原理》，范扬、张企泰译，商务印书馆 2013 年版。
［德］黑格尔：《自然哲学》，梁志学译，商务印书馆 1980 年版。
［德］卡尔·施米特：《政治的概念》，刘宗坤等译，上海人民出版社 2004 年版。
［德］康德：《实践理性批判》，邓晓芝译，杨祖陶校，人民出版社 2004 年版。

［德］马克斯·韦伯：《经济与社会》（第一卷），阎克文译，上海人民出版社 2019 年版。

［德］尼采：《查拉图斯特拉如是说》，钱春绮译，生活·读书·新知三联书店 2014 年版。

［法］黄德希克·格霍：《傅柯考》，何乏笔、杨凯麟、龚卓军译，麦田出版社 2006 年版。

［法］米歇尔·福柯：《安全、领土与人口》，钱翰译，上海人民出版社 2010 年版。

［法］米歇尔·福柯：《必须保卫社会》，钱翰译，上海人民出版社 2010 年版。

［法］米歇尔·福柯：《词与物》，莫伟民译，上海三联书店 2016 年版。

［法］米歇尔·福柯：《规训与惩罚》，刘北成、杨远婴译，生活·读书·新知三联书店 2012 年版。

［法］米歇尔·福柯：《生命政治学的诞生》，钱翰译，上海人民出版社 2010 年版。

［法］米歇尔·福柯：《性经验史》，佘碧平译，上海人民出版社 2005 年版。

［法］米歇尔·福柯：《主体解释学：法兰西学院演讲系列：1981—1982》，佘碧平译，上海人民出版社 2010 年版。

［法］布尔迪厄：《国家精英》，杨亚平译，商务印书馆 2020 年版。

［美］麦克尔·哈特／［意］安东尼奥·奈格里：《大同世界》，王行坤译，中国人民大学出版社 2015 年版。

［美］麦克尔·哈特／［意］安东尼奥·奈格里：《帝国》，杨建国、范一亭译，中央编译出版社 2008 年版。

［意］阿甘本：《万物的签名：论方法》，尉光吉译，中央编译出版社 2017 年版。

［意］吉奥乔·阿甘本：《潜能》，王立秋、严和来译，漓江出版

社 2014 年版。

［意］吉奥乔·阿甘本：《神圣人》，吴冠军译，中央编译出版社 2016 年版。

［意］吉奥乔·阿甘本：《万物的签名：论方法》，尉光吉译，央编译出版社 2017 年版。

［意］阿甘本：《例外状态》，薛熙平译，台北：麦田出版社 2010 年版。

［意］维柯：《新科学》，朱光潜译，商务印书馆 1989 年版。

［英］莱姆克：《马克思与福柯》，陈元等译，华东师范大学出版社 2007 年版。

汪民安、郭晓彦主编：《生命政治学：福柯、阿甘本与埃斯波西托》，江苏人民出版社 2011 年版。

姚介厚、李鹏程、杨深：《西欧文明》（上），中国社会科学出版社 2002 年版。

张一兵：《回到福柯》，上海人民出版社 2016 年版。

二 外文文献

A World Bank Group Flagship Report, *Global Economic Prospects*, Washington, DC: The World Bank Group, 2022.

Adam Smith, *An Inquiry into the Nature and Causes of the Wealth of Nations*, Chicago: University of Chicago Press, 1977.

Alfred Thayer Mahan, *The Influence of Sea Power upon History, 1660 – 1783*, Dodo Press, 2015.

Anne Caldwell, Empire and Exception, *New Political Science*, Volume 28, Number 4, December 2006.

Anne Caldwell, Empire and Exception, *New Political Science*, Volume 28, Number 4, December 2006.

Anthony Downey, Zones of Indistinction: Giorgio Agamben's 'Bare Life' and the Politics of Aesthetics. Third Text, Vol. 23, Issue 2, March, 2009.

Anthony Downey, *Zones of Indistinction: Giorgio Agamben's 'Bare Life' and the Politics of Aesthetics*. Third Text, Vol. 23, Issue 2, March, 2009.

Antonio Negri, *The Labor of Job: The Biblical Text as a Parable of Human Labor*, Translated by Matteo Mandarini, Duke University Press, 2009.

Bellofiore, R. and Fineschi, R. (eds.), 2009, *Re-reading Marx: New Perspectives after the Critical Edition*, New York: Palgrave Macmillan.

Benedetto Croce, *Teoria e storia della storiografia*, Roma-Bari: Laterza, 1976.

Carl. Schmidt, *Die Dikatur*, Berlin, 2000.

Claire Blencowe, *Biopolitical Experience: Foucault, Power and Positive Critique*, Palgrave, 2012.

Claire Blencowe, *Biopolitical Experience: Foucault, Power and Positive Critique*, Palgrave, 2012.

David Dayen, *Monopolized: Life in the Age of Corporate Power*, The New Press, 2020.

Eduardo Mendieta, To make live and to let die-Foucault on Racism. *Meeting of the Foucault Circle*. APA Central Division Meeting-Chicago, April 25th, 2002.

Eric Voegelin, *The Collected Works of Eric Voegelin*, Vol. 22., *History of Political Ideas*, Vol. IV, Renaissance and Reformation, ed. with an introduction by David L. Morse and William M. Thompson, Vol. 22., University of Missouri Press, 1998.

Eric. Hobsbawm, *The Age of Revolution*, 1789–1898, New York: Vintage Books, 1996.

Eric. Hobsbaw, *The Age of Revolution*, 1789–1898, New York: Vintage Books, 1996.

Fernand Braudel, *Civilization and Capitalism*, 15th–18th Century, Volume III: The Perspective of the World, New York: Harper Collins

Publishers Ltd, 1984.

Francis Bacon, *Meditations Sacrae and Human Philosophy*, Kessinger Publishing, 1996.

Francis Fukuyama, *The end of history and the last man*, New York: A Division of Macmillan, Inc., Press, 1992.

Giorgio Agamben, *Homo Sacer: The Sovereign Power and Bare Life*, Stanford University Press, 1998.

Giorgio Agamben, *Homo Sacer: The Sovereign Power and Bare Life*, Stanford University Press, 1998.

Giorgio Agamben, *Opus Dei: An Archeology of Duty*, Tanslated by Adam Kotsko, Redwood City: Stanford University Press, 2013.

Giorgio Agamben, *Remnants of Auschwitz. The Witness and the Archive*, New York: Zone Books, 1999.

Giorgio Agamben, *Remnants of Auschwitz: The Witness and the Archive*, Tanslated by Daniel Heller-Roazen, Princeton: Princeton University Press, 2002.

Giorgio Agamben, *Stasis: Civil War as a Political Paradigm*, Redwood City: Stanford University Press, 2015.

Giorgio Agamben, *State of Exception*, Translated by Kevin Attell, Chicago: University of Chicago Press, 2004.

Giorgio Agamben, *The Highest Poverty: Monastic Rules and Forms-of-Life. Homo Sacer IV*, Redwood City: Stanford University Press, 2013.

Giorgio Agamben, *The Kingdom and the Glory: For a Theological Genealogy of Economy and Government*, Tanslated by Matteo Mandarini, Redwood City: Stanford University Press, 2011.

Giorgio Agamben, *The Sacrament of Language: An Archaeology of the Oath*, Tanslated by Adam Kotsko, Redwood City: Stanford University Press, 2010.

Giorgio Agamben, *The Use of Bodies*, Tanslated by Adam Kotsko,

Redwood City: Stanford University Press, 2016.

Giorgio Agamben, *Where are we now? The Epidemic as Politics*, London: Eris Press, 2021.

Graham Allison, "Thucydides's Trap Has Been Sprung in the Pacific", *Financial Times*, August 21, 2012.

Hegel, G. W. F., *Werke in zwanzig Bänden*, Bd. 8, Frankfurt am Main: Suhrkamp, 1989.

Immanuel Kant, *Practical Philosophy*, Cambridge University Press, translated and edited by Mary J. Gregor, 1996.

J. W. Goethe, *Faust.* Kommentare, hrsg. v. Albrecht Schoene, Berlin: Deutscher Klassiker Verlag, 2017.

Joe Painter, Regional Biopolitics, *Regional Studies*, Vol. 47, No. 8, 2013.

Joe Painter, Regional Biopolitics. *Regional Studies.* Vol. 47, No. 8, 2013.

Johanna Oksala, Violence and the Biopolitics of Modernity. *Foucault Studies*, No. 10, November 2010.

Johanna Oksala, Violence and the Biopolitics of Modernity. *Foucault Studies*, No. 10, November 2010.

John Marks, Biopolitics, *Theory Culture Society*, 2006.

M. C. Howard and J. E. King, *A Hislory 01 Marxian Ecol1omics: Volllme 11, 1929 – 1990*, London: Macmillan, 1992.

M. H. Dobb, *Political Economy and Capitalism*, London: Routledge, 1937.

Mahoney. James, Schensul. Daniel, *Historical Context and Path Dependence*, Oxford University Press, 2006.

Marx-Engels-Gesamtausgabe (MEGA2), II/1, Text Teil 1, *Ökonomische Manuskripte* 1857/58, Berlin: Dietz Verlag, 1976.

Marx-Engels-Gesamtausgabe (MEGA2), II/1, Text Teil 1,

Ökonomische Manuskripte 1857/58, Berlin: Dietz Verlag, 1976.

Marx-Engels-Gesamtausgabe (MEGA2), II/1, Text Teil 2, Ökonomische Manuskripte 1857/58, Berlin: Dietz Verlag, 1981.

Marx-Engels-Gesamtausgabe (MEGA2), II/15, *Das Kapital Kritik Der Politischen Ökonomische Erster Band Hamburg* 1894, Berlin: Dietz Verlag, 2004.

Marx-Engels-Gesamtausgabe (MEGA2), II/3, Text Teil 4, *Zur Kritik Der Politischen Ökonomie* (*Manuskript* 1861 – 1863), Berlin: Dietz Verlag, 1979.

Marx-Engels-Gesamtausgabe (MEGA2), II/3, Text Teil 5, *Zur Kritik Der Politischen Ökonomie* (*Manuskript* 1861 – 1863), Berlin: Dietz Verlag, 1980.

Marx-Engels-Gesamtausgabe (MEGA2), II/3, Text Teil 6, *Zur Kritik Der Politischen Ökonomie* (*Manuskript* 1861 – 1863), Berlin: Dietz Verlag, 1982.

Marx-Engels-Gesamtausgabe (MEGA2), II/8, *Das Kapital Kritik Der Politischen Ökonomische Erster Band Hamburg* 1883, Berlin: Dietz Verlag, 1989.

Max Horkheimer, *Between Philosophy and Social Science: Selected Early Writings Studies in Contemporary German Social Thought*, Massachusetts: MIT Press, 1993.

Michael Hardt and Antonio Negri, *Commonwealth*, Belknap Press of Harvard University Press, 2009.

Michael Hardt and Antonio Negri, *Empire*, Harvard University Press, 2000.

Michael Hardt and Antonio Negri, *Multitude: War and Democracy in the Age of Empire*, New York: Penguin Press, 2004.

Michael Hardt and Antonio Negri, *Multitude: War and Democracy in the Age of Empire*, New York: Penguin Press, 2004.

Michael Hardt, Antonio. *Insurgencies*: *Constituent Power and the Modern State*, translated by Maurizia Boscagli. Minneapolis: University of Minnesota Press, 1999. Reprint by University of Minnesota Press, 2009.

Michel Foucault, *Discipline and Punish*, translated by Alan Sheridan, New York: Pantheon, 1977.

Michel Foucault, *Disipline and Punish*: *The Birth of the Prison*, Translated from the French hy Alan Sheridan, New York: Random House, Inc., 1995.

Michel Foucault, *Disipline and Punish*: *The Birth of the Prison*, Translated from the French hy Alan Sheridan, New York: Random House, Inc., 1995.

Michel Foucault, edited by Lawrence Kritzman, *Politics, Philosophy, Culture—Interviews and Other Writings*, 1977 – 1984, New York: Routledge, 1988.

Michel Foucault, edited by Lawrence Kritzman, *Politics, Philosophy, Culture—Interviews and Other Writings*, 1977 – 1984, New York: Routledge, 1988.

Michel Foucault, edited by Lawrence Kritzman, *Politics, Philosophy, Culture—Interviews and Other Writings*, 1977 – 1984, New York: Routledge, 1988.

Michel Foucault, edited by Lawrence Kritzman, *Politics, Philosophy, Culture—Interviews and Other Writings*, 1977 – 1984, New York: Routledge, 1988.

Michel Foucault, *History of Sexuality*, 3 *volumes*: *Introduction, The Uses of Pleasure, and Care of the Self*, translated by Robert Hurley, New York: Vintage Books.

Michel Foucault, *Les mailles du pouvoir, Dist et Écrits IV*, Paris: Gallimard, 1994.

Michel Foucault, *Les mailles du pouvoir, Dist et Écrits IV*, Paris:

Gallimard, 1994.

Michel Foucault, *Security, Territory, Population: Lectures at the Collège De France*, 1977 – 1978, Edited by Michel Senellart, Translated by Graham Burchell, New York: palgrave macmillan, Inc., 2007.

Michel Foucault, *Security, Territory, Population: Lectures at the Collège De France*, 1977 – 1978, Edited by Michel Senellart, Translated by Graham Burchell, New York: palgrave macmillan, Inc., 2007.

Michel Foucault, *The Archaeology of Knowledge*, translated by Allan Sheridan, New York: Harper and Row, 1972.

Michel Foucault, *The Archaeology of Knowledge*, translated by Allan Sheridan, New York: Harper and Row, 1972.

Mika Ojakangas, "Impossible Dialogue on Bio-Power: Agamben and Foucault", *Foucault Studies*, Vol. 2, 2005.

Mika Ojakangas, "Impossible Dialogue on Bio-Power: Agamben and Foucault", *Foucault Studies*, Vol. 2, 2005.

Milton Friedman, *Capitalism and freedom*, Chicago: The University of Chicago Press, 2002.

Nicolae Morar and Colin Koopman, *The Birth of the Concept of Biopolitics-A Critical Notice of Lemke's Biopolitics*, The Johns Hopkins University Press, 2012.

Nicolae Morar and Colin Koopman, *The Birth of the Concept of Biopolitics-A Critical Notice of Lemke's Biopolitics*, The Johns Hopkins University Press, 2012.

Nielsen, M. A. and Chuang, I., *Quantum computation and quantum information*, Cambridge: Cambridge University Press, 2001.

P. A. Baran, *The political economy of growth*, London: Penguin Books Ltd, 1973.

Paolo Giaccaria and Claudio Minca, Nazi biopolitics and the dark geographies of the selva, *Journal of Genocide Research* (2011), March-

June 2011.

Paul A Samuelson, *Wages and interest: a Modern Dissection of Marxian Economic Models*, American Economic Review, 1957.

Paul M. Sweezy, *The Theory of Capitalist Development*, New York: Monthly Review, 1970.

Paul Patton, "Agamben and Foucault on Biopower and Biopolitics", in Matthew Calarco and Steven DeCaroli eds., *Giorgio Agarraben: Sovereignty and Life*, Stanford Gniversity Press, 2007.

Paul Strathern, *The Medici: Godfathers of the Renaissance*, London: Vintage Books, 2007.

Peter Bender, "America: The New Roman Empire?", *Orbis*, Volume 47, Issue 1, 2003.

Quentin Skinner, *Vision of Politics Volume 1: Regarding Method*, New York: Cambridge University Press, 2002.

René Descartes, *A Discourse on the Method*, Translated by Ian Maclean, Oxford University Press, 2006.

Richard Rorty, *Contingency, Irony and Solidarity*, Cambridge University Press, 1989.

Roboto Esposito, *Bìos: Biopolitics and Philosophy*, Tanslated by Timothy Campbell, Minnesota University Press, 2008.

Roboto Esposito, *Bìos: Biopolitics and Philosophy*, Tanslated by Timothy Campbell, Minnesota University Press, 2008.

Roboto Esposito, *Communitas: the Origin and Destiny of Community*, Tanslated by Timothy Campbell, Stanford University Press, 2004.

Roboto Esposito, *Persons and Things: From the Body's Point of View*, Tanslated by Zakiya Hanafi, Polity Books, forthcoming 2015.

Roboto Esposito, *Terms of the Political: Community, Immunity, Biopolitics*, Tanslated by Rhiannon Noel Welch, Fordham University Press, 2012.

Roboto Esposito, *Terms of the Political: Community, Immunity, Biopolitics*, Tanslated by Rhiannon Noel Welch, Fordham University Press, 2012.

Rosa Luxemburg, *The Accumulation of Capital*, London: Routledge, 2003.

Rudolf Hilferding, *Finance capital: A study of the latest phase of capitalist development*, London: Routledge & Kegan Paul, 1981.

The Cambridge World History, Volume 1, *The Renaissance*, G. R. Potter planned. , Cambridge University Press, 1993.

The Cambridge World History, Volume II, *The Reformation*, G. R. Elton ed. , Cambridge University Press, 1990.

Thomas Biebricher, The Biopolitics of Ordoliberalism, *Foucault Studies*, No. 12, October 2011.

Thomas C. Schelling, *The Strategy of Conflict*, Cambridge: Harvard University Press, 1980.

Thomas Lemke, ect, *Governmentaltty: Current lssues and Future Challenges*, Routledge, 2011.

Thomas Lemke, ect, *Governmentaltty: Current lssues and Future Challenges*, Routledge, 2011.

Thomas Lemke, Monica J. Casper, Lisa Jean Moonr, *Biopolitics: An Advanced Introduction*, New York University Press, 2011.

Thomas Lemke, Monica J. Casper, Lisa Jean Moonr, *Biopolitics: An Advanced Introduction*, New York University Press, 2011.

TimoThy CampBell, *Bios, Immunity, Life: The Thought of Roberto Esposito*, Minnesota: the Regents of University of Minnesota press, 2008.

Tomas Piketty, *Capital in the Twenty-First Century*, Translated by Arthur Goldhammer, Cambridge: Belknap Press, 2014.

Tomba, M. and Bellofiore, R. , *Beyond Marx: Theorising the Global Labour Relations of the Twenty-First Century*, Leiden: Brill, 2013.

索 引

A

阿登纳 Konrad Adenauer, 1876 – 1967　88

阿多诺 Theodor Wiesengrund Adorno, 1903 – 1969　148, 149, 151, 153, 155 – 157, 159 – 161, 223

阿尔马克 Alfred Müller-Armack, 1901 – 1978　88

阿甘本 Giorgio Agamben, 1942 – 6, 8, 13, 111, 112, 163, 164, 179 – 200, 202, 206, 209 – 211, 222

阿伦特 Hannah Arendt, 1906 – 1975　184, 187

阿瑟·拉弗 Arthur Betz Laffer, 1940 –　84

艾哈德 Ludwig Wilhelm Erhard, 1897 – 1977　74, 88

B

巴师夏 Frédéric Bastiat, 1801 – 1850　82, 220, 221

霸权 hegemony　163, 165, 174, 189, 197, 200, 206

比例失调 disproportionality　219

C

惩罚 punishment　9, 30, 34, 37 – 40, 42, 45 – 47, 49, 51, 53, 55, 73, 98 – 100, 103, 105, 109, 111, 112, 115, 142, 154, 155, 158, 221, 227

赤裸生命 Barelife　179, 181, 183 – 198, 203, 206, 209, 211

此在/定在 Da-sein

次贷危机 Subprime mortgage crisis　163

存量逻辑 stock logic

存在 Sein/Being 12, 15, 22, 23, 27, 38, 48-51, 53, 57, 65, 67, 70, 78, 79, 82, 99, 100, 102, 106, 109, 118, 120, 125, 129, 132-135, 140, 141, 144, 153, 154, 160, 162, 164, 168, 169, 174, 175, 178, 180-182, 185, 186, 188, 190, 195, 196, 198-200, 202-204, 206-208, 210, 211, 218-224

D

大萧条 The Great Depression 83, 114, 151, 153, 156, 157, 159, 160

当代西方治理 Contemporary Western Governance

德勒兹 Gilles Louis René Deleuze, 1925-1995 1, 5, 69, 164, 167, 168, 177, 210, 226

帝国 Empire 13, 163-172, 174, 189, 190, 197, 198, 210, 224

帝国主义 imperialism 66, 67, 77, 78, 157, 159, 165, 166, 168, 169, 172

F

范式 paradigm 12, 22, 24, 29, 39, 72, 100, 123, 142, 152, 164, 168, 174, 203, 222

非物质劳动 immaterial labour 171-176

福柯 Michel Foucault, 1926-1984 1-62, 64-78, 80, 81, 86-89, 92, 96-118, 120-143, 145, 147-150, 152, 154-156, 158, 160-168, 174-176, 179-183, 186, 191, 194-198, 201, 203, 204, 206, 210, 212-215, 221-223, 225-229

福利国家 the welfare state 20, 62, 63, 66, 67, 77, 86, 88, 90, 101, 114, 115, 120, 159, 160

福特制 Fordism 52, 65, 77, 86, 90, 101, 150, 156, 159, 160, 165, 172

G

工具理性 Instrumental Rationality 127, 148, 149, 154, 155, 159, 161

功利主义 utilitarianism 157

供给学派 Supply-side economics 78,86,159,182

共时性 synchronical 81,112

共同体 communitas 6,17,92,162,163,165,181,184-186,191-194,199-203,205,207-209,211

观念单元 unit idea 10,127

管理 management 5,7,19,30,31,42,43,47,49,54,60,64,65,67,74,78-80,88,90,92,98,99,101,102,104,105,110,113,114,116,122-127,148,156,158,161,162,166,168,182,189-192,195,197,198,200,211,221

规训 principle 9,10,30,31,34,37-47,49,51-53,55,68,73,80,98-100,103-107,109-112,115,121,125,126,130,142,154,155,158,214,215,221,227

规训社会 société disciplinaire 167,168

国家干预 state intervention 114

国家资本主义 state capitalism

H

哈特 Michael Hardt,1960- 111,164-179,200,210

哈耶克 Friedrich August von Hayek,1899-1992 74,82-85,87,90

海德格尔 Martin Heidegger,1889-1976 6,17,101,148,153,157,158,184,194,209,226

亨廷顿 Samuel Phillips Huntington,1927-2008

后福特制 post-Fordism 20,64,65,68,74,77,86,90,99,102,160,161,165,167,171-174,176,177,195,200

华盛顿共识 Washington Consensus 74,163

话语权 discursive power 132,137

霍克海默 Max Horkheimer,1895-1973 148,149,151-153,155-157,160

J

机器大工业 modern mechanical industry　156，176

机器体系 machine system

加塔利 Pierre-Félix Guattari, 1930 – 1992　167，168，177

阶级意识 class consciousness　101，102，120，127，137，215，220，221

阶级意志 class will

经济 oikonomia　9，17，23，24，27，31，43 – 46，48，50，52，58，59，62，63，66，70，71，74 – 76，81 – 95，97，101，108，110，115，117 – 119，125，127 – 131，138，140，143，145，146，153，159，160，180，190 – 193，196 – 198，212，215，216，220 – 222，224，225

K

凯恩斯 John Maynard Keynes, 1883 – 1946　83

凯恩斯主义 Keynesianism　62 – 64，83，86，88 – 91，93，114，159

看不见的手 invisible hand　124，128，147

康德 Immanuel Kant, 1724 – 1804　140，141，145 – 147，218

康吉莱姆 Georges Canguilhem, 1904 – 1995　7，16 – 18，66，71，73，115，225

科层制 bureaucracy　52，65，76，153，156，159，161

科学 Wissenschaft　19，20，23 – 25，54，60，99，135，137，142，144，145，148，152，179，218，219，221

L

冷战 cold war　63，68，69，72，93，156，184

里根经济学 Reaganomics　74，84，85，90 – 92

理念 Idee　81，83，85，87，141，144 – 147，149，185，217

理性的狡计 die List der Vernunft　147

历时性 diachronic　23，25，68，87，101，150，155，160，220

利润率下降规律 Law of the Diminishing Rate of Profit　63

利维坦 The Leviathan

例外状态 state of exception　13，163，179 – 181，183 – 188，190 – 192，194，198，200，202，203，206

列宁 Lenin, 1870 – 1924　51

垄断 monopoly　8，23

卢卡奇 Georg Lukács, 1885 – 1971　67，101，151，158

罗伯特·蒙代尔 Robert Alexander Mundell, 1932 –　84

罗纳德·科斯 Ronald Harry Coase, 1910 – 2013　84

M

马克思 Karl Heinrich Marx, 1818 – 1883　1 – 10，12 – 17，21，22，26 – 62，65，68 – 70，74 – 82，88，91，96，97，101，108 – 110，115 – 120，122，123，126，128，150，159，163，164，167，168，171，176 – 180，195，198，212 – 223，229

矛盾 paradox　12，16，57，58，61，79，93，99，100，118，125，126，129，130，134，141，154，161，168，170，171，189，195 – 197，209，214，216，217，219，223，224

门格尔 Carl Menger, 1840 – 1921　82

米尔顿·弗里德曼 Milton Friedman, 1912 – 2006　84

免疫体 immunitas　200 – 202，204，206，207

N

奈格里 Antonio Negri, 1933 –　6，8，13，111，112，163 – 179，195 – 198，200，201，210，222

难民 refugee　8，163，183，194，196，199，200

脑力劳动 mental labour　64，110，111，176，178

尼采 Friedrich Wilhelm Nietzsche, 1844 – 1900　2，4，6，7，10，12，16，19，28，29，73，101，138，148，157，225

P

庞巴维克 Eugen Bohm-Bawerk, 1851 – 1914　82

谱系 genealogy　9，97，100，103，111，123，124，188，190，200，214

谱系学 genealogy　5，10 – 12，15，16，19，28，29，31，32，39，73，97，99 – 101，103，107，118，138，142，

149, 152, 186, 195, 213, 214

Q

启蒙的辩证法 Dialektik der Aufklärung

权力 pouvoir/power 1, 7–10, 14, 34, 38, 39, 41–55, 68, 78, 80, 96–100, 103–105, 108–112, 114, 115, 118, 124, 126–131, 135–139, 144, 146, 153, 155, 158, 166, 168, 182, 184, 191, 192, 194, 198, 213–215, 222–224, 227

权力机制 mécanismes de pouvoir/Mechanik der Macht 46–55, 78, 81, 98–100, 102, 104, 116, 121, 127, 128, 167, 182, 190, 213

权力技术 power technique 10, 30, 32, 78, 97, 98, 101–104, 108, 109, 121, 123, 125, 128, 137–139, 200, 215

权力结构 power structure

权力体系 power system 190, 193

权力之网 Les mailles du pouvoir 34, 38, 46, 48, 53, 55, 145

全球化 globalization 74, 77, 83, 90, 94, 163–167, 169–171, 179, 183, 193, 196, 197, 205, 208, 224

R

人口 population 6, 25, 26, 30, 31, 58–60, 65, 73, 90, 102, 109–114, 117, 120–124, 126–128, 162, 182, 189, 195, 200, 201, 210, 213, 227

人文主义 Humanism

认识论断裂 epistemological break 12, 71, 72, 152

S

撒切尔主义 Thatcherism 74, 85, 90

生产 produktivkraft/produktionkraft 23, 27, 31, 37, 40–44, 47, 49, 52, 54, 57, 60, 62, 64, 65, 78, 80, 86, 90, 92, 105, 106, 108, 115, 117–120, 122, 124, 125, 127–129, 135, 140, 153, 156, 159–161, 164–177, 193, 195,

196, 200, 206, 209 – 212, 216, 219 – 223

生产方式 produktionsweise 5, 20, 64, 65, 74, 86, 117, 148, 159, 161, 165, 169, 171, 173, 174, 176, 200, 209

生产关系 produktionsverhältnis 55

生命权力 biopouvoir 99, 100, 108, 111 – 113, 117, 122, 124 – 127, 129, 140, 164, 167 – 178, 193, 194, 200, 201, 204 – 206, 208, 210, 213 – 215, 222

生命政治学 biopolitique 5, 6, 10, 13, 21, 28, 30, 32, 34, 58 – 60, 68, 80, 81, 96, 97, 99 – 102, 107, 108, 110 – 118, 120 – 126, 130 – 132, 138 – 142, 148, 156, 158, 161 – 165, 167, 170 – 184, 186, 187, 193 – 196, 198 – 211, 214, 221, 222, 227

施密特 Carl Schmitt, 1888 – 1985 184, 187, 194

石油危机 Oil Crisis 93, 227

实际吸纳 reale Subsumtion

事物 Sache 22, 23, 46, 108, 109, 166, 209

T

调节 regulateurs 42, 82, 91, 98, 99, 108 – 111, 113, 121, 123 – 126, 129, 130, 146, 166 – 170, 174, 182, 201, 203, 204, 207, 213

泰勒主义 Taylorism 77

特权 privilege 55, 96, 146, 184, 189, 202, 204, 207

体力劳动 manual labour 64, 86, 110, 178

W

危机 Krisis 62, 63, 74, 87, 89, 93, 94, 99, 124, 125, 130, 148, 150, 151, 153, 154, 157, 158, 160, 168 – 170, 179, 209, 212, 216, 219, 220, 224, 226

微观政治学 micropolitics 99, 100, 180, 182, 183, 186

文化工业 culture industry 153, 159, 160

文艺复兴 Renaissance 141, 143, 153, 156, 157, 212

无产阶级 Proletariat 37, 120,

150，151，178，218，219

物 thing/ding　7，16，18，19，21－28，39，46，60，70－73，93，108，134，137，142，224，226

物化 Verdinglichung　5，67，101，148，154，155，157，158，160，167

X

西方话语 Western Discource　5，6，13，130－132，136，137，141，143－145，148，162，167，223，224

西方现代化 Western Modernization　1，4，6－10，12，13，15，31，32，61，62，64，66－68，74，81，85－87，89，96，98－104，106－109，113，114，116，121，122，127，132，140，148，153，155，158，163，165，168，170，203，210－214，221，223，224

现代化 modernization　32，148，158，222，224

消费不足 underconsumption　219

消费社会 Cosumer Society　79，101，120，160，161

新自由主义 neoliberalism　1，5－8，13，20，28，32，60，61，63，64，73－78，81－96，99，107，108，113－115，128－130，139，141，156，163－167，179，182，183，185，195－198，205，206，208－212，215，221，222，227

Y

亚里士多德 Aristotle，384－322 BC　187，191，198，217

依附 Dependency　88，89，102，145

意识形态国家机器 State Apparatuses　73，102，115，120，182

于尔根·哈贝马斯 Jürgen Habermas，1929－

语言行动 speech acts　10－12，62，150

约翰·斯图亚特·密尔 John Stuart Mill，1806－1873　82

Z

政治解剖学 political anatomy　44，45，104

索　引

芝加哥学派 Chicago School　82-85, 90, 91

知识型 épistémè　9, 12, 18, 19, 22-24, 26-29, 39, 60, 70, 72, 73, 136, 142, 152

治安 police　31, 32, 34, 38, 96, 99, 111, 120, 121, 123-128, 136, 161, 182, 200, 201, 203, 205, 207, 222

治理技术 gouvernementalité　31, 32, 62, 89, 99-103, 107, 108, 110-113, 116, 121, 124-126, 129, 139-142, 147, 148, 158, 166, 167, 179, 182, 184, 186, 188, 190-193, 196, 197, 200, 201, 203-208, 213-215, 221, 222

治—乱 Stasis　181, 186, 192, 193, 197

中国式现代化 Chinese path to modernization

主权 Souveränität　50, 112, 165, 166, 168, 170, 179-181, 183, 184, 190, 192-194, 197, 209

资本 Capital　6, 9, 31, 32, 37, 39, 42-44, 47, 49, 54, 56, 58, 60-64, 74-80, 89, 91-94, 96, 98, 100-102, 106-111, 117-120, 122, 123, 125-127, 130, 153, 155, 157-162, 164-171, 173-179, 187, 194, 210, 215, 216, 219, 220

资本积累 capital accumulation　37, 43, 44, 64, 80, 99, 159, 176, 223

《资本论》Das Kapital　4, 6, 7, 12, 14, 21, 22, 26, 30, 32-34, 36-38, 40, 42-49, 51, 53-55, 58, 60, 76, 78-81, 91, 97, 109, 110, 120, 126, 159, 178, 198, 219, 222, 227

资本逻辑 Capital Logic　5, 6, 12, 13, 31, 45, 58, 61, 73, 75-78, 87, 96, 97, 101, 103, 106-110, 116-118, 126, 150, 167, 170-172, 174, 176, 178, 179, 199, 206, 212, 215, 218, 221, 223, 224

资本权力 Kapital Macht/Capital power　164, 168

资本一般 Das Kapital im Allgemeinen　218

资本增殖 die Verwerthung des Capital　77

资本主义 capitalism　4，5，7 - 10，12，19 -22，24，27 -29，31 -33，38，39，44 -46，48，49，55，57，58，60，62 -69，73 - 82，85 - 90，93，94，96 - 131，137，143，145，148 - 151，153 - 162，164，165，167 - 171，174，176，178，179，182，199 - 201，203 - 205，209 - 221，224，225

资本主义生产方式 capitalist mode of production/capitalist production　45，47，52，58，75，77，79，86，90，97，106，109，110，118 - 120，126，153，159，160，170，171，178，220

自然主义 naturalism　124，129

自由主义 liberalism　61，64，74，76 - 78，82 - 84，87，91，92，97，111，113 - 115，124 - 130，139 - 142，145，147，197，201，209，213，215

后 记

本书是在作者的博士论文的基础上修缮完成的，在很多原有的具体的观点、论证和讨论上做出了很多的清理、凝练与更新，但是主题、结构与主旨没有根本改动。本书中的一些内容在之前发表的论文中或有体现，包括以下几篇文章：

《回到〈大纲〉：新世纪西方左派的三种路径》，《山东社会科学》2018年第1期；《哈特和奈格里的"生命政治学"理论规划转向》，《国外理论动态》2019年第7期；《当代国外马克思主义生命政治学的谱系——问题域及其发展趋势研究》，《山东社会科学》2019年第11期；《为什么构建一个人民概念是激进政治的主要任务？》，《山东社会科学》2017年第2期；《阿甘本阶级理论的三重危机》，《中国社会科学报》2018年8月30日；《现代资本主义国家的主权、经济维度与"停滞"困境》，《哲学动态》2021年第11期；《当前国外马克思主义哲学研究的问题自觉与辩证思考——简评〈21世纪国外马克思主义哲学若干重大问题研究〉》，《学术评论》2021年第4期。

写作本书五年，虽与屏幕枯键盘作伴，学术的苦禅中亦有求知之乐，这些妙趣很多都是来自于研究过程中那些与时事相应的丰富的历史感。人生五载，世间沧海桑田。美国发动的贸易战、新冠疫情的大流行、俄乌冲突的扩大化等无不是种下深远历史性种子的大事件，以至于这个星球上的人，不论在哪个角落，都不可避免陷入其中，并且愈发感受到历史巨变滚滚而来。时代如此令人讶异：危局之下的世界并未因为全球化走向团结，却反而走向更全面的纷争。此时此刻又是如此的近于过往的历史，曾几何时，那些不断扩大的经济危机、日益加剧的政治摩擦、激增的军事集团最终走向战争之影。当虚无主义的深渊再度张开，人类的未来将向何方？这是当今世界最深层的哲学命题。

也正因如此，哲学的价值就凸显出来：即当世界陷入历史的僵局、困局与乱局，真正的哲学才能拥有打破固有思维定式的判断力、洞察宇宙万象本质的思辨力、冲破人类知识边界的想象力。那么就此而言，哲学必须不拘一格！而诚如是，则就像福柯自诩为"不带引号的马克思"，只要这样的哲学可以精准诊断历史洪流的前途、掘出大千世界的真知、揭开人类命运的未来，则哲学就不须冠以马克思之名、福柯之名，抑或是尼采、海德格尔、法兰克福学派等之名，更不需要拘泥于东西之别。但是如此哲学的不拘一格，又是如此难以在既有学术瀚海中获得，新的发现与见地犹如在深山中探寻宝珠一样困难，除开艰深的思索、笃朴的察研与坚定纯粹的求知之志别无二法。人生如此短暂，世事如此沧桑，如果不能洗尽铅华，最后难免蹉跎岁月。学术来不得半点弄虚作假，也来不得分毫投机取巧，就像生活只能一点一滴的累积。

漫长学旅总令我想起我的老妈，不论生活给予她多少困难、考验与失望，她总一如既往给予生活以一颗热忱的心。并且这份热忱并不来自于那些可以挑动欲望的纷繁万物，而是来自于那些撒在岁月与生命中的点滴色彩，老妈也就如此珍视那些支撑平凡生活的质朴善意，因为那些最平凡的事物才是幸福的源泉。幸福不是空中楼阁，就像没有张桂梅女士为基层教育事业的无私奉献，就不会有那些底层女孩的光明前景，这些美的真谛就在于：那些为了共同美好生活去默默耕耘的人们，创造了幸福。因此，这种平凡才是人类成就不凡的源泉，正如托翁笔下夏尔的霍比特人，那些怀有最质朴的心灵的人们，最后担负起了世界的命运。遍观史册，不论王侯将相的史诗如何精彩，那些缔造文明之繁荣的根由仍然是芸芸众生的默默耕耘。近在眼前的是，近百年来人类所有经历过的那些经济危机、自然灾害、战争祸端等之所以未能葬送人类自身，无不是因为平凡而又对生活永远热忱的人们从一砖一瓦中重建了世界。而正因为人们深耕平凡生活，且因此在其中收获幸福、彼此相扶、命运与共，他们才会愈发地热爱生活、热爱家庭、热爱这片沃土，也顺其自然地会热爱这个国家、热爱这个世界。

最后，感谢一直支持我的良师益友与至爱亲朋。京师求学七载：燕园六个春秋，康桥冬往夏归，南北千万里旅途，江河山川、星辰大海，没有他们的支持，我无法坚持下来，也不能够朝夕回唔家中人。最后，感谢《世界哲学》编辑部，在我实习期间为我留出了宝贵的写作时间。感谢《哲学动态》编辑部，在我每次写作遇到卡壳的时候，总能在与编辑部老师的交谈中收获灵感。

2023 年春于北京